15.95

COLLOQUIAL
SERBO-CROAT

THE COLLOQUIAL SERIES

*Accompanying cassette available

COLLOQUIAL
SERBO-CROAT

Celia Hawkesworth

School of Slavonic and East European Studies
University of London

Routledge & Kegan Paul
London and New York

First published in 1986
by Routledge & Kegan Paul plc

11 New Fetter Lane, London EC4P 4EE
Published in the USA by
Routledge & Kegan Paul Inc.
in association with Methuen Inc.
29 West 35th Street, New York, NY 10001

Set in Times
by Thomson Press (India) Ltd., New Delhi, India
and printed in Great Britain
by Cox & Wyman Ltd., Reading, Berks

Library of Congress Cataloging in Publication Data

Hawkesworth, Celia, 1942–

Colloquial Serbo-Croat.

(Colloquial series)
1. Serbo-Croatian language – Text-books for foreign
speakers – English. I. Title.
PG1239.5.E5H3 1986   491.8′282421   85–8168
ISBN 0–7100–9920–7(pb)
      0–7102–0580–5(cass)

British Library CIP
data also available

For Nada Šoljan and Damir Kalogjera
with thanks for all their help and advice

CONTENTS

PREFACE: USING THIS BOOK

This book sets out to introduce the main points of Serbo-Croat grammar and a core of basic vocabulary. The grammar may appear complicated at first as it contains so much that is new to the English-speaker. The student is advised to learn to observe the language in practice by close analysis of the reading passages which have been designed to illustrate each point as it arises. Tackle only one unit at a time and refer frequently to the main text of each lesson to observe each point 'in action'. Make sure that you have fully understood and absorbed each point before going on to the next. Use the exercises to test your understanding and return to the relevant unit if you make a mistake or are at all uncertain. Both the stories may be used to monitor your progress: translate each instalment into English, checking your version with the one in the key, and, at a later date, translate it back into Serbo-Croat. If you make a mistake be sure that you understand how you went wrong.

Every effort that you put into learning the language will be richly rewarded as you find yourself able to communicate increasingly freely with people in Yugoslavia.

Good luck!

INTRODUCTION

The history of the Yugoslav lands has been turbulent and complex. Something of this complexity is reflected in the name of its main language. Present-day Yugoslavia is a federation of peoples living in six republics. Each of these peoples has undergone a more or less separate cultural development. The southern and eastern areas of the Yugoslav lands came initially into the Byzantine, Orthodox sphere and use the Cyrillic alphabet, while the northern and western areas are traditionally Catholic, and use the Latin script. With the Ottoman advance and occupation of the southern and eastern regions, the situation was further complicated on the one hand by several centuries of virtually complete separation, and on the other by the growth of a substantial Moslem population, concentrated largely in the republic of Bosnia and Hercegovina. Each of the republics thus has its own identity and its own distinct cultural tradition reflected in the language of the various groups.

There are three South Slav languages in Yugoslavia: Slovene, spoken in the Republic of Slovenia; Macedonian, spoken in the Republic of Macedonia; and Serbo-Croat, spoken by the majority of the population of Yugoslavia, living in the Republics of Serbia, Croatia, Bosnia and Hercegovina, and Montenegro.

Despite several centuries of separation, the majority of the people, who may be loosely divided into Serbs and Croats (largely according to their traditional religious allegiance), speak the same language. In Yugoslavia, this language is referred to by Croats as Croato-Serb (**hrvatskosrpski**) and by Serbs as Serbo-Croat (**srpskohrvatski**), as well as several other variations (Serbian *and* Croatian, Croatian *or* Serbian, etc.). In practice, as all the variations on this name are somewhat cumbersome, the language is generally referred to by Croats as Croatian and by Serbs as Serbian. Potential learners should not be alarmed by this apparent profusion: all these various designations refer to the same language, known in English as Serbo-Croat.

Dialects There are three main dialects of Serbo-Croat, one of which was selected as the literary language in the mid-nineteenth century.

This dialect is known as **štokavski** because in it the word for 'what' is **što**. (The other two are known as **kajkavski** and **čakavski** because in them the word for 'what' is respectively **kaj** and **ča**). Within **štokavian**, there are two major subdivisions, most conveniently described as the Western and the Eastern variant. The main distinguishing feature of these is the way in which a particular early Slavonic vowel sound has evolved: into **e** in the Eastern variant, and **je** or **ije** (depending on the length of the vowel) in the Western variant, e.g. **mleko** (milk) and **mlijeko**. The variants are thus known as **ekavski** and **jekavski** (or **ijekavski**). (There is a further sub-dialect, **ikavski**, spoken mainly on the Dalmatian coast, in which the word for 'milk' is **mliko**. This is not accepted as standard speech, however.) There are certain other differences, some of which are pointed out in this book. These inevitably include some lexical variations, resulting from centuries of separate development. For example, the word for that basic foodstuff, 'bread', is **kruh** in the Western and **hleb** in the Eastern variant.

Because the majority of tourists from Britain visit Western areas and notably the Dalmatian coast, the present work focuses on the Western variant. It was felt to be simply too complicated and confusing to try to represent both. But anyone mastering the language in this form will be readily understood throughout Yugoslavia, including by most Slovenes and Macedonians, who have to learn Serbo-Croat at school. There are some reading passages in the Eastern variant at the end of the book, and Appendix 7 reproduces the texts of some of the lessons in **ekavian**. It should be clear from these that the differences are slight and amount to something approaching those between British and American English.

Alphabets   The historical division of the South Slav lands between the Orthodox and Catholic spheres of influence has meant that Serbo-Croat may be written in both the Cyrillic and the Latin scripts. Both have been modified for the Serbo-Croat phonetic system, and transliteration letter for letter is possible from one to the other. The Cyrillic alphabet is given here and in addition the **ekavian** versions of the texts in Appendix 7 have been written in Cyrillic, so that anyone wishing to learn the Cyrillic script may easily do so. Nevertheless, it is probably advisable for beginners to master the rudiments of Serbo-Croatian grammar and some basic vocabulary first.

Pronunciation   Of all the Slavonic languages, Serbo-Croat is the easiest for English-speakers to master, and it is considered one of the easiest of all the European languages for English-speakers to pronounce. There is just one small hazard for those who have difficulty in producing a rolled 'r'. In some words 'r' has the value of a vowel and carries the stress. Innocent students should be prepared to be exposed to a series of tongue-twisters, such as **Navrh brda vrba mrda** (On top of the hill a willow sways), or words such as **Grk** (the name of a wine grown on the island of Korčula), or the onomatopoeic **cvrčci** (cicadas). The Serbo-Croat alphabet consists of thirty phonemes: one letter for each sound, and the pronunciation of these letters is constant, not varying with its position in a word. Each letter is pronounced, e.g. **pauk** (spider) consists of two separate syllables. Notice the spelling of **Jugoslavija**: without the second **j** there would have to be a break between the two final vowels **i-a**. The spelling of Serbo-Croat is phonetic. That is to say, words are written just as they are spoken. In other words, the learner may gain full marks in a dictation from the very beginning.

Stress and tone   (i) Stress. There is no absolute rule for the position of the stressed syllable in a word, except that it is never the final syllable. In a polysyllabic word it is generally the prepenultimate syllable, and in practice this generally means the first syllable. In certain words, the stress may shift from singular to plural or from one case to another, e.g. **vrijeme** (time, weather) has Genitive singular **vremena** and Nominative plural **vremena**. This is something to listen for in the more advanced stages of learning the language. In this book the stress is marked by underlining in the new vocabulary as it is introduced. In a word of two syllables the stress is not marked, as it will always fall on the first.

(ii) Tone. Serbo-Croat has a system of tonal stress which is on the one hand quite complex and on the other more marked among the speakers of some areas than others. This question may be largely ignored in the early stages except for one or two situations indicated below. Nevertheless, the student should be encouraged from the outset to listen carefully to examples of the spoken language and observe the variations in tone. Traditional text-books identify four tones to indicate the rising or falling of the voice on (a) short and (b) long stressed syllables:

(1) short rising: `   — **gospòdin** (Mr)
(2) short falling: ``   — **gòspođa** (Mrs)
(3) long rising: ´   — **víno** (wine)
(4) long falling: ^   — **dân** (day)

Naturally, these variations are more noticeable on long syllables. Occasionally they indicate a difference in meaning:

grâd town   **grä̀d** hail
pâs belt   **pä̀s** dog
lûk arch   **lük̀** onion

One instance is particularly obvious: when unstressed verbal **sam** (am) is used in conjunction with the adjective **sâm** (alone). The statement— **sâm sam** (I am alone)—consists of two quite distinct sounds.

The cassette which accompanies this book enables the learner to hear Serbo-Croat spoken by native speakers. Dialogues and other sections of text which are on the cassette are marked ■ in the margin.

N.B. When writing Serbo-Croat, pay particular attention to the diacritic marks: **c, č** and **ć** are all different letters and to omit the diacritic will result in misunderstanding (as in English, if t is not crossed and is read as l).
Also, when using dictionaries, be aware that **d, đ; l, lj** and **n, nj** are all *separate* letters.

TABLE OF PRONUNCIATION AND THE ALPHABETS

| | | | Cyrillic | |
Latin	Approximate pronunciation		Printed	Cursive
A a	a in father	Ex. mama (mum)	А а	*A a*
B b	as English b	brat (brother)	Б б	*б б*
C c	ts in cats	Car (Emperor)	Ц ц	*ц ц*
Č č	ch in church	čaj (tea)	Ч ч	*ч ч*
Ć ć	roughly tj	kuća (house)	Ћ ћ	*ħ ħ*
D d	as English d	da (yes)	Д д	*д д*
Dž dž	J in John	džemper (jumper)	Џ џ	*џ џ*
Đ đ	roughly dj	đak (pupil)	Ђ ђ	*ђ ђ*
E e	e in bed	krevet (bed)	Е е	*Е е*
F f	as English f	fotografija	Ф ф	*ф ф*
G g	as English g	govoriti (to speak)	Г г	*Г г*
H h	ch in loch	hvala (thank you)	Х х	*X x*
I i	e in he	ili (or)	И и	*И и*
J j	y in yes	Jugoslavija	Ј ј	*Ј ј*
K k	as English k	kino (cinema)	К к	*K к*
L l	as English l	lijep (beautiful)	Л л	*Л л*
Lj lj	ll in million	ljubav (love)	Љ љ	*Љ љ*
M m	as English m	molim (please)	М м	*M м*
N n	as English n	ne (no)	Н н	*H н*
Nj nj	n in news	konj (horse)	Њ њ	*Њ њ*
O o	o in not	otac (father)	О о	*O o*
P p	as English p	pjesma (song)	П п	*П п*
R r	rolled	rt (headland)	Р р	*Р р*
S s	ss in bless	sestra (sister)	С с	*C c*
Š š	sh in shy	šljiva (plum)	Ш ш	*Ш ш*
T t	as English t	trg (square)	Т т	*T т*
U u	oo in food	učiti (to learn)	У у	*У у*
V v	as English v	vino (wine)	В в	*В в*
Z z	as English z	zašto (why)	З з	*З з*
Ž ž	s in pleasure	život (life)	Ж ж	*Ж ж*

Cyrillic order А Б В Г Д Ђ Е Ж З И Ј К Л Љ М Н
Њ О П Р С Т Ћ У Ф Х Ц Ч Џ Ш

LESSON ONE
(Prva lekcija)

■ **PUTNICI SE UPOZNAJU** (*The travellers meet*)

GOSPODIN CAMERON: Dobar dan.
GOSPODIN ANTIĆ: Dobar dan.
G. CAMERON: Oprostite, govorite li engleski?
G. ANTIĆ: Ne, na žalost. Razumijete li vi hrvatski?
G. CAMERON: Samo malo. Vi ste Jugoslaven, zar ne?
G. ANTIĆ: Jesam. A jeste li vi Englezi?
G. CAMERON: Nismo. Ja sam Škot, zovem se Alan Cameron. A moja
žena je Irkinja. Ona se zove Nora.
G. ANTIĆ: Ja sam Miroslav Antić. Drago mi je.
G. CAMERON: I meni, također.

VOCABULARY

da li (introduces a question)
dobar (m.) *good*
dan *day*
drago mi je *pleased to meet you*
　(lit: it is dear to me)
gospodin (abbrev. g.) *Mr*
gospođa (gđa.) *Mrs*
govoriti *to speak* (2nd pers. pl.
　govorite)
hrvatski *Croatian* (see Introduc-
　tion, p. xvii)
i *and, also*
i meni *and I* (lit: and to me)
ja *I*
je *is*
jesam *I am*
jeste *you are*

li (interrogative particle)
malo *a little*
na žalost *unfortunately*
moja *my* (f.; m.: moj)
ona *she*
oprostite *excuse* (*me*)
putnik *traveller, passenger* (pl.
　putnici)
razumjeti *to understand* (1st pers.
　sg. razumijem; 2nd pers. pl.
　razumijete)
samo *only*
ste *are* (2nd pers. pl. of biti *to be*)
također *likewise*
upoznavati se *to meet, to get to
　know* (1st pers. sg. upoznajem;
　3rd pers. pl. upoznaju)

vi *you* (plural and formal)

zar ne? *isn't that so?*

zovem se *I am called* (3rd pers. sg .
   zove se)

žena *wife*

N.B. ABSENCE OF THE ARTICLE

There is no article in Serbo-Croat. **Putnik** may mean '*a* traveller' or '*the* traveller', according to the context.

UNIT 1. THE VERB BITI (TO BE)

This is the first verb you must learn, as you cannot get far without it. Unfortunately, it involves us in one or two complications straight away, but they look more alarming at first than they actually are.

The verb **biti** has two forms: a long, stressed form and a short, unstressed (enclitic) form. The short form is the more common, while the stressed form is used in certain specific situations.

(a) The short form

(I)	(ja)	sam	(we)	(mi)	smo
(you)	(ti)	si	(you)	(vi)	ste
(he/she/it)	(on/ona/ono)	je	(they)	(oni/one/ona)	su

(Notice the two different words for 'you'. **Ti** is the familiar singular form, used for family, contemporaries, close friends and colleagues, children and animals. **Vi** is used for more than one person and also as a more formal, polite form to one person.)

Exercise 1

Complete the following sentences with the correct form of **biti**:
(i) Ja ... Englez. (ii) Mi ... Jugoslaveni. (iii) On ... Škot.
(iv) Vi ... Englezi. (v) Ona ... Irkinja. (vi) Ti ... Jugoslaven.
(vii) Oni ... Jugoslaveni.

(b) The long form

Once you have learned the short forms, you can move on to the long forms. You will see that the endings are the same but they have an

additional initial syllable. They are generally used without the personal
pronoun:

(I)	jesam	(we)	jesmo
(you)	jesi	(you)	jeste
(he/she/it)	jest	(they)	jesu

Remember: the short forms are the norm, the long forms are used only
in certain specific situations:

(i) in questions which follow this model:

stressed verb +	*interrogative particle* **li** +	*subject*
jeste	li	Englez?
jesu	li	Škoti?
jesi	li	Jugoslaven?

(ii) in single word answers to such questions as:
      Jeste li Englez? Jesam
(iii) for special emphasis:
      Jeste li umorni? Ja jesam, ali Alan nije

Exercise 2

Answer the following questions, using the long forms:

(i) Jeste li Englez/Engleskinja?
(ii) Jesu li Alan i Nora putnici?
(iii) Jesmo li studenti?
(iv) Jesam li profesor?
(v) Je[1] li Miroslav Antić Jugoslaven?

([1] The short form of the 3rd person singular **je** may be used instead of
the long form **jest.** It is particularly common in Western variant areas.
But this does not apply to any other person)

(c) The negative form of biti

(ja)	nisam	(mi)	nismo
(ti)	nisi	(vi)	niste
(on/ona/ono)	nije	(oni/one/ona)	nisu

Exercise 3

Complete the sentences in Exercise 1, and answer the questions in Exercise 2, this time with the *negative* forms.

UNIT 2. PRONOUNS

(a) Personal pronouns are not written with a capital letter except at the beginning of a sentence.

(b) Because the verb endings in Serbo-Croat clearly denote the person of the subject, personal pronouns are not used when they are the subject (i.e. in the Nominative case), except for emphasis.

Compare: Kako se zovete? *What are you called?*
Zovem se Slavko. Kako se vi zovete?
I am called Slavko. What are **you** *called?*
Ne razumiju engleski. Govori li on hrvatski?
They don't understand English. Does **he** *speak Serbo-Croat?*

UNIT 3. ENCLITICS

In Serbo-Croat there are several little words which the foreign learner can find awkward to start with. These are the *enclitics*—the short forms of **biti**, the future auxiliary, the short forms of the personal pronouns, the interrogative particle **li** and the reflexive particle **se**. They are all subject to the same rules:

(a) An enclitic needs to follow a word on which it can 'lean' (or 'incline'), and cannot therefore be the first word in a sentence or clause.

(b) Enclitics should be placed immediately after the *first* stressed word, or sometimes the first phrase, in a sentence or clause.

Ja *sam* umoran	*I am tired*
Da *li ste* vi umorni?	*Are you tired?*
Nisam, gladan *sam*	*No, I'm hungry*

UNIT 4. WORD ORDER

It follows from the above that, where unstressed forms are concerned, word order is quite strict, and that it will be affected by the presence or absence of the personal pronoun:

Compare: Mi *smo* gladni *We are hungry*
 ·Gladni *smo*

The meaning here is identical, except that the use of the personal pronoun tends to make the sentence emphatic.

Zovem *se* Marija (neutral)
Ja se zovem Marija (emphatic)

K **Exercise**

(All translation exercises marked K are translated in the key at the end of the book.)
Complete the following passage, filling in the gaps:
Alan Cameron ... Škot. ... li on putnik? ... ... li gladan, Alane[1] ..., a vi, jeste li ... gladni? Ne, ... gladan, hvala. Je ... Nora Irkinja? Jest, ona ... Irkinja. Možda ... ona gladna!
([1]Vocative case, used when addressing someone)

UNIT 5. FORMATION OF QUESTIONS

(a) As in English, questions may be expressed through intonation alone:
 Vi ste Jugoslaven?
In the written language, however, one of the other forms should be used.

(b) Questions may be introduced by an interrogative:

Interrog.	verb		
Zašto	učite	hrvatski?	**Why** are you learning Serbo-Croat?
Tko	ste	vi?	**Who** are you?
Što	radiš	ovdje?	**What** are you doing here?

(c) When a sentence does not contain an interrogative word, the particle **li** is used. This is placed immediately after the main verb, which must then be the first word in the sentence:

Verb	interrog. particle		
Dolazite	li	često ovamo?	*Do you come here often?*
Puši	li	vaša žena?	*Does your wife smoke?*

(d) Another way of using the particle **li** is to combine it with the conjunction **da**. In this case the main verb may be placed anywhere in the sentence:

Question marker		
Da li	često putujete?	*Do you travel often?*
Da li	studenti mnogo piju?	*Do the students drink a lot?*

(e) Negative questions are introduced by **zar**:

Particle	Negative verb		
Zar	nisi	Jugoslaven?	*Aren't you Yugoslav?*
Zar	studenti ne piju?		*Don't the students drink?*

These are the only patterns you need learn. But there are three others, given here for your information:

(f) Questions may be formed by the addition of **zar ne?** *isn't it so?* at the end of the sentence. This usually implies the expectation of a positive answer:

Vaš stric je bogat, *zar ne? Your uncle is rich, isn't he?*

(g) The words **je li?** or **je l' da?** may also be added, but in this case the expectation may be slightly different.

Vaš stric je bogat, *je li? So, your uncle is rich, is he?* ...

(h) **Zar** used with an affirmative verb conveys a note of surprise:

Zar učiš hrvatski? *You don't really mean you're learning Serbo-Croat, do you?!*

■ UNIT 6. QUESTIONS AND ANSWERS

These are intended as an illustration of some points that you have learned so far. It is also a good idea to *learn by heart* as many examples of complete sentences as you can. The translation is at the end of the lesson.

1. Što je ovo?	Ovo je knjiga.
2. Što je to?	I to je knjiga.
3. Je li ovo knjiga?	Ne, to je stol.
4. A to je stolica, je li?	Da, to je stolica.
5. Je li ovo stolica ili stol?	To je stol.
6. Tko je taj mladić?	To je moj sin.
7. A ta djevojka, tko je ona?	To je njegova djevojka.
8. Tko je ta lijepa žena?	To je moja žena.
9. Zar je ona vaša žena?	Je, lijepa je, zar ne?
10. Je li tvoja majka kod kuće?	Nije, ali moj otac je ovdje.
11. Gdje je tvoja majka?	Ne znam, nije ovdje.
12. Kad se obično vraća?	Obično se vraća kasnije.
13. Da li govorite kineski?	Ne, ali govorim japanski.
14. Je li vaša žena Engleskinja?	Nije, ali govori engleski.
15. Zašto učite srpskohrvatski?	Zato što volimo Jugoslaviju.
16. Gdje je tvoj sin sada?	Ne znam, mnogo putuje.
17. Kada vi volite putovati?	Najviše volim putovati ljeti.
18. Što želite sada raditi?	Želim spavati.
19. Želite li nešto popiti?	Ne sada, hvala, kasnije.
20. Tko je ta lijepa dama?	To nije dama, to je moja žena.

21. Jesu li vaši prijatelji   Jesu, ali razumiju engleski.
     Jugoslaveni?
22. Kako se zove tvoj pas?   Zove se Miki.
23. Da li Jugoslaveni vole pse?   Vole, ali ne toliko kao Englezi.
24. Njihova kći je mlada, zar ne?   Jest, i jako je lijepa.
25. Zar ona ne voli putovati?   Ne, voli ostati kod kuće.
26. Dolaziš često ovamo, je li?   Da, dolazim svake godine.
27. Zar me toliko voliš?   Treba li ti dokaz?
28. Da li vaš otac puši?   Da, previše.
29. Jesu li svi studenti?   Jesu, ali su jako ozbiljni.
30. Zar svi uče hrvatskosrpski?   Da, zašto se čudiš?

N.B. Notice that **moj, moja** (my); **tvoj, tvoja** (your, familiar); **vaš, vaša** (your, polite and plural), etc., change according to the gender and number of the noun they refer to.

UNIT 7. BEHAVIOUR

Drago mi je and **milo mi je** mean 'I am glad' or 'delighted'. These expressions are used frequently when people are introduced to one another. A third person is not needed to make the introduction: Yugoslavs will introduce themselves, telling you their name, or just their surname, as they shake your hand.

UNIT 8. EXERCISES

(a) Comprehension Questions

Answer in Serbo-Croat the following questions on the dialogue at the beginning of this lesson. Do this only when you feel you have learned the lesson thoroughly.

1. Govori li g. Antić engleski?
2. Razumije li g. Cameron hrvatski?
3. Je li g. Antić Englez?
4. A[1] g. Cameron, je li on Englez?
5. Kako[2] se zove gđa. Cameron?
6. Je li Nora Jugoslavenka?

([1]**a** somewhere between 'and' and 'but': here it conveys something like 'And what about . . . ?'; **kako** how, **kako se zovete** what is your name?, lit.: how are you called?)

K̲ (b) Translation exercise

Translate the following passage into Serbo-Croat:

I am Mr Smith. Who[1] are you? My name is Marko. Are you English?
No, I am Yugoslav. Do you speak English? No, unfortunately. But
you understand Serbo-Croat! Only a bit.

([1]Who **tko**)

(c) Supply the missing half of the following dialogue:

Antić: Dobar dan.
Cameron:

Antić: Razumijete li hrvatski?
Cameron:

Antić: Kako se zove vaša žena?
Cameron:

Antić: Drago mi je. Ja sam Miroslav Antić.
Cameron:

UNIT 9. TRANSLATION OF UNIT 6

(Use these English versions later on as a translation exercise when you
feel you have mastered the Serbo-Croat.)

1. What is this?	This is a book.
2. What is this?	That is a book too.
3. Is this a book?	No, that is a table.
4. And that is a chair, isn't it?	Yes, that is a chair.
5. Is this a table or a chair?	That is a table.
6. Who is that young man?	That is my son.
7. And that girl, who is she?	That is his girl.
8. Who is that beautiful woman?	That is my wife.
9. Is she really your wife?	Yes, she's beautiful, isn't she?
10. Is your mother at home?	No, but my father is here.
11. Where is your mother?	I don't know, she isn't here.
12. When does she usually get back?	She usually gets back later.
13. Do you speak Chinese?	No, but I speak Japanese.

14. Is your wife English?   No, but she speaks English.
15. Why are you learning Serbo-Croat?   Because we like Yugoslavia.
16. Where is your son now?   I don't know, he travels a lot.
17. When do you like to travel?   I like travelling most in the summer.
18. What do you want to do now?   I want to sleep.
19. Do you want something to drink?   Not now, thank you, later.
20. Who is that beautiful lady?   That's no lady, that's my wife.
21. Are your friends Yugoslav?   Yes, but they understand English.
22. What is your dog called?   He's called Mickey.
23. Do Yugoslavs like animals?   Yes, but not as much as the English.
24. Their daughter is young, isn't she?   Yes, and she is very beautiful.
25. Doesn't she like to travel?   No, she likes to stay at home.
26. You come here often, do you?   Yes, I come every year.
27. Do you love me so much?   Do you need proof?
28. Does your father smoke?   Yes, too much.
29. Are they all students?   Yes, but they are very serious.
30. Are they really all learning Serbo-Croat?   Yes, why are you surprised?

LESSON TWO
(Druga lekcija)

■ **RAZGOVOR U VLAKU** (*Conversation in the train*)

G. ANTIĆ: Volite li putovati?

G. CAMERON: Da, jako volim. Često putujem. A vi? Volite li putovati?

G. ANTIĆ: Volim, naročito vlakom. Na žalost moram često poslovno putovati avionom.

G. CAMERON: Rado se vozim autom, ali Jugoslavija je predaleko. Osim toga, kad čovjek vozi ne može gledati kroz prozor.

G. ANTIĆ: Imate pravo. Ja volim čitati dok putujem, pomalo i spavati, a ponekad izlazim u hodnik da popušim cigaretu.

G. CAMERON: Jeste li gladni? Želite li probati engleske sendviče?

G. ANTIĆ: Ljubazni ste. Vrlo rado. A želite li vi možda nešto popiti? Ovdje imam vrlo dobru jugoslavensku šljivovicu.

VOCABULARY

ali *but*
autom *by car* (auto, automobil)
avionom *by plane* (avion)
cigaretu *cigarette* (object case)
često *often*
čitati (čitam) *to read*
čovjek *a man, one*
da *in order to*
dok *while*
gladni (m. pl. of gladan) *hungry*
gledati (gledam) *to look*
hodnik *corridor*
imate pravo *you are right*
izlaziti (izlazim) *to go out*
jako *very; very much*
kad *when*
kroz *through*

ljubazan (pl. ljubazni) *kind*
može (3rd pers. sg. of moći) *to be able*
morati (moram) *to have to*
možda *perhaps*
naročito *particularly*
ne (negative particle) *no, not*
nešto *something*
osim toga *apart from that*
ovdje *here*
pomalo *a little*
ponekad *sometimes*
popiti (popijem) *to have a drink*
popušiti (popušim) *to have a smoke*
poslovno *on business*
predaleko *too far*

probati (probam) *to try*

prozor *window*

putovati (putujem) *to travel*

sendvič *sandwich*

spavati (spavam) *to sleep*

šljivovicu *plum brandy* (object case of šljivovica)

u *in, into*

vlakom *by train* (vlak)

voljeti (volim) *to like, to love*

voziti se (vozim se) *to drive*

vrlo *very*

željeti (želim) *to eat*

UNIT 1. VERBS

There are several classes of regular verbs. See Appendix 4 for a complete list of these. For the time being it will be enough to learn the three main sets of endings; which are classified according to the 1st person singular ending in the present tense. These endings are: (i) **-am**; (ii) **-im**; (iii) **-em**. Once you know the 1st person singular of any regular verb, the other persons of the present tense can be deduced.

(i) **-am** This is the most straightforward set of endings. The infinitive of these verbs ends in **-ati**:

e.g.: *Imati, imam* (*to have*)

Probati, probam (*to try*)

(ii) **-im** This set of endings is usually derived from an infinitive ending in **-iti**:

Govoriti, govorim (*to speak*)

but may also be derived from **-ati**:

držati, držim (*to hold*)

or **-eti**:

voljeti, volim (*to like, love*)

željeti, želim (*to want*)

(iii) **-em** This is the most frequent set of endings and is derived from many different infinitive endings. For the time being the 1st person present should always be learned.

	PROBATI	GOVORITI	RAZUMJETI	ZVATI SE
(ja)	probam	govorim	razumijem	zovem se
(ti)	probaš	govoriš	razumiješ	zoveš se
(on/ona/ ono)	proba	govori	razumije	zove se
(mi)	probamo	govorimo	razumijemo	zovemo se
(vi)	probate	govorite	razumijete	zovete se
(oni/one/ ona)	probaju	govore	razumiju	zovu se

Exercise

(a) Give the appropriate ending of the following verbs.

Model: Ti pušiti (pušim) = pušiš

Mi   voziti se (vozim se); čitati (čitam); putovati (putujem)

On   spavati (spavam); voljeti (volim); izlaziti (izlazim)

Oni imati (imam); popiti (popijem); željeti (želim)

Ti   govoriti (govorim); razumjeti (razumijem); gledati (gledam)

Vi   morati (moram); piti (pijem); sjediti (sjedim)

(b) Complete the following sentences:

Da li vi ... putovati? Da, jako .... Često .... Volite li
... avionom? Ne, više ... putovati autom. I ja rado ... vlakom.
Volim ... kroz prozor. Čitate li dok ... vlakom? Da, čitam pomalo
i ... ... li gladni? ..., hvala, ... probati engleske sendviče?

UNIT 2. ASPECT (I)

This is a new idea to English language speakers, so it is as well to
introduce it as early as possible. We shall return to it in greater detail
later. For the time being, you should know that most Serbo-Croatian
verbs have two forms, known as the **Imperfective** and the **Perfective**
aspects.

It is possible to express a great range of different meanings by
modifying the form of the verb, introducing ideas of repetition, partial
action, etc. The basic division is into:

(1) Action which is thought of as continuing, incomplete, 'ongoing':
Imperfective

(2) Action which is thought of as complete or limited: *Perfective*

For example:

stvarati (*imperfective*) 'to be creating'

the noun derived from this verb, **stvaranje**, means the *process* of
creating

   e.g. **Stvaranje svijeta** the Creation of the world

stvoriti (*perfective*) to create and complete the action

the noun derived from this verb, **stvorenje**, means a creature

   e.g. **ljudsko stvorenje** a human being.

In the text at the beginning of the lesson there are two examples of the
use of the perfective aspect: **da popušim cigaretu** to smoke a cigarette.

The speaker is thinking of completing the act of smoking before returning to the compartment (imp. **pušiti**)

želite li nešto popiti? would you like a drink of something? Again, the speaker is envisaging draining the whole glass! (imp. **piti**)

UNIT 3. 'KIDNAPIRANJE NA JUGOSLAVENSKOJ GRANICI' (1) (KRIMINALNI ROMAN—'KRIMIĆ': DETECTIVE STORY)

This story runs through the whole of this book. It is intended to illustrate the language in action, using mainly narrative. There will be another story, in instalments also, illustrating the use of colloquial dialogue. New words will be listed underneath each instalment, but do not feel you should attempt to learn them all at this stage. There are translations of all the instalments at the end of the book. These can be used later on as translation exercises: you should try to translate them back into Serbo-Croat.

Jedan sumnjiv tip ulazi u vlak. Ima veliki crni šešir i bijele rukavice. Ništa ne govori. Sjedi i gleda kroz prozor. Ponekad ustaje i izlazi u hodnik da popuši cigaretu. Gleda uvijek lijevo i desno prije nego uđe u hodnik. Kad se vrati u kupe, pažljivo gleda sve kovčege i torbe. Šuti.

jedan one, a; **sumnjiv** suspicious-looking; **tip** type, character; **ulazi** enters; **veliki** big; **crni** black; **šešir** hat; **bijele** (*f. pl.*) white; **rukavice** gloves; **ništa** nothing; **sjedi** he sits; **ustaje** he gets up; **uvijek** always; **lijevo** left; **desno** right; **prije nego** before; **uđe** (*pf.*) enters; **kad** when; **se vrati** (*pf.*) comes back; **kupe** compartment; **pažljivo** carefully; **sve** all; **kovčeg** suitcase; **torba** bag; **šuti** he is silent

UNIT 4. THE VERB IĆI (TO GO)

You will have noticed from the examples in section 2 that one means of making a perfective is by the addition of a prefix. The verb **ići** and its derivatives offer a useful example of the way in which the addition of a prefix modifies the meaning of a verb.

ići itself is bi-aspectual and the only neutral verb of motion. All its derivatives convey some further information about the nature of the movement:

iz (out of) + **ići** = **izići** *to go out*
Moram časkom izići   I must go out for a moment

Once the new meaning has been established, a new imperfective must
be made to express it as well:

izići (pf.) → **izlaziti** (imp.)
Uvijek izlazim u ovo doba   I always go out at this time (of day)

UNIT 5. VERBAL PREFIXES

Here are some prepositions which can be used as prefixes:
u in, into; **do** up to; **na** on, on to; **od** away from; **s** down from
Further prefixes (which are not prepositions): **po, pre** (denotes 'over'),
pro ('passing by'), **raz** ('dispersal')

UNIT 6. VERBS OF MOTION DERIVED FROM IĆI

do	Dolazite li često ovamo?	*Do you come here often?*
	Moraš doći da vidiš auto!	*You must come to see the car!*
u	Ulazi polako u vodu	*He goes slowly into the water*
	Popravlja kravatu prije nego uđe u ured	*He straightens his tie before he goes into the office*
iz	Izlazimo svaki dan u 8 sati	*We go out every day at 8 o'clock*
	Izići će kad završi zadaću	*He will go out when he finishes (his) homework*
od	Gledaju kako brod odlazi	*They watch the boat go away*
	Zar moraš tako brzo otići?	*Must you go away so soon?*
s	Silazite li ovdje, gospodine?	*Are you getting off here, sir?*
	Siđi kod pošte	*Get off by the Post Office*
na	Ona uvijek nalazi dobre restorane	*She always finds (comes on) good restaurants*
	Ne mogu naći adresu	*I can't find the address*
po-	Vlak polazi u 10 sati	*The train leaves (sets off) at 10 o'clock*
	Moramo odmah poći!	*We must leave at once!*
pre-	Nikada ne prelaze sami ulicu	*They never cross the road alone*
	Pređite sada, svijetlo je zeleno!	*Cross now, the light is green!*

pro-   Prolazi često pokraj njenog   *He often passes by her window*
        prozora
        Brzo će proći ova kiša   *This rain will quickly pass*

Do not attempt to learn all of this straight away. Remember the effect
of the addition of prefixes to form perfectives, and use these sentences
for later reference.

UNIT 7. DEPENDENCE OF ONE VERB ON ANOTHER

One verb can depend on another in two basic ways:

(a)   *Main verb   +   infinitive*

moram	izići	*I must go out*
žele	popušiti cigaretu	*They want to smoke a cigarette*
volite li	putovati?	*Do you like to travel?*

(b)   *Main verb   +   **da** (conjunction)   +   present*

moram	da	iziđem
žele	da	popuše cigaretu
volite li	da	putujete?

The Western variant of the language prefers model (a), while the
Eastern favours model (b). Either system can be used in either variant
for variety, particularly where there is a series of dependent verbs:

Moram sutra početi učiti da vozim
Tomorrow I must start learning to drive
or **Moram sutra da počnem učiti voziti**
or **Moram sutra početi da učim voziti**
Where the sentence expresses intention, **da** + present must be used:
Izlazi da popuši cigaretu
He goes out (in order) to smoke a cigarette

UNIT 8. REFLEXIVE VERBS

There are many reflexive verbs in Serbo-Croat. They consist of a verb, which is conjugated in the normal way, and the indeclinable reflexive particle **se**. **Se** is an enclitic and therefore subject to the same rules of word order as the short forms of **biti**. Where it occurs with other enclitics, it comes after all the others except **je** (3rd person sg. of **biti**).

Vraćati se (imp.), vratiti se (pf.)	*to return*
Vraćam se često	*I come back often*
Moraju se vratiti u kupe	*they must go back to the compartment*

Some verbs are always reflexive, while others may be used either reflexively or as ordinary transitive verbs with a direct object:

Zovem muža 3 puta prije nego ustane
I call (my) husband 3 times before he gets up
Zovem se Crvenkapica
I am called Little Red Riding Hood

Vraća knjigu na policu
He returns the book to the shelf
Vrati se! Ne napuštaj me!
Come back! Don't abandon me!

Volim te
I love you
Mi se volimo
We love each other

Gleda more
He is looking at the sea
Oni se gledaju
They are looking at each other

UNIT 9. ADVERBS

These are indeclinable. Some must be individually learned (**ponekad, pomalo**), others are the neuter Nominative of adjectives (**dobro, rado, poslovno**).

UNIT 10. 'LJUBAVNA PRIČA' (*Love story*) (1)

Ivan i Mira se vole. Sjede u *kavani* i gledaju se u *oči*.
–*Tako* si *lijepa!* Jako te volim! – *kaže* Ivan.
–I ti si lijep. *Što sam sretna!* – kaže Mira.
–*Dođi ovamo* da te *poljubim!*
–Ali ne ovdje, Ivane! Jesi li *lud?*
kavana café: **oči** (*f. pl.*) eyes; **tako** so; **lijep** (*m.*), **lijepa** (*f.*) beautiful,
handsome; **kaže** says; **što sam sretna** how happy I am! (*m.*: sretan); **dođi**
come; **ovamo** over here; **poljubiti** to kiss; **lud** crazy, mad

UNIT 11. EXERCISES

(a) Answer the following questions on the text at the beginning of this
lesson:

1.   Voli li g. Cameron putovati?
2.   Da li često putuje?
3.   Voli li g. Antić putovati vlakom?
4.   A avionom?
5.   Zašto se g. Cameron ne vozi autom?
6.   Što radi g. Antić u vlaku?
7.   Što želi g. Antić probati?
8.   Što ima g. Antić?

zašto? why?; **zato što** because; **raditi** to do

K   (b) Translate the following sentences into Serbo-Croat:

1.   Do you like to travel?
2.   I don't like travelling by plane.
3.   Are you looking out of the window?
4.   They often sleep in the train.
5.   Is he hungry? Does he want to try a sandwich?

(c) Complete the following dialogue:

Antić:	Dobar dan, gospodine Cameron. Kako ste?
Cameron:	Dobro, hvala, a..?
Antić:	I ja sam dobro. Volim putovati. A vi?
Cameron:	....

Antić:	Putujete li često?
Cameron:	....
Antić:	Ja ne volim putovati avionom.
Cameron:	....
Antić:	Da, volim putovati vlakom.

LESSON THREE
(Treća lekcija)

■ **DOLAZAK NA JUGOSLAVENSKU GRANICU** (*Arrival at the Yugoslav frontier*)

G. CAMERON: Gdje smo sada, gospodine Antiću? Je li jugoslavenska granica blizu?

G. ANTIĆ: Jest, blizu je.

GĐA CAMERON: Vidim kroz prozor: netko ulazi u vlak. Tko je to?

G. ANTIĆ: To je carinik. Mora pregledati prtljagu.

GĐA CAMERON: Jesu li pasoši kod tebe, Alane?

G. CAMERON: Mislim da jesu. Smiri se, Nora, nemamo što prijaviti. Pa nismo šverceri!

GĐA CAMERON: Gdje je naša prtljaga? Ne vidim veliki crni kovčeg!

G. CAMERON: Ne brini, dušo, kovčeg je kod vrata.

G. ANTIĆ: Oprostite, gospođo, je li ovo vaša torba?

GĐA CAMERON: Je, hvala! Imamo mnogo stvari, je li?

G. CAMERON: Uvijek govorim da ne treba mnogo nositi na ljetovanje, ali znate kakve su žene: svaki dan druga haljina! Je li tako, draga?

GĐA CAMERON: Dobro znaš da nije!

VOCABULARY

blizu *near*	granica *frontier*
brinuti se (brinem se) *to worry* ne brini *don't worry*	haljina *dress, frock*
	hvala *thank you*
carinik *customs officer*	je li tako? *is (isn't) that so?*
crni *black*	kakav (f. pl. kakve) *of what kind, how*
dolazak *arrival*	
drag, dragi (f. draga): *dear, darling*	kod *by*
	kovčeg *suitcase*
drugi (f. druga) *other*	ljetovanje *summer holiday*
duša (voc. dušo) *soul, dear*	misliti (mislim) *to think*

mnogo *a lot*

nemati (nemam) (negative form of imati) nemamo *we do not have*

netko *someone*

nositi (nosim) *to carry, to wear*

ovo *this*

pasoš *passport*

pregledati (pregledam) *to examine*

prijaviti (prijavim) *to declare*

prtljaga *luggage*

sad, sada *now*

smiriti se (smirim se) *to calm down*

stvari *things*

svaki *every, each*

što *what* (after negative verb: anything)

švercer *smuggler*

tko *who*

to *that*

torba *bag*

treba *it is necessary*

uvijek *always*

vaš *your*

veliki *big*

vidjeti (vidim) *to see*

vrata (n. pl. in form) *door*

znati (znam) *to know*

žena *woman*

UNIT 1. NOUNS

Every Serbo-Croatian noun has a gender – masculine, feminine or neuter – which determines its declension. In the great majority of cases, the gender is immediately obvious from the Nominative ending of the noun (the form in which it appears in the dictionary).

(a) *Masculine nouns*

  (i) Most masculine nouns end in a consonant. Consonants may be 'hard' or, less frequently, 'soft'. The 'soft' consonants are **c, ć, č, dž, đ, j, lj, nj, š, ž**; all other consonants are hard.

      Jugoslaven   (hard)

      vlak   (hard)

      prijatelj   (soft): friend

  (ii) Some masculine nouns end in **-o** (or **-e** after a 'soft' consonant). This is the case with a large number of proper names, e.g. **Marko, Ivo, Dorđe** and a number of nouns which used to end in **-l**. This **l** recurs in other cases.

      ugao (corner) – **u uglu**: *in the corner*

A clear example is the noun 'table':

      stol in the Western variant

but **sto** in the Eastern variant – **na stolu** *on the table*

(iii) Masculine Nominative plural ending: **-i**

Most monosyllabic masculine nouns have an additional syllable in the plural:

stol   stolovi

vlak   vlakovi

If the final consonant is 'soft', then **-ovi** becomes **-evi**:

muž muževi *husband*

Certain combinations of consonants and vowels involve consonant changes, for example the combination **k + i** is replaced by **-ci**:

putnik   putnici

(b) *Neuter nouns*

(i) Neuter nouns end in **-o** or **-e**:

selo *village*

more *sea*

(ii) Neuter Nominative plural ending: **-a**

sela, mora

(c) *Feminine nouns*

(i) The great majority end in **-a**

gospođa, žena, torba

(ii) A few feminine nouns end in a consonant. There are not many and they must be learned. They include a large number of abstract nouns; and all abstract nouns ending in **-ost.**

noć *night*; **stvar** *thing*; **zvijer** *wild animal*; **ljubaznost** *kindness*

(iii) Feminine plural

For nouns whose singular ends in **-a** the Nominative plural ending is **-e**

gospođe   torbe

For nouns ending in a consonant the Nominative plural ending is **-i**

noći   stvari

UNIT 2. THE NOMINATIVE CASE ('NAME' OR SUBJECT CASE)

The main uses of the Nominative case are:

(i) For the subject of a sentence or clause:

Alan Cameron gleda kroz prozor

Alan Cameron is looking through the window

Vi pijete šljivovicu, a *on* pije viski

You are drinking plum brandy, he is drinking whisky
Mislim da *Nora* dolazi sutra
I think that Nora is coming tomorrow
Na žalost, *vlak* kasni
Unfortunately, the train is late

(ii) For the complement after **biti:**
Alan je *Škot*
Alan is a Scot
Kažu da nisi *Jugoslaven*, je li istina?
They say you are not a Yugoslav, is it true?
Moj sin je *dobar student*
My son is a good student
Nada je jako *lijepa žena*
Nada is a very beautiful woman

Exercise

Fill in the gaps in the following sentences with one of these nouns:
carinik, putnik, Škot, granica, Jugoslaven, kovčeg, prtljaga, pasoš, torba, vlak.

1. Gdje je jugoslavenska...?
2. Alan je....
3. ...ulazi u vlak.
4. Gdje je naša....?
5. ...dolazi u Zagreb.
6. ...je kod vrata.
7. Je li ovo vaša...?
8. Je li...kod tebe?
9. Miroslav je....
10. ...gleda kroz prozor.

UNIT 3. 'KRIMIĆ' (2)

Sumnjivi tip gleda *opet* kroz prozor. Vidi kako *prilazi pasoška kontrola. Ništa ne govori*, ali *nabija* šešir na oči i *polako ustaje. Otvara vrata i izlazi u hodnik. Ostali* putnici se gledaju. Jedan čovjek ustaje da *izvadi* pasoš. *Traži, traži* – ali, *gdje* je pasoš? Gdje je *novčanik*?

opet again; **prilaziti** to approach (derivative of ići); **pasoška kontrola** passport control; **ništa** nothing; **nabijati** to push down (not an important word); **polako** slowly; **ustajati** (**ustajem**) to get up; **otvarati** to open; **ostali** remaining, other; **izvaditi** to take out; **tražiti** to seek; **gdje** where; **novčanik** wallet; **vrata** (*n. pl.*) door

Exercises

(a) Write a list of all the nouns which are used in the Nominative case in this passage.

(b) Give the plural of all the singular nouns in the passage. (N.B. the plural of **čovjek** is quite irregular: **ljudi** (people) is used.)

UNIT 4. THE VOCATIVE CASE

This case is used for persons addressed in speech, or at the beginning of letters:

>Dobar dan, gospodine Antiću
>*Good day, Mr Antić*
>Draga gospođo Nado,...[1]
>*Dear (Mrs Nada),...*

([1]This is a useful intermediary stage between the formal Gđa + surname, and the more familiar use of the first name on its own. Of course there is no equivalent in English)

There are no Vocative endings for neuter nouns or for the plurals of any gender.

So, only two sets of endings have to be learned:

(i) *Masculine*

Hard consonants:	-e	gospodin, gospodine
soft consonants:	-u	prijatelj, prijatelju
		Antić, Antiću

(ii) *Feminine*

Nouns ending in	-a:	-o	gospođa, gospođo
			Nada, Nado
Diminutives in	-ca:	-ce	gospođica, gospođice *Miss*
			Ankica, Ankice

(These may be men's names, with diminutive fem. forms:
    Ivica, Ivice)

Nouns ending in a consonant: **-i**   Oh, noći!

UNIT 5. EXAMPLES OF SIMPLE LETTERS

(i) To friends, informal:

Dragi Ivane,
    Ovdje je jako lijepo. Da si
samo ti ovdje!...
    Voli te, Anka

(Dear Ivan, It's very nice here. If only you were here!...Love,
Anka)

(ii) More formal, addressee slightly known:

Dragi gospodine Filipoviću,
    Dolazimo vlakom prvog sedmog.
Veselimo se skorom viđenju.
    Srdačan pozdrav,
Vaši Tim and Anne Smith

(Dear Mr Filipović, We are arriving by train on the first of July.
We are looking forward to seeing you soon. Warm greetings/all
best wishes, Tim and Anne Smith)

(iii) Addressee unknown or known only officially

Poštovana gospođo Ivić,
    Slobodna sam da Vam se
javim u vezi našeg boravka.
Molim Vas da nam rezervirate
sobu za osmi mjesec.
    S izrazima poštovanja,
        Betty Jones

(Dear [respected] Mrs Ivić, I am taking the liberty of writing in
connection with our stay. Please would you reserve a room for the
month of August. Yours sincerely, Betty Jones)

UNIT 6. ADJECTIVES FORMED FROM PROPER NOUNS

All adjectives are written with a small letter, even when formed from
proper nouns:

Ovo je jugoslavenska granica
This is the Yugoslav frontier

Volim londonske ulice
I like London streets

■ UNIT 7. QUESTIONS AND ANSWERS

Look at the following constructions. The translation is at the end of
the lesson. Use it later to translate back into Serbo-Croat.

ovo this   **to** that

Je li ovo vaša torba?	Ne, to nije moja torba.
Da li je ovo moj kovčeg?	Ne, gospođo, to je moj kovčeg.
Mama, ovo je moja djevojka.	Je li? Drago mi je, dušo.
Jesu li to vaše stvari?	Jesu, oprostite!
Je li ovo vaš sin?	Jest, zove se Ivo.
A da li su to vaše kćeri?	Ne, to su moje unuke!
Nije moguće!	Jesu, vjerujte!
Je li ovo Zagreb?	Još nije, ovo je Ljubljana.
Da li je ovo vaše mjesto?	Samo vi sjedite, ima mjesta.
Dobar dan, gospodine, je li ovo vaš pasoš?	Jest, ovo je moj pasoš.

UNIT 8. DOUBLE NEGATIVE

The existence of two or more negative words in a sentence does not
have the effect of making the sense positive. On the contrary, a negative
pronoun such as **nitko** (no one) or **ništa** (nothing) requires a negative
verb.

Nemamo ništa prijaviti
We have nothing to declare
Ništa ne vidim kroz prozor
I don't see anything through the window
Nikad ne putujem autostopom
I never hitchhike

UNIT 9. 'LJUBAVNA PRIČA' (2)

Ivan i Mira *se šetaju gradom.*
–*Hajdemo k meni.* Nije *daleko* – *predlaže* Ivan.
–*Možda* – *odgovara* Mira. – Jesu li tvoji *roditelji* kod kuće?
–*Nisu. Oni su negdje u gradu.*

–A tvoja *sestra?*
–Ni ona nije *kod kuće.*
–*Dakle nema nikoga?*
–Ne, nema nikoga.
–*Onda ne dolazi u obzir!* Ti si *zaista* lud!

šetati se to walk; **grad** town, **gradom** through the town; **hajdemo** let's go; **k meni** to my place; **daleko** far; **predlagati (predlažem)** to suggest; **možda** perhaps; **odgovarati (odgovaram)** to reply; **roditelj** parent; **kod kuće** at home; **negdje** somewhere; **u gradu** in town; **sestra** sister; **dakle** therefore, so; **nema nikoga** there's no one; **onda** then; **ne dolazi u obzir** it's out of the question; **zaista** really

UNIT 10. BEHAVIOUR

The question of how best to address someone you do not know well in Yugoslavia can be delicate.
For certain official contacts, and some public encounters (e.g. bus conductors, railway officials, etc.) it is appropriate to use the word for 'comrade':

> **drug** (m.) and **drugarica** (*f.*)

Vocative: **druže!**   **drugarice!**

In other situations this mode of address would be inappropriate, and the words for Mr, Mrs, Miss quite suitable:

> *gospodin*   *gospodine!* (V)
> *gospođa*   *gospođo!*
> *gospođica*   *gospođice!*

It is advisable to listen carefully and observe the kinds of situation in which each term is used.

UNIT 11. EXERCISES

(a) Make sentences with the following nouns. Some are singular and some plural, so remember to adjust the possessive pronoun and verb accordingly. Notice that the Nominative endings of the possessive pronoun **vaš** are the same as those of the nouns:

> *m. sing.* **vaš** *pl.* **vaši**
> *f. sing.* **vaša** *pl.* **vaše**

Model: **(torba)** Oprostite, gospođo, je li ovo vaša torba?

(**pasoši**) Oprostite, gospodine, jesu li ovo vaši pasoši?
haljine, prtljaga, stvari (N.B. *f. pl.*), kovčezi, sendviči, šljivovica,
šešir, rukavice, vlak, novčanik.

K (b) Translate these questions into Serbo-Croat:
1. Is that the Yugoslav border?
2. Is Zagreb near?
3. Is that the customs officer?
4. Are they smugglers?
5. Have you anything to declare?
6. Where are the passports?
7. Do you see the big black suitcase?
8. Have you got many things?
9. Is the luggage by the door?
10. Is this your bag?

(c) Supply the missing half of the dialogue.

Cameron: ....?
Antić: Jest, blizu je.
Cameron: ....?
Antić: To je carinik. Mora pregledati prtljagu.
Cameron: ....?
Antić: Crni kovčeg je kod vrata.
Cameron: ....?
Antić: Ne, to nije moja torba.

UNIT 12. TRANSLATION OF UNIT 7

Is this your bag?	No, that's not my bag.
Is this my suitcase?	No, madam, that's my suitcase.
Mum, this is my girlfriend.	Is it? Pleased to meet you, dear.
Are these your things?	Yes, they are, I'm sorry!
Is this your son?	Yes, his name's Ivo.
And are these your daughters?	No, they are my grand-daughters!
It's not possible!	They are, believe me!
Is this Zagreb?	Not yet, this is Ljubljana.
Is this your place?	You sit there, there's plenty of room.
Good morning, sir, is this your passport?	Yes, this is my passport.

LESSON FOUR
(Četvrta lekcija)

■ **SVATKO IDE NA SVOJU STRANU** (*Each goes his own way*)

G. ANTIĆ: Ovo je sad predgrađe Zagreba. Blizu smo.

G. CAMERON: Jeste li vi iz Zagreba, gospodine Antiću?

G. ANTIĆ: Nisam, nego iz Karlovca. To je gradić nedaleko od Zagreba.

GĐA COMERON: Idete li sada u Karlovac?

G. ANTIĆ: Ne odmah. Moj sin stanuje ovdje. Želim biti malo kod sina i snahe.

GĐA CAMERON: Alane, vrijeme je da se spremimo. Evo kolodvora.

G. ANTIĆ: Kamo sad idete? Imate li rezerviran hotel?

G. CAMERON: Imamo. Hotel Palace. Mislim da je blizu kolodvora.

G. ANTIĆ: Jest. Ostajete li duže u Zagrebu?

GĐA CAMERON: Nekoliko dana. Ovdje imamo prijatelje. Zatim idemo na more.

G. ANTIĆ: Namjeravate li posjetiti naše otoke?

GĐA CAMERON: Svakako.

G. ANTIĆ: Ako idete u Dubrovnik, lako možete stići na Mljet, na Korčulu, na Hvar i na Brač. A sada vam želim ugodan boravak. Jako mi je drago što smo se upoznali.

GĐA CAMERON: I nama. Ako dođete u Englesku, evo naše adrese.

G. ANTIĆ: Hvala vam, nikad se ne zna! Aha, vidim sina kroz prozor. Svako dobro, do viđenja!

G. I GĐA C: Do viđenja!

VOCABULARY

ako *if*

boravak *stay*

duže *for a long (lit. longer) time*

evo (+ G) *here is/are* (cf. French 'voici')

gradić (diminutive of grad) *small town*

ide (3rd pers. sg. of ići) *goes*

kamo *where, whither* (i.e. with motion)

kolodvor *railway station*

lako *easily*

misliti (mislim) *to think*

more *sea*

namjeravati (imp.) *to intend*
naš *our*
nedaleko *not far*
nekoliko (+ G) *a few*
nikad se ne zna *you never know*
od (+ G) *from*
odmah *immediately*
ostajati (imp., ostajem) *to stay, to remain*
otok *island*
posjetiti (pf., posjetim) *to visit*
predgrađe *suburb*
sin *son*
snaha   *daughter-in-law   (also sister-in-law)*

spremiti (se) (pf.) *to get ready*
stanovati (imp., stanujem) *to live, to reside*
stići (pf., stignem) *to reach*
strana *side*
svakako *certainly*
svako dobro *all the best*
svatko *everyone*
svoj: *his/her, etc., own*
ugodan (f. ugodna) *pleasant*
upoznati se (pf.) *to meet* (this is past tense)
vrijeme *time*
zatim *then*

UNIT 1. THE ACCUSATIVE CASE (*The direct object case*)

This case is used if the question 'what' (**što**) or 'whom' (**koga**) can be asked after the verb in a sentence.

Ima veliki crni šešir. Što ima? Šešir.
He has a big black hat. He has what? A hat.
Vidim more. Što vidiš? More.
I see the sea. What do you see? The sea.

Singular

(i) *Masculine Inanimate nouns and neuter nouns*
The Accusative is the same as the Nominative:

N	A
Ovo je kovčeg *This is a suitcase*	Imam kovčeg. *I have a suitcase*
Ovo je pero. *This is a pen*	Vidim pero. *I see the pen*

(ii) *Masculine Animate nouns*

The Accusative of masculine nouns referring to animate beings is like the Genitive ending we shall come to later in the lesson (section 5).

N	A
Ovo je moj sin	Vidim sina.
This is my son	*I see (my) son.*

(iii) (a) *Feminine nouns ending in a consonant*

The Accusative is the same as the Nominative:

N	A
Ovo je lijepa noć.	Volim noć.
This is a lovely night.	*I like the night.*

(b) *Feminine nouns ending in -a*

The Accusative ending is made by removing the final **-a** and replacing it by **-u**:

N	A
Ovo je Korčula.	Jako volim Korčulu.
This is Korčula.	*I like Korčula very much.*
Ovo je moja torba.	Imate li vi torbu?
This is my bag.	*Have you got a bag?*

Plural

(i) *Masculine*

The Accusative plural is formed by removing the final **-i** of the Nominative plural and replacing it by **-e**:

N	Ovdje su vlakovi dobri.	A	Ne volim ove vlakove.
	The trains are good here.		*I don't like these trains.*

Take care with words in which the Nominative plural -i has caused
the final consonant of the stem to be altered.

e.g.   **putnik** (N. sg.) ⟶ **putnici** (*N. pl.*)
          but **putnike** (*A. pl.*)
          (it is only **k + i** that causes the change to **-ci**)

Other combinations with -i result in similar changes.

e.g.   **g + i** ⟶ **-zi**
          Ovo je moj kovčeg   Ovo su moji kovčezi
            but *Nosim **kovčege*** I am carrying the suitcases.

(ii) *Neuter*

The Accusative plural of neuter nouns is the same as the
Nominative plural:

N	A
Ovo su ugodna mala sela. *These are pleasant little villages.*	Volim mala sela. *I like little villages.*

(iii) *Feminine*

The Accusative plural of feminine nouns is the same as the
Nominative plural, regardless of whether they end in a conso-
nant or in **-a**:

N	A
To su naše stvari. *Those are our things.*	Svi nosimo stvari. *We are all carrying the things.*

N	A
To su naše torbe. *Those are our bags.*	Svi nosimo torbe. *We are all carrying bags.*

UNIT 2. EXERCISES

Write sentences on the following models, using the nouns given below:

(a)   Ovo je moj kovčeg. Imaš li ti kovčeg? Imam.

hotel kaput šešir bicikl auto[1]

(**[1]auto** is masculine because it is short for *automobil*, ending in a consonant)

(b)   Ovo more je lijepo. Svi volimo ovo more.

selo dijete predgrađe pismo kupalište*

*the ending **-ište**, which makes a neuter noun from a verb stem, denotes a place where the action of the verb is carried out. **Kupati se**: to bathe, so **kupalište**: bathing place (cf. **parkiralište, odmaralište**, etc.)

(c)   Sutra dolazi moja sestra. Moraš upoznati moju sestru!

djevojka majka kćer žena prijateljica

(d) Form sentences, according to the model, putting the nouns into the Accusative singular case:

Vaša torba   Imam vašu torbu *I have your bag*

vaš šešir, vaša prtljaga, vaš pasoš, vaša rukavica, vaša haljina, vaš novčanik, vaše pero

(e) As above, but this time put the nouns into the Accusative *plural:*

Naša stvar   Oni nose naše stvari *They are carrying our things*

naša rukavica, naš kovčeg, naš pasoš, naše pero, naša torba, naša cigareta, naš kaput (coat)

UNIT 3. THE ACCUSATIVE CASE AFTER CERTAIN PREPOSITIONS

The Accusative case is used after certain prepositions. These include:

kroz (through)   Sumnjiv tip gleda kroz prozor

The suspicious-looking character
looks through the window

za (for)   Ovo je pismo za moju majku

This is a letter for my mother

Mladić vodi djevojku za ruku

The young man leads the girl by the hand

In particular, the Accusative case is used after prepositions denoting *motion*:

u (into)   Idem u Split

I am going to Split

Izlazim u hodnik
I'm going out into the corridor

na (on to)   Idemo na Korčulu
We are going to Korčula

Broadly speaking, **u** is used to refer to a closed space, **na** for an open space.

Exercise

Form questions, according to the model:
Jugoslavija. Idete li u Jugoslaviju?
Beograd, Engleska, Francuska, Dubrovnik, Sarajevo, Makedonija, Rijeka, Italija, Novi Sad, Zagreb

UNIT 4. 'KRIMIĆ' (3)

Putnik je *zbunjen*. *Pipa svaki džep, otvara* kovčeg i svaku torbu. *Ništa. Što da radi? Dolazi pasoška kontrola, a on nema pasoša. Ni novca. Očajno gleda ostale putnike. Nitko mu ne može pomoći. Čovjek ponovo sjeda. Vadi maramicu i briše lice.*

zbunjen confused; **pipati** to touch, to feel; **svaki** each; **džep** pocket; **otvarati** to open; **ništa** nothing; **što da radi?** what should he do?; **dolaziti** (*derivative of* **ići**) to come; **nemati** (*neg. of* **imati**) to not have; **ni** nor; **novac** money; **očajno** desperately; **nitko** no one; **mu** to him (*D., indirect object of* **on**); **pomoći** (*pf.*) to help; **ponovo** again, once more; **sjedati** (*imp.*) to sit down; **vaditi** to take out; **maramica** handkerchief; **brisati** (*1st pers. sg.* **brišem**) to wipe, dry; **lice** face

UNIT 5. THE GENITIVE CASE

Without a preposition, the Genitive case is used primarily to denote possession:

Ovo je predgrađe Zagreba
These are the suburbs of Zagreb

To je šešir moje žene
That is my wife's hat

It is used also after a large number of prepositions. These generally denote origin, distance, or removal from somewhere or something.

iz + G *out of, from*
    Jeste li iz Zagreba?
    Are you from Zagreb?
    Izvadi kaput iz ormara
    Take the coat out of the wardrobe

blizu + G *near* (i.e. not distant from)
    Hotel je blizu kolodvora
    The hotel is near the station

Singular

(i) *Masculine*: Genitive ends in **-a**
    To je torba gospodina Antića
    That's Mr. Antić's bag
(ii) *Neuter*: Genitive ends in **-a** as with masculine nouns.
    od +G *away from*

N	G
more	*grad je nedaleko od **mora***

(iii) *Feminine*:
    (a) Nouns ending in **-a** have Genitive: **-e**

N	G
Engleska	*Mi smo iz **Engleske*** We are from England

    (b) Nouns ending in a consonant have Genitive: **-i**
    poslije + G *after*

N	G
noć	*Poslije **te lijepe noći**...* After that beautiful night...

Plural

The Genitive plural for all genders is **-a** except for feminine nouns ending in a consonant, which have the Genitive plural ending **-i.**

UNIT 6. STRUCTURES TAKING THE GENITIVE

(1) **Nema**, 3rd person sg. of **nemati**, meaning
   'he has not' or 'there is not' is followed by Genitive
        Nema nikoga doma
        There is no one at home
        Nema ni novca ni novčanika
        He has neither money nor wallet
(2) **Evo** + G here is or here are
        Evo kolodvora!
        Here is the station
        Evo naše adrese!
        Here is our address

UNIT 7. EXERCISES

(a) Write sentences on the following model, using the nouns given below:
        sin   Ovo je moj sin. Dozvolite da Vam predstavim svog sina!
    brat, prijatelj, mladić, muž, otac[1]
    ([1]this word has various unpredictable forms which must be learned:
    G. sg. **oca**; N. pl. **očevi**; G. pl. **očeva**)
(b) Form questions, according to the model:
        Zagreb. Jeste li iz Zagreba?
    London, Pariz, Rijeka, Rim, Venecija, Sarajevo, Dubrovnik
(c) Supply answers to these questions, according to the model:
        Gdje je kofer? Evo kofera!
    Gdje je kolodvor? Gdje su torbe? Gdje je pasoš? Gdje su rukavice?
    Gdje je hotel? Gdje su kovčezi? Gdje su stvari? Gdje je prtljaga?
    Gdje je šešir? Gdje je carinik?

■ UNIT 8. QUESTIONS AND ANSWERS

Odakle dolazite?   Dolazimo iz Londona.
Putujete li u Austriju?   Ne, putujemo u Jugoslaviju.

Krasno! Poznajete li Jugoslaviju?　Još ne, ali imamo tamo prijatelje.
Idete li na more?　Svakako, idemo u Dubrovnik, pa
　　　　　　　　　　　　　　　onda na Korčulu.

Ah, Korčula je prekrasna!
Poznajete li našu obalu?　Ne, ali imamo prospekte.
　　　　　　　　　　　　　　　Odakle vi dolazite?
Dolazim iz Pariza. Tamo radim.　A idete li sada doma?
Da, idem u Bosnu, u malo selo　Mora da je tamo lijepo!
blizu Sarajeva.
Jest. Treba i taj kraj　Slijedeći put! Hoćete li po jednu
vidjeti.　šljivovicu?
Jako rado. Hvala lijepa.
Pa onda ravno na spavanje!　Laku noć!

UNIT 9. 'LJUBAVNA PRIČA' (3)

–*Hoćeš* li u kino, Miro? – *pita* Ivan.
–Mo̱žemo. Što *se daje*?
–Daje se *neki novi talijanski* film. *Kažu* da je i̱zvrstan.
–*U redu onda*. Imaš li para?
–*Čekaj* da vidim. Ali, gdje mi je novčanik? Nema ga, za̱misli. *Valjda* je
ostao doma.
–Ivane – kaže Mira o̱zbiljno – kakva je ovo *igra*?
–Ma nije igra, *na časnu riječ*! Vjeruj mi! Hajde, *skoknimo* k meni po
novčanik, *to je čas po̱sla*!

hoćeš (htjeti) you want; pitati to ask; davati (dajem) to give; davati se to
be given; neki some; novi new; talijanski Italian; kažu *3rd pers. pl. of*
ka̱zati, (kažem) to say; i̱zvrstan excellent; u redu all right, OK; onda
then; čekaj *imperative of* čekati to wait; zamisliti to imagine; valjda
probably; o̱stati to remain; doma at home (*colloquial*); o̱zbiljno
seriously; igra game; na časnu riječ honestly!; vjerovati (vjerujem) to
believe; sko̱knuti (sko̱knem) to jump, to 'pop'; čas posla it'll only take a
moment.

UNIT 10. EXERCISES

(1) Questions on the text
1. Jesu li putnici blizu Zagreba?
2. Je li Miroslav Antić iz Zagreba?
3. Zašto ne ide sad u Karlovac?

4. Kamo idu Alan i Nora?
5. Gdje se nalazi[1] hotel Palace?
6. Ostaju li duže u Zagrebu?
7. Kamo idu poslije Zagreba?
8. Može li se iz Dubrovnika lako stići na otoke?
9. Da li Miroslav vidi snahu kroz prozor?
10. Idu li putnici zajedno[2] u grad?
    ([1]**nalaziti se** to be situated; [2]**zajedno** together)

K (2) Translation into Serbo-Croat
A. Good afternoon[1], I am Vjekoslav Kovačić.
B. Pleased to meet you. I am John Green.
A. Are you from England? You speak Croatian well.
B. Thank you. Do you speak English?
A. Only a little. Are you staying in Zagreb?
B. For a few days. Do you know where the Palace hotel is?
A. I think it's near the station. These are the outskirts of Zagreb.
B. It's time to get ready. Is this your suitcase?
A. Yes. Thank you. I am glad that we met.
B. So am I[2]. All the best. Goodbye!
A. Goodbye!
    ([1]Use **dobar dan**; [2]**I meni**)

(3) **Supply the missing half of the dialogue**:

Cameron: ....
Antić: Da, ovo je sad predgrađe Zagreba.
Cameron: ....
Antić: Nisam, nego iz Rijeke. A vi, jeste li iz Londona?
Cameron: ....
Antić: Imate li rezerviran hotel?
Cameron: ....
Antić: To je dobar hotel. Ostajete li duže u Zagrebu?
Cameron: ....
Antić: Želim vam ugodan boravak. Drago mi je što smo se upoznali.
Cameron: ....

UNIT 11. TRANSLATION OF UNIT 8

Where are you travelling from?

We're on our way from London.

Are you travelling to Austria?

No, we're travelling to Yugoslavia.

Lovely! Do you know Yugoslavia?

Not yet, but we have friends there.

Are you going to the sea?

Certainly, we're going to Dubrovnik, and then to Korčula.

Ah, Korčula is beautiful! Do you know our coast?

No, but we have brochures.

Where are you on your way from?

I am travelling from Paris. I work there.

And are you going home now?

Yes, I'm going to Bosnia, to a little village near Sarajevo.

It must be lovely there!

It is. You should see that region as well.

Next time! Would you like a plum brandy?

With pleasure. Thank you very much. And then straight to bed!

Good night!

LESSON FIVE
(Peta lekcija)

■ **DOLAZAK U HOTEL** (*Arrival at the hotel*)

Alan i Nora idu u hotel. Nije daleko i nemaju mnogo prtljage pa idu pješice. Uskoro stižu.
Na recepciji
RECEPCIONER: Dobar dan, izvolite.
ALAN: Dobar dan. Mi smo g. i gđa. Cameron.
RECEPCIONER: Imate li rezervacije?
ALAN: Imamo, za dvokrevetnu sobu.
RECEPCIONER: Samo čas. Evo. Vi ste u sobi 25 na drugom katu. Molim vaše pasoše. Evo vam ključ. Momak će vam ponijeti stvari. Idite liftom. Soba je na lijevoj strani hodnika kad izađete iz lifta.
NORA: Hvala. Ključ dajte mome suprugu: ja idem stepenicama jer ne volim lift.
ALAN: Torbu možeš dati momku.
U sobi
Alan otvara vrata; tada stiže i Nora.
NORA: Da vidim. Oh, kakva lijepa velika soba! Ima i lijep pogled na park!
MOMAK: Stvari su vam ovdje u ormaru. A u kupaoni ima tuš, lavabo i WC. Trebate li još nešto?
ALAN: Ne, hvala. Sve je u redu.

VOCABULARY

čas *moment*
će ponijeti stvari (future) *will take your things*
dolazak *arrival* (from dolaziti)
drugi *second*
dvadeset pet *twenty-five*
dvokrevetna soba *double room*

idite (imperative of ići) *go*
idu (3rd pers. pl. of ići)
  they go
izaći (pf., izađem) *to go/come out*
izvolite (there is no exact equivalent in English. Used when offering something: '*please,*

help yourself. Here: 'may I help you?')

jer *for, because*

još *else, more*

još ne *not yet*

kat *floor, storey*

ključ *key*

kupaona *bathroom*

lavabo *wash basin*

liftom *by lift*

lijevi *left*

molim *please* (also molim Vas)

momak (G momka) *lad*

mome (D of moj) *to my*

možeš (2nd pers. sg. of moći) *you can*

na recepciji *at the reception desk*

ormar *wardrobe*

pješice *on foot*

pogled *view*

red *order*; u redu *all right*

rezervacija *reservation*

stepenica *stair*

stizati (imp., stižem) *to arrive*

suprug *husband* (f. supruga)

sve *everything*

tad, tada *then*

trebati *to need*

tuš *shower*

uskoro *soon*

vam (D of vi) *to you*

UNIT 1. THE DATIVE CASE (*The indirect object case*)

The Dative is used without a preposition, mainly to indicate the indirect object of a verb. In English this would generally be denoted by the preposition 'to'.

Govorim *čovjeku*

I speak to the man

Dajem *momku* kovčeg

I give the case to the boy

In English the preposition 'to' may be omitted, but the sense of 'indirectness' remains:

Daje *ženi* ključ

He gives his wife the key

('the key' here answers the question 'what does he give?'; 'his wife' answers the question 'to whom?')

Govorim *milicioneru* istinu

I tell the policeman the truth

Speaking to and giving to are the most common usages of the Dative case, but there are in Serbo-Croat several instances of verbs which express related ideas, but where the need for the Dative case may not be so immediately obvious:

pomagati (imp.), **pomoći** to help (to give help to)

Djeca pomažu *majci*
The children help (their) mother

obećavati (imp.), **obećati** to promise (to give a promise to...)
Dječak obećava *majci* da nikada neće pušiti
The boy promises his mother that he will never smoke

vjerovati (imp.), **povjerovati** to believe (to give one's trust to...)
Moraš vjerovati *dječaku*, on govori istinu
You must believe the boy, he is telling the truth

(i) & (ii) The ending for masculine and neuter nouns is: **-u**, plural: **-ima**

(iii) Feminine nouns ending in **-a**, final **-a → -i** Feminine nouns ending in a consonant: **i** is added   Plural: **-a** nouns: **-ama**; consonant: **-ima**

Exercise

(i) Supply the Dative of the following nouns, according to the model:
Službenik. Dajem pasoš službeniku. (službenik: official)
Recepcioner. Gospodin Antić. Nora. Sestra. Muž.

(ii) Carinik. Govorimo cariniku na hrvatskom
sin. otac. majka (N.B. k + i − ci). **gospođa Ana. djeca** (f. sing.: collective plural of **dijete**).

UNIT 2. THE PREPOSITIONAL/LOCATIVE CASE

(i) You will be relieved to learn that the endings of this case are identical to those of the Dative.

Unlike the Dative, however, it is used always with a preposition. One of the uses of this case is to express *location*. Indeed, the case is sometimes called the Locative case.

You remember that the Accusative case must be used after verbs describing motion:

(A) *Alan i Nora idu* **u hotel**

But a different case, the Locative or Prepositional, must be used to describe static location:

(P) *Alan i Nora su* **u hotelu**

Compare (A) *Putujemo* **u Zagreb**
           We are travelling to Zagreb

(P) *Ostajemo 3 dana* **u Zagrebu**
      We are staying three days in Zagreb

Exercise

Supply the Prepositional case for the following nouns, making sentences using the verb **biti**, according to the model:
Hotel, ja: Ja sam u hotelu.
Vlak, ti; more, oni; selo, mi; kovčeg, to; Zagreb, vi.

(ii) The Prepositional (Locative) of feminine nouns:
Ova je lijepa soba
This is a nice room
Alan i Nora su sada *u sobi*
Alan and Nora are now in the room
Beograd je u Srbiji; Ljubljana je u Sloveniji; Rim je u Italiji; pasoš je u torbi; tuš je u kupaoni.

N.B. With the Prepositional singular of feminine nouns ending in **-a**, there are two points to be wary of:
(a) Certain consonants are subject to changes when they are followed by **-i**. (We have already met this with the masculine plural of **putnik ⟶ putnici**.)

$k + i$ ⟶ **ci**   *ruka* (hand)   *u ruci*
            banka (bank)   *u banci*
$g + i$ ⟶ **-zi**   *knjiga* (book) *u knjizi*
$h + i$ ⟶ **-si**   a less common ending, and the rule is not invariably applied:
            juha (soup) $\begin{cases} u\ jusi \\ u\ juhi \end{cases}$

(See also Appendix 6)
(b) The names of certain countries, etc., are not in fact nouns, but adjectives (*Engleska zemlja*, the 'English land' etc.) and their declension is different. These words are easily identified, because they end in **-ska** or **-čka**. Prepositional singular ends in **-oj.**
Engleska – u Engleskoj
Njemačka – u Njemačkoj
Hrvatska – u Hrvatskoj
Grčka – u Grčkoj

Exercise

Form sentences according to the models given.

(N.B.*ići u* + *Accusative* because the verb expresses movement. *ostati u* + *Locative* (Prepositional) because the sense is static.)

    Zagreb. Sutra idemo u Zagreb. Ostajemo tjedan dana u Zagrebu. (*Tomorrow we're going to Zagreb. We're staying a week in Zagreb.*)

Dubróvnik, Sarajevo, Beograd, Skoplje, Priština.

    Engleska. Sutra idemo u Englesku. Ostajemo tjedan dana u Engleskoj.

Grčka, Bugarska, Njemačka, Irska, Madžarska, Francuska.

UNIT 3. 'KRIMIĆ' (4)

Službenik ulazi u kupe. Svi putnici *pokazuju* pasoše. Ulazi i carinik. Nitko nema ništa prijaviti. Čovjek *bez* pasoša *čeka dok* službenik *ne* dođe *do njega. Objašnjava što je posrijedi*, a *onda* mora *pokupiti* svoje stvari i *sići s* vlaka. Svi *se rukuju s nesretnim čovjekom i tužno vrte glavom*, dok on *polako* silazi i ulazi sa službenikom u *ured*.

službenik official; **pokazivati** (*imp.* **pokazujem**) to show; **bez** (+ *G.*) without; **čekati** to wait; **dok** while; **dok ne** until; **do njega** (G. of **on**, long form) up to him; **objašnjavati** (*imp.*) to explain; **što je posrijedi** what it is/was all about; **onda** then; **pokupiti** (*pf.*) to gather; **sići** (s: + G. – from, down from, + **ići**) to get down; **rukovati se** (**rukujem se**) to shake hands; **s** (+ *Instrumental*) with; **nesretan** unhappy, unfortunate; **tužno** sadly; **vrtjeti glavom** (vrtim) to shake one's head; **polako** slowly; **ured** office

■ UNIT 4. RAZGOVOR (*Conversation*)

Jesmo li stigli u Jugoslaviju?	Ne, još uvijek smo u Austriji.
A sada, jesmo li u Jugoslaviji?	Jesmo, ostajete li ovdje?
Ne, idemo u Grčku.	Jeste li već bili u Grčkoj?
Nismo. Bili smo u Turskoj.	Je li? I ja bih voljela ići u Tursku.
Putujete li vi u Zagreb?	Da, stanujem u Zagrebu.
Da li ste bili u Londonu?	Još ne, ali nadam se da ću uskoro otići u London.
Poznajete li cijelu Jugoslaviju?	Ne baš cijelu, ali sam prilično putovala po Jugoslaviji.

U koje republike ili krajeve naj-
češće idete?

Pa, najviše idem u Dalmaciju,
onda idem u Sloveniju na ski-
janje. Idem ponekad u Bosnu
i u Srbiju. Bila sam samo jed-
nom u Makedoniji i u Crnoj Gori.

A zamislite, ja nikad nisam bio u
Škotskoj!

Ma nemojte! A u Irskoj?

Samo jednom. A u Vels idem
često.

Mora da je jako lijepo u Velsu.

Jest, ali ima tako mnogo lijepih
krajeva u Jugoslaviji, čovjek ne
može stići sve vidjeti.

Imate pravo, a često putujemo
više po stranim zemljama nego
po svojoj!

UNIT 5. THE INSTRUMENTAL CASE

There is one more case to be learned. Its use is quite straightforward.
This is the Instrumental case, used to express the means by which an
action is carried out:

Putujem vlakom
I travel by train
Idemo liftom
We go by lift
Pismo ide avionom
The letter goes by air (lit. 'by plane')

The Instrumental is also used after certain prepositions:

s, sa with   Alan dolazi *liftom* sa *stvarima*
Alan is coming in the lift with the things

Singular: The Instrumental ending is the same for all
genders: **-om**
Putujem sa *sinom*, s *djetetom* i sa *sestrom*
I travel with (my) son, the child and (my) sister

Plural: The endings are the same as for the Dative and
Prepositional cases:
Masc. and neuter: **-ima** *Idem s prijateljima*
I am going with friends
and Fem. ending in consonant: *Putujem sa stvarima*
Fem. ending in **-a**: **-ama** *Putujem s djevojkama*
I am travelling with (some) girls

N.B. Masc. sing. Instrumental ending **-om** changes to **-em** after 'soft' consonants. *Razgovaram s prijateljem.*
For exceptions, see Appendix 1.

UNIT 6. 'LJUBAVNA PRIČA' (4)

–Miro, ma *kamo* ideš? Što ti je? *Nemoj* biti *takva, molim te.*
–A ti, Ivane, *budi razuman.* Što ti od *mene očekuješ? Dosta mi je. Neću više.* Idem doma, a ti dođi ako hoćeš, *možemo slušati ploče.*
–Što *se odjednom praviš* tako *važna. Baš* si *komplicirana!* Neću ja *sjediti* sa tvojom *majčicom* i *taticom.* Idi ti ako hoćeš. Ja *ću* u kino.
–Onda *zdravo.*
–*Zbogom.*

kamo whither, where (*expressing movement*); **nemoj** (*2nd pers. sg. negative imperative*) don't; **takva** (*f.: m.* **takav**, *n.* **takvo**) such, like that; **molim te** please (informal; formal **molim vas: molim** I pray; **te**: *A. of 2nd pers. sg. pronoun;* **vas**: *A. of* **vi**); **budi** (*2nd pers. sg. imperative of* **biti**) be; **razuman** sensible; **od mene** (**od** + *G. of* **ja**) of/from me; **očekuješ** (*2nd pers. sg. of* **očekivati**) expect; **dosta** enough; **mi**: D. of **ja**; **dosta mi je** I've had enough; **neću** (*1st pers. sg. of negative future auxiliary*) I shan't; **više** (*comparative of* **mnogo**) more, any more; **neću više** I'm not going on; **slušati** to listen; **ploča** record; **odjednom** all of a sudden; **praviti se** to behave, to make oneself; **važna** (f.; m. **važan**, n. **važno**) important; **praviti se važan** to put on airs; **baš** emphatic particle, really; **kompliciran** complicated; **sjediti** to sit; **majčica** diminutive of **majka**, mother; **tatica** dim. of **tata**, dad; **ja ću** I shall (go understood); **zdravo** 'bye (also hello); **zbogom** (more final) goodbye, farewell

UNIT 7. EXERCISES

(i) Answer the questions using the appropriate means of transport:
   Example – Idemo konjem. (We go on horseback) **konj** (m.) horse
   1. Kako idete u Jugoslaviju?
   2. Kako idete u Ameriku?
   3. Kako idete preko Atlantika?
   4. Kako idete na posao? (to work)
   5. Kako idete u grad?

6. Kako idete u Svemir? (space)

brod, vlak, bicikl, avion, raketa, auto

(ii) Select from the right-hand column the most appropriate endings to these sentences:

1. Nije daleko do hotela,	molim vaše pasoše
2. Nemamo rezervacije,	stvari su u ormaru
3. Ima samo jedna slobodna[1] soba,	treba ići stepenicama
	nalazi se na trećem katu
4. Ako imate mnogo prtljage,	i ima lijep pogled na park
5 Kad izađete iz lifta,	trebamo dvokrevetnu sobu
6. Na žalost[2] lift ne radi,	ima tuš, lavabo i WC
7. Evo vam ključ,	momak će vam ponijeti stvari
8. Soba je velika,	idemo pješice
9. Ako trebaš haljinu,	soba je na lijevoj strani
10. Kupaona je lijepa,	hodnika.

([1]**slobodan** free; [2]**na žalost** unfortunately)

(iii) Questions on the text

1. Imaju li Alan i Nora rezervacije u hotelu?
2. Kakvu[1] sobu trebaju?
3. Gdje se nalazi soba?
4. Što daju recepcioneru?
5. Kako idu do sobe?
6. Voli li Nora lift?
7. Tko otvara vrata?
8. Je li soba mala?
9. Ima li pogled na kolodvor?
10. Trebaju li još nešto?

([1]**kakav** what kind of)

K (iv) Translation into Serbo-Croat

I am going to Zagreb. I am travelling by train. I need a hotel near the station. I am not carrying much luggage so I can go to the hotel on foot. I need a single room.[1] I want a large room with a view of the park. I like to be on the first floor because I don't like lifts. I need a bathroom with a shower, WC and washbasin.

([1]**jednokrevetna soba**)

UNIT 8. TRANSLATION OF UNIT 4

Have we arrived in Yugoslavia?

No, we are still in Austria.

And (what about) now, are we in Yugoslavia?

No, we are going to Greece.

Yes, are you staying here?

No. We've been in Turkey.

Have you been in Greece already?

Have you? I'd like to go to Turkey too.

Are you travelling to Zagreb?

Yes, I live in Zagreb.

Have you been in London?

Not yet, but I hope that I'll go to London soon.

Do you know the whole of Yugoslavia?

Not exactly the whole, but I've travelled quite a lot in Yugoslavia.

Which republics or areas do you go to most often?

Well, I go most to Dalmatia, then I go to Slovenia to ski. I sometimes go to Bosnia and Serbia. I've only been once in Macedonia and Montenegro.

Imagine, I've never been in Scotland!

You don't say! And in Ireland?

Only once. But I go to Wales often.

It must be very beautiful in Wales.

Yes, it is. But there are so many beautiful areas in Yugoslavia, one can't manage to see everything.

You're right, but we often travel more in foreign countries than in our own.

N.B. See Appendix 1 for a complete table of the noun declensions.

LESSON SIX
(Šesta lekcija) .

■ **RAZGOVOR O STANU** (*Conversation about the flat*)

Telefon zvoni u sobi gospodina i gospođe Cameron.
ALAN: Halo, Alan Cameron na telefonu.
SLAVKO: Zdravo, Alane, dobro došao! Ovdje Slavko.
ALAN: Slavko! Gdje si?
SLAVKO: U hotelu sam, na recepciji. Pozivamo Vas na večeru. Jeste li
  spremni? Marija nas čeka kod kuće.
ALAN: Jesmo, evo, sad ćemo sići. Zdravo!
Kod slavka i marije
NORA: Kakav lijep stan, Marijo! Prostran je, udoban i svijetao.
  Zadovoljni ste, je li?
MARIJA: Jesmo, i mi smatramo da je lijep. I dovoljno je velik za nas, sad
  kad djeca više nisu kod kuće.
NORA: Tko je taj lijepi mladić na slici? Nemoj mi reći da je to Tomislav!
MARIJA: Pa je, zamisli! A ova elegantna mlada dama je Ivana. Dođite
  da vam pokažemo stan. Ovo je dnevna soba, tu su dvije male
  spavaće sobe, a ondje su kuhinja i kupaona.
ALAN: Imate i prekrasan balkon, pun cvijeća.
MARIJA: Da, možemo tamo malo i posjediti, dok nas Slavko služi
  nekim domaćim pićem. Izvolite!

VOCABULARY

balkon *balcony*
cvijeće (n., coll.) *flowers*
čekati (imp.) *to wait*
dama *lady*
djeca (pl. of dijete, *child;* djeca
  has fem. sg. form) *children*
dnevna soba *living (lit. day) room*
dobro došao *welcome* (f. dobro
  došla, pl. dobro došli)

doći (pf. dođem) *to come*
domaći *homemade, local*
dovoljan (f. dovoljna) *sufficient*
dvije (f.) *two* (m. dva)
gdje *where*
kod kuće *at home*
kuhinja *kitchen*
lijep *beautiful, nice*
mali *small*

mlad *young*
neki *some*
ondje *over there*
ova *this* (m. ovaj)
ovdje *here*
piće *drink*
pokazati (pf., pokažem) *to show*
posjediti (pf., posjedim) *to sit for a while*
pozivati (imp., pozivam) *to invite*
prekrasan *beautiful*
prostran *spacious*
pun *full*
reći (pf., reknem, rečem) *to say*
sići (pf., siđem) *to go/come down*
slika *picture*
služiti (imp.) *to serve* (N.B. + A of person served and I of article

with which person is served)
smatrati (imp.) *to consider*
spavaća soba *bedroom*
spreman (f. spremna) *ready*
stan *flat*
svijetao (f. svijetla) *bright*
taj (m.; f. ta; n. to) *that*
tamo *there*
tu *here*
udoban (f. udobna) *comfortable*
večera *dinner, evening meal*
više *more* (comparative of mnogo)
zadovoljan *satisfied*
zamisliti (pf.) *to imagine*
zdravo *hello* (informal, also *goodbye*)
zvoniti (imp.) *to ring*

UNIT 1. ADJECTIVES (1)

Adjectives have three genders, singular and plural forms and case endings which, unfortunately, differ somewhat from those of the nouns. They must agree in all respects with the nouns they qualify.

Masculine

Most, but not all masculine singular adjectives have an additional dimension: they may be definite or indefinite.
The use of these forms corresponds roughly to the idea of definiteness or indefiniteness conveyed by the English articles.

*Imate **lijep** stan* (Indef.)	*You have a nice flat*
*Taj **lijepi** stan je **udoban***	*That nice flat is comfortable*
(Def.)　　(Indef.)	
*Taj **udobni** stan je **prostran***	*That comfortable flat is spacious*
(Def.)　　(Indef.)	

(a) The definite form ends in **-i**. There are certain situations in which it must be used:

after demonstrative and possessive pronouns; as in English, once the subject has been mentioned

(b) The indefinite form must be used when the adjective is the complement of **biti**.

> Taj putnik je mlad
> *That passenger is young*

But Mladi putnik je umoran

> *The young passenger is tired*

Do not be too alarmed by this additional complication: the definite adjective differs from the indefinite only in the N, G and P cases. What is more, the rule is rigorously applied only in situations such as those mentioned here.

The indefinite form ends either in a consonant or in **-o** which is derived from **-l**. This **-l** is present in the other genders and all cases other than masculine Nominative.

> Taj čovjek je debeo
> *That man is fat*
> Moja mačka je debela
> *My cat is fat*
> Vi niste debeli
> *You are not fat*

Masc. plural ends in **-i**. There is no difference between indefinite and definite forms.

> Debeli ljudi su često veseli
> *Fat people are often cheerful*
> Ti putnici su debeli
> *Those passengers are fat*

UNIT 2. FINAL -O OF MASCULINE ADJECTIVES AND MOBILE A

The final **-o** of masculine adjectives is always preceded by a vowel. If the stem does not otherwise contain a vowel before the **-l** from which the **-o** is derived, something known as mobile **a** is inserted.

For a general note on mobile **a** see Appendix 5. Many indefinite masculine adjectives may have mobile **a** inserted between the final two consonants of the Nominative singular. This is to ease pronunciation.

The **a**, which is only added for convenience when necessary, disappears in the other cases and other genders.

On je dobar čovjek
He is a good man (person)
Oni su dobri ljudi
They are good people
To je dobra riba
That's a good fish
Ovo je dobro vino
This is a good wine

When you learn a new adjective with indefinite masculine Nominative ending in **a** + *consonant*, check in a dictionary to see whether this is a mobile **a**. In exercises in this book such adjectives will be marked with an asterisk.

Exercise

(a) Supply the definite form of the following masculine adjectives, as in the example.

Taj student je *mlad. Mladi* student je ovdje.

Moj kovčeg je *crn*.	. . . . . . kovčeg je ovdje.
Putnik je *umoran**.	. . . . . . putnik je ovdje.
Vaš pas je *lijep*.	. . . . . . pas je ovdje.
Ovaj krevet je *velik*	. . . . . . krevet je ovdje.

(b) Supply the indefinite form, as in the example.

Imate *prostrani* stan. Vaš stan je *prostran*.

Volim taj *lijepi* balkon.	Taj balkon je . . . . . .
Gledam kroz *veliki* prozor.	Prozor je . . . . . .
On ima *crni* šešir.	Šešir je . . . .
Veseli putnik pjeva.	Putnik je . . . . .

UNIT 3. ADJECTIVES (2)

Neuter

Nominative singular ending: **-o**   **lijepo, veliko, dobro**
There is an indefinite form, but only of the Genitive and
Dative/Prepositional cases.

Nominative plural ending: **-a**   **lijepa, velika, dobra**
   Jadransko more
   The Adriatic sea
   Hercegovačko vino
   Hercegovinian wine
   Mala dalmatinska sela
   Small Dalmatian villages
   Plitvička jezera
   The Plitvice lakes

Feminine

Nominative singular ending: **-a**   **lijepa, velika, dobra**
Nominative plural ending: **-e**   **lijepe, velike, dobre**
   Voda je topla
   The water is warm
   Lijepa dalmatinska noć
   A beautiful Dalmatian night
   Djevojke su umorne
   The girls are tired
   Prostrane sobe su udobne
   Spacious rooms are comfortable

Exercise

Complete the sentences with an appropriate adjective from the list
below. Remember to alter the ending to agree with the noun.
   1. Hercegovačko vino je jako . . . .
   2. Šešir je . . . a rukavice su . . . .
   3. Taj . . . kovčeg je kod momka.
   4. Pogled iz naše sobe je vrlo . . . .

5. Sobe u stanu su ....
6. Ta ... mlada dama je naša kći.
7. ... sobe su na prvom katu.
8. Šljivovica je ... piće.
9. Kuhinja je ..., ali dovoljno ... za nas.
10. Sobe imaju mnogo prozora, jako su ....

malen, svijetao*, spavaći, domaći, elegantan*, lijep, prostran, crn, velik, bijel, dobar*.

UNIT 4. 'KRIMIĆ' (5)

U uredu, službenik *postavlja* putniku mnogo *pitanja* i *polako bilježi sve odgovore.* Putnik je *nestrpljiv*: želi *se javiti britanskoj ambasadi* u Beogradu. *Konačno* službenik *završava* i *kaže* da je putnik *slobodan.* Nesretni putnik objašnjava da *bez* novca i *papira* ne može *ništa* i da se mora *hitno* javiti ambasadi. Službenik *mu odgovara* da *žali* ali da je sada *prekasno.* Neka dođe *u jutro*, a *dotle* može *šetati gradom.*

postavljati (*imp.*) to pose, to place; **pitanje** question; **polako** slowly; **bilježiti** (*imp.*) to note; **sve** *m. A pl. of* **sav**, all; **odgovor** answer; **nestrpljiv** impatient; **javiti se** (*pf.*) to contact; **britanski** British; **ambasada** embassy; **konačno** finally, at last; **završavati** (*imp.*) to finish; **kazati** (**kažem**, *imp. & pf.*) to say; **slobodan** free (*f.* **slobodna**); **bez** + *G* without; **papir** paper; **ništa** nothing (note the double negative); **hitno** urgently; **mu** *D of* **on**, to him; **odgovarati** (*imp.*) to reply; **žaliti** (*imp.*) to regret; **prekasno** too late; **neka dođe** let him come; **ujutro** in the morning; **dotle** until then; **šetati** (*imp.*) to walk; **gradom** I of **grad**, through the town

UNIT 5. TRANSLATION EXERCISE

In addition to giving practice in the use of adjectives, this exercise can be used as a revision of vocabulary from the previous lessons.

K Translate the following sentences into Serbo-Croat:

1. That Scotsman is handsome.
2. Irishwomen are beautiful.
3. Is your (vaša) room comfortable?
4. The train is comfortable.
5. The English sandwiches are not good.
6. Is the Yugoslav frontier near?

7. Have you got the big black suitcase?
8. Yugoslav women are beautiful and elegant.
9. Is your bag black?
10. Isn't the dress beautiful?
11. Zagreb is a pleasant small town.
12. Old Zagreb is small but beautiful.
13. Is the 'Palace' a good hotel?
14. It is not a big hotel, but it is comfortable.
15. Hvar is a beautiful island.
16. That is our big son, do you see through the window?
17. He can carry the big black suitcase.
18. This is the hotel, you see that it is pleasant.
19. The double room is not very big.
20. But the room is comfortable and has a nice view of the park.

UNIT 6. ADVERBS

As we saw in Lesson 2, many adverbs are the neuter Nominative singular of adjectives:

Masculine	Neuter	Adverbial use	
dobar	dobro	Dobro došli!	*Welcome!* (lit.: well come)
lijep	lijepo	Soba je lijepo namještena.	*The room is nicely furnished*
mali	malo	On je malo umoran.	*He is a little tired*
lak	lako	Lako možemo naći hotel.	*We can easily find the hotel*
prekrasan	prekrasno	Večera prekrasno miriše!	*Dinner smells wonderful!*

UNIT 7. KUĆA, STAN, POKUĆSTVO (vocabulary relating to houses, flats and furniture)

jednokatnica one-storey house; **dvokatnica** two-storey house; **zid** wall; **krov** roof; **vrata** door; **prozor** window; **dimnjak** chimney (**dim** smoke); **stambena zgrada** block of flats

ulazna vrata front door; **predsoblje** vestibule; **hodnik** hall, corridor;

dnevna soba (or **dnevni boravak**) living room; **blagovaona** dining room; **kuhinja** kitchen; **spavaća soba** bedroom; **kupaona** bathroom

stol table; **stolica** chair; **naslonjač** armchair; **tepih** carpet; **slika** picture; **telefon** telephone; **televizor** television set; **zavjesa** curtain; **tapete** (*f. pl.*) wallpaper; **polica s knjigama** book-shelf

krevet bed; **ormar** wardrobe; **ogledalo** mirror; **ladica** drawer; **madrac** mattress; **jorgan** continental quilt; **posteljina** bed clothes; **deka** blanket; **jastuk** pillow

štednjak cooker; **pećnica** oven; **hladnjak** (**frižider**) fridge; **stroj za pranje** washing machine; **lonac** pan; **nož** knife; **vilica** fork; **žlica** spoon; **tanjur** plate; **šalica** cup; **čaša** glass

Exercise

Describe your house/flat. Opišite svoju kuću/svoj stan.

UNIT 8. 'LJUBAVNA PRIČA' (5)

–*Halo*, ovdje Mira Petrić. Tko je?
–Ivan na telefonu.
–Zdravo, Ivane.
–*Slušaj*, Miro, moram te vidjeti. Što *radiš?*
–Ništa. Imam *društvo*. Slušamo ploče.
  Pauza.
– Ne možeš *izaći*, je li?
–Ne mogu.
–Tko je *kod tebe?*
–*Zašto pitaš?*
–*Pa tako.*
  Pauza.
–*Dakle*, ne izlaziš?
–Ne.
–Dobro onda, ako je tako. Do viđenja.
–Do viđenja.

halo 'hello' (*used only on the telephone*); **slušaj** *imperative of* **slušati** listen!; **raditi** to do, to make; **društvo** company; **pauza** pause; **izaći** to go out (*pf.*; *imp.* **izlaziti**); **kod tebe** at your place; **pitati** to ask; **pa tako** literally – well, like that, i.e. 'no reason'; **dakle** so, therefore

UNIT 9. EXERCISE

Complete the following conversation:

Marija: Ako ste slobodni, pozivamo vas na večeru.
Nora: ....
Marija: U hotelu smo, na recepciji.
Nora: ....
Marija: Izvoli, ovo je naš stan.
Nora: ....
Marija: Da, jako smo zadovoljni. Nije velik.
Nora: ....
Marija: Ne, djeca nisu više kod kuće.
Nora: ....
Marija: Jesu, zamisli! Velika su, zar ne! Izvoli sjesti.
Nora: ....

UNIT 10. SOME IDIOMATIC PHRASES CONNECTED WITH THE WORD DAN

Jasno kao dan
as clear as daylight
dobar kao dobar dan
good
otegnuti se kao gladan dan
to be long drawn out (*like a 'hungry' day*)
usred bijela dana
for all to see
pasji dani
dog days
pod stare dane
in old age
živjeti iz dana u dan
to live from day to day

iz dana u dan
dan i noć
dan za danom   } *constantly*
od dana do dana
svaki božji dan

LESSON SEVEN
(Sedma lekcija)

■ **RAZGOVOR U RESTORANU** (*Conversation in the restaurant*)

Alan i Nora Cameron, Slavko i Marija Tresić su u restoranu.

MARIJA: Nama se vrlo sviđa ovaj mali restoran. Uopće volimo Gornji grad i dolazimo ovamo kad god nešto slavimo.

SLAVKO: Ima li slobodnih mjesta? Da nije sve zauzeto? A ne, vidim zgodan mali stol u uglu kraj prozora. Izvolite sjesti.

MARIJA: Evo vam jelovnik. Jeste li gladni?

ALAN: Ja jesam!

NORA: I ja! Što nam preporučujete?

MARIJA: Kao predjelo predlažem ili riblju juhu, koja je izvrsna, ili pršut.

ALAN: Ja ću juhu. Imaju li neke nacionalne specijalitete?

SLAVKO: Kako da ne, ako ste gladni možemo uzeti miješano meso na žaru i razne salate.

NORA: Može. Ja volim zelenu salatu.

ALAN: A ja salatu od rajčica. Kakvog vina ima? Dopustite da naručim jednu bocu dobrog domaćeg vina.

SLAVKO: Ni govora, vi ste večeras naši gosti. Što više volite, crno ili bijelo vino?

NORA: Uz meso možda crno, ali kako vi želite, meni je svejedno: ja volim i jedno i drugo.

MARIJA: Koliko se sjećam ovdje ima izvrsnih dalmatinskih vina. Zamoli da donesu vinsku kartu, Slavko. Želite li nešto slatko na kraju? Toplo vam preporučujem palačinke s orasima.

SLAVKO: Slažem se, a zatim tursku kavu uz neki ukusan liker.

VOCABULARY

bijeli *white*
boca *bottle*
dolaziti (*imp.*) *to come*

donijeti (*pf.*, donesem) *to bring*
dopustiti (*pf.*) *to allow*
Gornji grad *the Upper Town*

gost *guest*
i jedno i drugo *both*
imati (*imp.*) *to have*
izvrstan (*f.* izvrsna) *excellent*
jedan (*f.* jedna) *one, a* (*indef. art.*)
jelovnik *menu*
kad god *whenever*
kako da ne *of course*
koji *which*
koliko *how much, how many; as far as*
kraj *end*
kraj (+ *G*) *beside*
liker *liqueur*
meso *meat*
miješan *mixed*
mjesto *place*
može (*3rd pers. sg. of* moći) *all right*
naručiti (*pf.*) *to order*
na žaru *grilled*
orah *walnut*
ovamo *here, hither* (*i.e. with motion*)
palačinka *pancake*
predjelo *hors d'oeuvre*
predlagati (*imp.*, predlažem) *to suggest*
preporučivati (*imp.*, preporučujem) *to recommend*

pršut *smoked ham, prosciutto*
rajčica *tomato*
razan (*f.* razna) *various*
salata *salad*
sjećati se (*imp.*) *to remember* (+ *G for thing remembered*)
sjesti (*pf.*, sjednem) *to sit down*
sladak (*f.* slatka) *sweet*
slagati se (*imp.*, slažem se) *to agree*
slaviti (*imp.*) *to celebrate*
slobodan (*f.* slobodna) *free*
stol *table*
svejedno *all the same*
sviđati se (*imp.*) *to please*; sviđa mi se *I like*
topao (*f.* topla) *warm*
ugao (*G* ugla) *corner*
ukusan (*f.* ukusna) *tasty*
uopće *in general, altogether*
uz (+ *A*) *together with, beside*
uzeti (*pf.*, uzmem) *to take*
vino *wine*
vinska karta *wine list*
zamoliti (*pf.*) *to request*
zauzet *occupied*
zelen *green*
zgodan (*f.* zgodna) *attractive, convenient*

UNIT 1. THE GENITIVE OF ADJECTIVES

(i) Masculine and neuter

There are two forms: definite and indefinite, but as the latter is scarcely used in the modern spoken language, the definite form is the one you should learn. The ending for this is **-og(a)**, or if the final consonant of the stem is 'soft', **-eg(a)**:

To je sin starog profesora
That is the old professor's son
Ovo je slika ljepšeg mladića
This is the picture of a better-looking boy
Ne volim kraj toga novog filma
I don't like the end of that new film

The optional **-a** is added for stylistic purposes in certain circumstances, for example when the adjective occurs at the end of a sentence:

Ne poznajem starijeg brata, samo mlađega
I don't know the older brother, only the younger (one)

For a note on the use of the longer forms in the G, D and P cases see Appendix 2.

The indefinite ending, for your information, is **-a**:

Vidim lijepa mladića
I see a good-looking boy

(ii) Feminine

You will be glad to know that the ending is the same as the G of nouns ending in **-a**, namely **-e**:

Restoran je blizu te velike kuće
The restaurant is near that big house
To je muž mlade Francuskinje
That is the husband of the young French woman
Prozori ove lijepe prostrane sobe gledaju na park
The windows of this nice spacious room look onto the park

(iii) Plural

The genitive plural of all genders is **-ih**:

Terase ovakvih starih restorana su ugodne
The terraces of these old restaurants are pleasant
Sviđaju mi se frizure ovih mladih djevojaka
I like these young girls' hairdos
Miris vaših narodnih jela je jako privlačan
The smell of your national dishes is most enticing

Exercise

Put the adjective and noun into the genitive case:
1. Tko je direktor (novi hotel)?

2. Gdje je ključ (naša soba)?
3. Je li to kuća (tvoji roditelji)?
4. Preporučujem vam bocu (to domaće vino).
5. Imaš li ključeve (crveni[1] auto)?
6. Evo adrese (naši prijatelji).
7. Je li ovo mjesto (ta stara gospođa)?
8. Kako je ime (ovaj ukusan* liker)?
9. Gdje su vrata (spavaća soba)?
10. Je li ovo prtljaga (ti novi putnici)?

([1]crven red)

UNIT 2. THE PARTITIVE GENITIVE

This use of the Genitive case of nouns shows that you are referring to a part or portion of a whole; it is often the equivalent of 'some' or 'any' in English.

Imate li kruha?
Have you any bread?

Adjectives agree with the nouns, as always:

Imate li svježeg kruha?
Have you any fresh bread?
Imaju li dobrog crnog vina?
Have they any good red wine?
Imaju li narodnih specijaliteta?
Have they any national specialities?

Exercise

Make questions, as in the model, using **ima** and the partitive genitive:
kruh – Ima li kruha?

1. kava	5. meso
2. šećer (= *sugar*)	6. riba
3. čaj (= *tea*)	7. sir
4. mlijeko (= *milk*)	

UNIT 3. 'KRIMIĆ' (6)

Putnik izlazi iz zgrade i tužno gleda prazne ulice grada gdje se polako spušta mrak. Leđima se oslanja o zid i razmišlja. Odjednom čuje kako se *približavaju* k*oraci. Već* je *mračno* ali vidi se da je to *muškarac* sa šeširom. Dok *hoda,* n*e*poznati *vadi ruke* iz *dž*e*pova* i, *na svoje v*e*liko iznenađenje,* putnik *primjećuje* da on nosi – bijele ruk*a*vice . . .

iz (+ *G*) out of; **zgrada** building; **tužno** sadly; **prazan** empty; **ulica** street; **polako** slowly; **spuštati se** (*imp.*) to lower, let oneself down; **mrak** darkness; **leđa** (*n. pl.*) back; **oslanjati se** (*imp.*) to lean; **o** (+ *P, or* + *A if conveying motion*) against, about; **zid** wall; **razmišljati** to reflect; **odjednom** all at once; **čuti** (**čujem**) to hear; **približavati se** (*imp.*) to approach; **korak** footstep; **već** already; **mračno** dark; **muškarac** man; **hodati** (*imp.*) to walk; **vaditi** (*imp.*) to take out; **ruka** hand, arm; **džep** pocket; **na svoje veliko iznenađenje** to his great surprise; **primjećivati** (*imp.*) to notice

UNIT 4. THE ACCUSATIVE OF ADJECTIVES

(i) Masculine

The Accusative ending of masculine adjectives varies, as it does with nouns, according to whether the noun referred to is inanimate or animate.

Inanimate: the A ending is the same as the Nominative.
Animate: the A ending is the same as the Genitive.

> Vidim stari automobil
> *I see the old car*
> Vidim starog putnika
> *I see the old passenger*

(ii) Neuter

As with nouns, the A ending of all neuter adjectives is the same as the Nominative.

> Vidim malo selo
> *I see the small village*

(iii) Feminine

The A ending of feminine adjectives is **-u**, the same as for feminine nouns.

> Vidim mladu djevojku
> *I see the young girl*

(iv) Plural

In all genders, the A plural ending is the same as that of the nouns; there is no distinction between animate or inanimate nouns.

Vidim nove automobile
I see the new cars
Vidim visoke mladiće
I see the tall young men
Vidiš li ta mala sela?
Do you see those small villages?
Volite li male nove kuće?
Do you like the small new houses?

K̄ **UNIT 5. EXERCISES**

(i) Translate the following sentences into Serbo-Croat:
1. You have a very beautiful house.
2. The balcony is beside the living room.[1]
3. The corridor leads into the bedroom.
4. We have a very small entrance hall.
5. I love these beautiful curtains.
6. What do you see through the big windows?
7. Where is the door of the new flat?[2]
8. Be careful, they have a dangerous dog![3]
9. These houses have beautiful gardens.
10. Do you see the big balconies of the new flats?
   ([1]use **pored** + G; [2]**nov** new; [3]**pazite** be careful; **opasan*** dangerous)

(ii) Complete the dialogue:
Konobar: Dobar dan. Izvolite?
Gost: ....
Konobar: Evo vam jelovnik. Želite li neki aperitiv?
Gost: ....
Konobar: Imamo riblju juhu i goveđu juhu.
Gost: ....
Konobar: Dobro. A kao glavno jelo?
Gost: ....
Konobar: Imamo svinjsko pečenje i punjene paprike.
Gost: ....
Konobar: Želite li neku salatu?
Gost: ....

Konobar: Želite li nešto piti?
Gost: ....
Konobar: A na kraju nešto slatko?
Gost: ....
Konobar: Imamo razne torte i voćnu salatu.
Gost: ....
Konobar: Želite li tursku ili ekspres kavu?
Gost: ....

■ UNIT 6. CONVERSATION

You may find it useful to memorize some of these sentences. The English translation is at the end of the lesson.

GOST: Molim jelovnik.

KONOBAR: Izvolite.

GOST: Imate li nekih narodnih specijaliteta?

KONOBAR: Svakako, ima raznih ukusnih narodnih jela.

GOST: Možete li preporučiti neko domaće jelo?

KONOBAR: Kao predjelo vam preporučujem gibanicu, onda punjene paprike ili đuveč.

GOST: Imate li juhe?

KONOBAR: Imamo pileću juhu, goveđu juhu, juhu od povrća i jako dobru riblju juhu.

GOST: Meni se jede mesa. Što imate na jelovniku?

KONOBAR: Ima teletine – teleće pečenje ili teleći odrezak; svinjetine – svinjsko pečenje ili odrezak; govedine – goveđi odrezak ili biftek; ima i piletine – pohane piletine; pa patke i purice s mlincima.

GOST: Dajte mi kajganu ili možda omlet.

KONOBAR: Imamo sa šunkom, sirom ili gljivama.

GOST: A što imate od ribe?

KONOBAR: Imamo ciple (*A pl.*), skuše (*A pl.*), bakalar (*A sg.*), zubaca (*G sg.*) i srdele (*A pl.*). Imamo i mušule (*A pl.*), jastoga (*G sg.*), lignje (*A pl.*) i škampe (*A pl.*).

GOST: Ima li svježeg povrća?

KONOBAR: Dakako. Imamo krumpira, mrkve, zelja, graška, mahuna i graha. Ima i kiselog zelja.

GOST: Kakve salate imate?

KONOBAR: Imamo zelenu salatu, salatu od rajčica, od krastavaca, od cikle ili miješanu salatu.
GOST: Gdje su ulje i ocat, sol i papar?
KONOBAR: Tamo, na susjednom stolu. Sad ću vam ih dodati.
GOST: Imate li nečeg slatkog?
KONOBAR: Imamo savijaču od jabuka ili trešanja. Imamo i palačinke sa džemom, čokoladom ili orasima.
GOST: Ima li sira?
KONOBAR: Ima ličkog i paškog sira.
GOST: Što imate od voća?
KONOBAR: Imamo jabuke, kruške, šljive, marelice, breskve, smokve i grožđe.
GOST: Donesite nam kavu, molim. Jednu bijelu i jednu tursku.
KONOBAR: Želite li slađu kavu?
GOST: Ne, gorču. Platiti, molim.
KONOBAR: Izvolite račun.

UNIT 7. 'LJUBAVNA PRIČA' (6)

Nekoliko dana *kasnije*. Kod Ivana *zvoni* telefon.
–Halo.
–Jesi li ti, Ivane?
–Jesam.
–Ovdje Mira.
–Zdravo.
–Kako si?
–Dobro. Ti?
–Eto. *Što je nova?*
–Ništa *naročito*. Tako. Sjedim, nešto čitam.
–Je li?
(Pauza)
–Zašto zoveš? Miro? Što želiš?
–Čuj, Ivane, *nemoj* se tako *ljutiti.*
–Ne ljutim se.
–Ne *javljaš* se.
–Želiš li da se javljam?
–Pa, prijatelji smo, zar ne?
–*Jasno*, prijatelji smo.
–Opet se ljutiš?

–Ne ljutim se. *Nego*, netko *zove*, moram ići.
–*Onda*, zdravo.
–Zdravo, Miro.

nekoliko some, a few; **kasnije** later; **zvoniti** to ring; **eto** well, inconclusive reply; **što je nova** what's new?; **naročito** particular; **sjediti** to sit; **čuj** listen; **nemoj se ljutiti** don't be angry; **prijatelj** friend; **jasno** clearly, of course; **opet** again; **nego** but (*after negative statement*); **zove** (*3rd pers. sg. of* **zvati**) calls, is calling; **onda** then

UNIT 8. TRANSLATION OF UNIT 6

GUEST: The menu, please.
WAITER: Here you are.
G. Have you any national specialities?
W: Certainly, there are various tasty national dishes.
G: Can you recommend some local dish?
W: I recommend cheese pie as a starter, then stuffed peppers or casserole.
G: Have you any soup?
W: We have chicken, beef, vegetable, and a very good fish soup.
G: I feel like eating meat. What's on the menu?
W: There's veal – roast or cutlet; pork – roast or cutlet; beef – cutlet or steak; there's chicken as well – fried in butter, and duck and turkey.
G: Give me scrambled eggs, or perhaps an omelette.
W: Ham, cheese or mushroom?
G: What fish do you have?
W: We have mullet, mackerel, cod, 'dentex' and sardines. We have also mussels, lobster, squid and scampi.
G: Are there any fresh vegetables?
W: Of course. We have potatoes, carrots, cabbage, peas, French and haricot beans. There's sauerkraut as well.
G: What kind of salads do you have?
W: We have lettuce, tomato, cucumber, beetroot or mixed.
G: Where are the oil and vinegar, salt and pepper?
W: There, on the next table. I'll pass them to you.
G: Have you anything sweet?
W: We have apple or cherry strudel. And we have pancakes with jam, chocolate or walnuts.

G: Is there any cheese?

w: There's Lika or Pag cheese.

G: What fruit have you?

w: We have apples, pears, plums, apricots, peaches, figs and grapes.

G: Please bring us coffee. One white and one Turkish.

w: Do you want sweet coffee?

G: No, bitter.

G: I'd like to pay, please.

w: Here is the bill.

LESSON EIGHT
(Osma lekcija)

■ **NA ULICI** (*In the street*)

Alan i Nora šetaju po Zagrebu sa svojim prijateljima. Žele vidjeti sve znamenitosti u gradu.

NORA: Ima mnogo zanimljivoga u ovom lijepom gradu. Sviđaju mi se i Gornji grad i centar s malim trgovima i krasnim kazalištem.

MARIJA: Što sad želite vidjeti? Odavde se možemo lako popeti na Gornji grad, da pogledamo Meštrovićev atelje.

ALAN: Kako se ide gore?

SLAVKO: Ide se ili uspinjačom ili stepenicama. Nadam se da nisu prestrme za Noru.

ALAN: Na kojoj se strani nalazi kolodvor? Više ne znam gdje je jug a gdje je sjever.

SLAVKO: Sada idemo prema zapadu. Ako skrenemo prema centru grada kolodvor je na jugoistoku.

NORA: Katedrala je sad na lijevoj strani a kazalište je negdje desno, zar ne?

MARIJA: Tako je. Vidite li Trg Republike?

ALAN: Vidim. Gdje se nalazi naš hotel?

SLAVKO: Ako stojiš na Trgu Republike i gledaš prema Gradskoj kavani, ideš prvom ulicom s trga desno.

NORA: A da stigneš u kazalište iz našeg hotela ideš prvom ulicom lijevo, je li?

SLAVKO: Točno, ali je prilično daleko.

NORA: Meni se čini da je baš blizu. Prema Londonu Zagreb je malen i ugodan za pješake.

VOCABULARY

atelje (m.) *studio*
baš (emphatic particle) here *really*

činiti se (imp.) *to seem*; used impersonally: čini mi se *it seems* (*to me*) dalek *far, distant*

desno *right*

ga (A/G of on) *it*

gore *up*

jug *south*

jugoistok *south-east*

kavana *café*

kazalište *theatre*

krasan (f. krasna) *fine, beautiful*

malen *small*

nadati se (imp.) *to hope*

nalaziti se (imp.) *to be found*

negdje *somewhere*

odavde *from here*

pješak *pedestrian*

po (+ P) *through, along*

popeti (pf., popnem) *to climb*

prema (+ P) *towards*

prestrm *too steep* (strm *steep*)

prilično *fairly*

prvi *first*

s, sa (+ G) *from*

(+ I) *with*

sjever *north*

skrenuti (pf., skrenem) *to turn*

stajati (imp., stojim) *to stand*

stići (pf., stignem) *to reach, to arrive*

šetati (imp.) *to go for a walk*

trg *square*

ulica *street*

uspinjača *cable car*

za (+ A) *for*

zanimljiv *interesting*

zapad *west*

znamenitost (f.) *sight, landmark*

Meštrović was a famous Croatian sculptor (1883–1962)

UNIT 1. THE DATIVE/PREPOSITIONAL CASE OF ADJECTIVES

(i) Masculine

(a) There is an indefinite form of the adjective, which is the same as that of the noun:

> Govorim **staru** čovjeku
>
> *I am speaking to an old man*

As with the G, however, you will need only to be able to recognize this, as it is not in very common use.

(b) The definite form ends in: *-om*

> Govorim **ljubaznom** konobaru
>
> *I am speaking to the agreeable waiter*
>
> Sobe u ovom **starom** hotelu su udobne
>
> *The rooms in this old hotel are comfortable*

(ii) Neuter

The ending is the same as that of the masculine:

U ovom **malom** selu ima lijepa crkva
There is a nice church in this little village
Dajem bombone **dobrom** djetetu
I am giving sweets to the good child

(iii) Feminine

The ending is: *-oj*

Mladić daje cvijeće **ljutitoj** djevojci
The young man is giving flowers to the angry girl
U ovoj **maloj** crkvi ima divnih ikona
There are some wonderful icons in this little church

N.B. This ending will be familiar to you from those names of countries which are in fact adjectives:

Engleska – u Engleskoj; Grčka – u Grčkoj

Remember that all names of countries ending in *-ska* or *-čka* are *adjectives*.

Exercise

Make sentences according to the model, using the Dative of the adjectives and nouns:

(**stari profesor**) Želim pokazati grad starom profesoru.
ova lijepa djevojka, mladi putnik iz vlaka, vaša djeca, ova grupa turista, stari prijatelj iz Italije

UNIT 2. THE D/P PLURAL OF ADJECTIVES

This is very simple, since the ending is the same for all genders: **-im(a)**
See Appendix 2 for the note on usage of the longer form.

Dajemo knjige dobrim studentima
We give books to good students
Nema mjesta u dubrovačkim hotelima
There's no room in the Dubrovnik hotels
Možeš kupiti dobrog vina u primorskim selima
You can buy good wine in the coastal villages
Tiho čita umornim djevojkama
She is reading quietly to the tired girls

Volim sjediti po malim zagrebačkim kavanama
I like sitting in small Zagreb cafés

You will probably be relieved to know that this ending is also that of the Instrumental plural of adjectives, again of all genders!

Exercise

Make sentences according to the model, using the Dative of the adjectives and nouns:
(**oni tvoji prijatelji**) Moramo napisati pisma onim tvojim prijateljima (to those friends of yours)
vaši stari roditelji, svi znanci u Jugoslaviji, mlađe sestre, dobri prijatelji u Zagrebu, vaše majke

UNIT 3. EXERCISE

Read the following text. Identify all the nouns and adjectives and their cases. Be sure that you understand the use of each case before proceeding. Answer the questions on the text.

U Donjem gradu se čovjek ne može izgubiti. Sve su ulice pravilne. Glavna izgradnja Donjeg grada počela je poslije 1850. Najstarija je kuća na današnjem Trgu Republike broj 15,[1] a najmlađa – neboder na početku Ilice. Ilica je jedna od najdužih, možda i najstarijih, a svakako najpopularnija zagrebačka ulica. Prvi je trg u Donjem gradu izgrađen po planu Zrinski trg,[1] poznatiji kao Zrinjevac. To je trg platana, penzionerskih klupa, turističkih agencija, spomenika, umjetničkih galerija. Na kraju trga, preko puta glavnog kolodvora, nalazi se najveći zagrebački spomenik – kralj Tomislav na konju. Spomenik s Tomislavovim trgom je najčešći motiv razglednica Zagreba i znak Televizije Zagreb.

donji lower; **izgubiti** to get lost; **pravilan** straight; **glavni** main; **izgradnja** building; **počela je** past tense, began; **poslije** after; **najstarija** the oldest; **današnji** present day; **broj** number; **najmlađa** the youngest; **neboder** skyscraper; **početak** beginning; **najduži** longest; **izgrađen** built; **po** according to; **poznatiji** better-known; **kao** as; **platana** plane tree; **klupa** bench; **spomenik** statue; **umjetnički** art (*adj.*); **preko puta** (+ G) opposite; **najveći** the biggest; **kralj** king; **konj** horse; **Tomislavov**

Tomislav's; **najčešći** most frequent; **motiv** theme; **razglednica** postcard; **znak** sign, mark

[1]Note the position of the enclitic. Translate: 'The first house... is no. 15'; 'The first square built to a plan is....'

1. Kakve su ulice u Donjem gradu Zagreba?
2. Koja je najstarija kuća na Trgu Republike?
3. Kakva je ulica Ilica?
4. Koji je trg u Zagrebu prvi izgrađen po planu?
5. Što se nalazi na Zrinjevcu?
6. Koji je najveći zagrebački spomenik?
7. Gdje se nalazi spomenik kralja Tomislava?
8. Gdje se može vidjeti ovaj spomenik?

UNIT 4. THE INSTRUMENTAL CASE OF ADJECTIVES

(i) *Masculine and neuter singular*: **-im**
Idem na more s **dobrim** prijateljem
I'm going to the sea with a good friend (male)
Avion leti nad **mirnim** morem
The plane is flying over a calm sea

(ii) *Feminine singular*: **-om**
Idem na more s **dobrom** prijateljicom
I'm going to the sea with a good friend (female)
Idem sa **cijelom** obitelji
I'm going with the whole family

(iii) *Plural, all genders*: **-im**
Idemo na more sa **starim** prijateljima
I'm going to the sea with (*some*) *old friends*

UNIT 5. 'KRIMIĆ' (7)

Putnik gleda lijevo i desno. Ulica je prazna: on je *sam*. Nepoznati čovjek *se ne žuri*, ali se polako približava. Čini se da ide *ravno* prema *začuđenom* putniku. Kako se približava, putniku se taj čovjek sa crnim

šeširom i bijelim rukavicama čini *odnekud poznat* ... Nije *moguće* da je
to misteriozni čovjek iz vlaka ...? A ako jest, nije li moguće da on nešto
zna o *nestalom* novčaniku i pasošu ....?

sam alone; **žuriti se** (*imp.*) to hurry; **ravno** straight; **začuđen** surprised;
odnekud from somewhere; **poznat** familiar, well-known; **moguće**
possible; **nestali** lost, vanished

UNIT 6. SOME PREPOSITIONS WHICH TAKE THE PREPOSITIONAL OR INSTRUMENTAL CASES

Prepositional

k	(or **ka** if followed by the consonant cluster, or word beginning with **k**) towards, to
	Sutra idemo k prijatelju
	Tomorrow we're going to a friend's
prema	towards
	Vlak ide prema granici
	The train is going towards the border
	according to
	Prema profesorovom objašnjenju, tako je
	That's right, according to the teacher's explanation
pri	by, near
	Nemam knjigu pri ruci
	I haven't got the book to hand
o	about
	Znaš li nešto o novom profesoru?
	Do you know anything about the new teacher?
u[1]	in
	Ima mnogo lijepih zgrada u Zagrebu
	There are many fine buildings in Zagreb
na[1]	on
	Soba je na drugom katu
	The room is on the second floor

[1]N.B. With these prepositions, as with many others, a clear distinction
must be made between their use to express static *location*, when the
Prepositional (or Locative) is used, and the expression of *motion*, when
the Accusative is used:

Stanujem u Zagrebu   but   *Putujem u Zagreb*
Kava je na stolu   *Stavljam kavu na stol*

Instrumental

među   among
            Crkva se vidi među kućama
            The church can be seen among the houses
nad   above
            Avion leti nad gradom
            The plane is flying above the town
pod   below
            Grad se vidi pod avionom
            The town can be seen below the plane
za   behind
            Kuća se nalazi za crkvom
            The house is behind the church
pred   in front of
            Čekam prijatelja pred kućom
            I'm waiting for a friend in front of the house

N.B. All of these prepositions can also take Accusative, if they are used
to convey motion towards a position.

            Stavljam kovčeg pod krevet
            I'm placing the suitcase under the bed

■ **UNIT 7. RAZGOVOR**

Idete li prema Trgu Republike?   Idem. Idem k prijatelju.

Onda idem i ja. Gdje je mala?   Još je u školi, a sutra ide na more.

Blago njoj! Zar ne možete i vi ići?   Za sada ne mogu. Imam posla u
                                       novoj bolnici.

Pa da, vi ste arhitekt, zar ne?   Jesam. Znate li vi nešto o toj
                                   bolnici?

Ništa. Samo da se nalazi za
starom katedralom.   Tako je. A pred bolnicom ima
                                   zgodan parkić.

Krasno. Evo, tu smo na Trgu.
Dođite uskoro k meni!   Hvala vam, hoću, jako rado.

UNIT 8. USE OF REFLEXIVE VERBS TO EXPRESS GENERAL STATEMENTS

Notice these sentences:
    Kako se ide na Gornji grad?
    How does one get to the Upper Town?
    Ide se ovim stepenicama
    One goes up these steps
Many verbs can be made reflexive in this way in order to express a general statement:
    Ovdje se ulazi u kazalište
    One enters the theatre here

UNIT 9. 'LJUBAVNA PRIČA' (7)

Ivan i Mira *se sretnu* na ulici.
–O zdravo, Miro! Kako si? Što radiš?
–Dobro sam. Idem k Nadi. Što je nova?
–Imaš lijepu *haljinu.* Nešto novo?
–Ma nije! Nosim je *godinama!*
–Dobro *ti stoji.* Mogu li *te pratiti do* Nade?
–Ako želiš. *Kamo* ti ideš?
–Idem u *knjižnicu učiti*, ali nije *važno.*
–Dakle, mnogo učiš?
–Pa da, kad sjedim *doma. Nemam* što *drugo* raditi.
–Zašto ne *izlaziš?*
–Ti znaš da *mi nije stalo* do *izlaska bez tebe.*
–Oh, Ivane...

sresti se (sretnem) to meet (by chance); **haljina** dress; **godinama** I pl. of **godina** for years; **dobro ti stoji** it suits you well; **te** A of **ti**, you; **pratiti** accompany; **do** + *G*, up to, as far as; **kamo** where (with movement, whither); **knjižnica** library; **učiti** to study, learn; **važno** important; **nemam** *neg. of* **imam**, I have not; **drugo** else (i.e. I have nothing else to do); **stalo mi je do** + *G* I care about (i.e. I'm not interested in going out); **bez** + *G* without; **tebe** G (long form) of **ti**; **izlazak** (G **izlaska**) outing

UNIT 10. BEHAVIOUR

Public transport of all kinds is usually crowded in Yugoslavia and respect for the institution of the queue is only gradually growing. This is reflected in the slang verb for 'to get on a bus': **sardiniti se.**

UNIT 11. EXERCISES

K (a) Translate the following sentences into Serbo-Croat, using the prepositions from the list on the right:

1. Are you going *to* (your) brother's?   **(k)**
2. The shop is *behind* the post office.   **(za)**
3. There's a nice little park *in front of* the hotel.   **(pred)**
4. I'm taking a friend *to* the Upper Town.   **(na)**
5. There's a beautiful church *in* that village.   **(u)**
6. They are going *towards* the station by this road.   **(prema)**
7. Does he know anything *about* the Upper Town?   **(o)**
8. You can see the Cathedral *above* those roofs.   **(nad)**
9. *Among* the houses there are some very old (ones).   **(među)**
10. We are looking at the red roofs of the town
    beneath the hill.   **(pod)**

voditi to lead; **crkva** church; **krov** (*pl.* **krovovi**) roof; **brijeg** hill

(b) Answer the following questions on the text:

1. Šetaju li se Alan i Nora sami?
2. Što žele vidjeti?
3. Sviđa li se Nori Zagreb?
4. Gdje se nalazi Meštrovićev atelje?
5. Kako se ide na Gornji grad?
6. Što Alan želi znati?
7. Gdje se nalazi kolodvor?
8. Vidi li se hotel Palace?
9. Kako se ide do hotela s Trga Republike?
10. Čini li se Nori da je Zagreb veliki grad?

UNIT 12. TRANSLATION OF UNIT 3

A person cannot get lost in the Lower Town. All the streets are straight. The main construction of the Lower Town began after 1850. The oldest house on present-day Republic Square is no. 15, and the youngest the skyscraper at the beginning of Ilica street. Ilica is one of the longest, perhaps even the oldest, and certainly the most popular street in Zagreb. The first square in the Lower Town to be built to a plan is Zrinski Square, better known as Zrinjevac. This is a square of plane trees, pensioners' benches, tourist agencies, monuments, art galleries. At the end of the square, opposite the main railway station, is the largest statue in Zagreb – King Tomislav on a horse. The statue with Tomislav's Square is the most frequent subject of postcards of Zagreb, and the symbol of Zagreb television.

UNIT 13. TRANSLATION OF UNIT 7

Are you going towards the Republic Square?

Yes, I'm going to a friend's.

Then I'll come too. Where's the little one (your daughter)?

She's still at school, and tomorrow she's going to the sea.

Lucky girl! Can't you go too?

Not for the moment. I'm busy in the new hospital.

Oh, yes, you're the architect, aren't you?

Yes. Do you know anything about that hospital?

Nothing. Only that it's behind the old cathedral.

That's right. And there's a nice little park in front of it.

Lovely! Here, we've arrived at the Square. Come to see me soon!

Thank you, I will, with great pleasure.

N.B. See Appendix 2 for a complete table of the adjective declensions.

LESSON NINE
(Deveta lekcija)

■ **POSJET PRIJATELJIMA** (*Visit to friends*)

Alan i Nora su pošli autom sa Slavkom i Marijom u posjet prijateljima.
Stigli su na vrijeme i parkirali se pred kućom.

JASNA: Stigli ste! Dobro došli!

MARIJA: Da ti predstavim naše prijatelje iz Engleske, Alana i Noru.

JASNA: Drago mi je. Izvolite ući, tu je negdje Tomo.

TOMO: A, tu ste! Kad ste stigli u Zagreb?

ALAN: Stigli smo prekjučer. Jako nam se sviđa Zagreb.

TOMO: Jeste li uspjeli već nešto vidjeti?

NORA: Jesmo. Već smo puno toga vidjeli. Jučer i danas smo cijeli dan
hodali.

JASNA: Zar niste bili umorni poslije puta?

ALAN: Malo, ali lijepo smo se odmorili u udobnom hotelu.

JASNA: Izvolite sjesti.

TOMO: Želite li nešto popiti prije večere? Imamo izvrsnu domaću
lozovaču. Dobili smo je sa sela.

ALAN: Jako rado, što se mene tiče.

NORA: Ja ne pijem žestoka pića, hvala. Imate li možda čašu vina?

TOMO: Naravno, imamo jako dobro bijelo vino. Stavio sam ga još
jutros u frižider.

SLAVKO: Meni daj lozovaču, molim te. Odavno nisam pio pravu.

MARIJA: I meni, molim. Ja volim rakiju s vremena na vrijeme.

VOCABULARY

cijeli *whole*	jučer *yesterday*
čaša *glass*	jutros *this morning*
danas *today*	lozovača *grape brandy*
dobiti (pf., dobijem) *to acquire*	meni (D of ja) *to me*
frižider *refrigerator*	na vrijeme *on time*
hodati (imp.) *to walk*	naravno *of course*

odavno *for a long time, a long time ago*

odmoriti se (pf.) *to rest*

parkirati se (imp.) *to park*

poći (pf. pođem) *to set off*

poslije (+ G) *after*

posjet *visit*

pravi *proper, right*

predstaviti (pf.) *to present, to introduce*

prekjučer *the day before yesterday*

prije (+ G) *before*

puno, puno toga *a lot, a great deal*

put *journey*

rakija *brandy*

s vremena na vrijeme *from time to time*

staviti (pf.) *to place*

što se mene tiče *as far as I'm concerned*

ući (pf., uđem) *to enter*

umoran (f. umorna) *tired*

uspjeti (pf. uspijem) *to succeed*

već *already*

žestok *strong*

žestoka pića *spirits*

UNIT 1. FORMATION OF THE PAST (PERFECT) TENSE

You will be glad to know that you yourself need to be able to use only three tenses: simple present, perfect and future. There are one or two others you need to be able to recognise, but for all practical purposes these three are sufficient.

The perfect tense is very easily formed. It is a *compound* tense, consisting of the present tense of the auxiliary **biti** and the active past participle.

The active past participle

(a) Verbs with infinitive ending in **-ti**

The majority of Serbo-Croatian verbs is in this category.

Take the infinitive – **spavati** – remove final **-ti** and add the following endings:

-o (masc. sg.), *-li* (masc. pl.),	*-la* (fem. sg.), *-le* (fem. pl.),	*-lo* (neut. sg.) *-la* (neut. pl.)

spavao, spavala, spavalo; spavali, spavale, spavala

Past tense: ja sam spavao/   ja sam spavala

                 ti si spavao/   ti si spavala

                 on je spavao   dijete je spavalo

ona je spavala
mi smo spavali
vi ste spavali
momci su spavali
djevojke su spavale
sela su spavala

Regular verbs with infinitive in -ti

Infinitive	infinitive stem	active past participle		
imati	ima-	imao (m)	imala (f)	imalo (n)
piti	pi-	pio	pila	pilo
putovati	putova-	putovao	putovala	putovalo
raditi	radi-	radio	radila	radilo
odmoriti	odmori-	odmorio	odmorila	odmorilo
hodati	hoda-	hodao	hodala	hodalo

(b) N.B. In the *jekavian* variant of Serbo-Croat, which you are learning, verbs with infinitive in -jeti have -io as *masculine singular* participle. This is because if the final -ti is removed -je + o sounds virtually the same as -io and this is consequently how it is written:

Infinitive	Infinitive stem	M.	F.	N.
vidjeti	vidje–	vidio	vidjela	vidjelo
uspjeti	uspje–	uspio	uspjela	uspjelo
htjeti	htje–	htio	htjela	htjelo
željeti	želje–	želio	željela	željelo
voljeti	volje–	volio	voljela	voljelo

(c) Verbs with infinitive ending in -ći or -sti form the active past participle slightly differently. For the time being, it is simplest to learn the participle of each new verb of this kind as you come to it. You will soon find that you are able to predict most of them.

(i) Infinitive ending in **-sti**: **s** is dropped

	M.	F.	N.
jesti	jeo	jela	jelo
pasti	pao	pala	palo
sjesti	sjeo ⎫ sio ⎭	sjela	sjelo

(ii) Infinitive ending in **-ći**:

inf.	infinitive stem	active past participle		
stići	stig–	stigao	stigla	stiglo
moći	mog–	mogao	mogla	moglo
reći	rek–	rekao	rekla	reklo

All the compounds of **ići** form the participle in the same way:

ići   išao, išla, išlo, išli
doći   došao, došla, došlo, došli
ući   ušao, ušla, ušlo, ušli

(d) The active past participle of **biti** is quite regular:

Ja sam bio
Ona je bila
Dijete je bilo
Mi smo bili

UNIT 2. WORD ORDER (I)

N.B. Because the short forms of **biti** are, as you know, *enclitics*, they must be placed immediately after the *first* stressed word in the sentence. Thus, if the pronoun, or other subject is used:

Ja sam došla
Mladić je stigao

However, if the pronoun is not used, the enclitic is placed *after* the participle:

Došli smo
Vidjela si

UNIT 3. EXERCISE

Supply the perfect tense of the verbs in the following sentences:

1. (imati) Mladić.... lijep šešir.
2. (vidjeti) Djevojka.... prekrasnu haljinu u dućanu[1].
3. (umoriti) Putovanje nas......
4. (jesti) Putnici..... u ugodnom novom restoranu.
5. (piti) Naš domaćin[2].... domaću šljivovicu.
6. (stići) Gosti.... na vrijeme.
7. (ući) Marija i Jasna.... u kuću.
8. (željeti) Alan.... mnogo vidjeti tokom[3] boravka.
9. (spavati) Svi..... jako dobro u udobnom hotelu.
10. (moći) Drago mi je što.... Jovan.... doći.[4]

([1]**dućan** shop; [2]**domaćin** host; [3]**tokom** + G during; [4]Think about word order here)

UNIT 4. 'KRIMIĆ' (8)

Nepoznati čovjek je stigao *sasvim* blizu prestrašenog putnika. Pogledao je *oprezno* lijevo i desno. Kad je vidio da *nema nikoga, uljudno* je *podigao* šešir i rekao:
–Oprostite što ste *se* morali *naći* u tako *neugodnom položaju*, gospodine. *Vjerujem* da želite znati gdje je vaš pasoš i novčanik. Molim vas da ništa ne govorite. Imam ovdje *komad* papira s jednom adresom. Molim vas da *zapamtite* adresu. Papir vam ne mogu *dati*. Sada vas molim da uđete u auto koji *se nalazi* iza ugla. Morate *se vratiti* u Austriju. Dođite *mirno sa mnom*.

sasvim quite; **prestrašen** frightened; **oprezno** carefully; **nema nikoga** there is no one; **uljudno** politely; **podići** (*part.* **podigao**) raise; **naći se** (*pf.*) to find oneself; **neugodan** uncomfortable; **položaj** situation; **vjerovati** (**vjerujem**) to believe; **komad** piece; **zapamtiti** (*pf.*) remember; **dati** (*pf.*) to give; **nalaziti se** (*imp.*) to be situated; **vratiti se** (*pf.*) to return; **mirno** calmly; **sa mnom** with me

UNIT 5. WORD ORDER (II)

The consequence of the rule in unit 2 above – that enclitics must be placed immediately after the first stressed word (or phrase) in a sentence or clause – is that in a complex sentence, the auxiliary can sometimes be quite far removed from the participle:

Putnik **je** često tokom putovanja **izlazio** da popuši cigaretu
The passenger went out often in the course of his journey to smoke a cigarette

Kažem da **sam** se poslije prvih lijepih dana u Zagrebu **osjećala** kao da oduvijek živim ovdje
I say that after the first lovely days in Zagreb I felt as though I had always lived here

Jako mi je drago što **je** tvoj sin, koga nisam još upoznala, konačno **uspio** doći ovamo
I'm very glad that your son, whom I have not yet met, has at last succeeded in coming here

UNIT 6. PAST TENSE QUESTIONS

Remember that there are two basic ways of introducing a question:
(a) Verb + **li**

   Imate li kartu?
   Have you got a ticket?

Remember that when the verb is **biti**, the long form must be used:

   Jesi li umorna?
   Are you tired?

In exactly the same way, in questions formed on this model with the past tense the long form of the auxiliary must be used:

   Jesi li bila umorna?
   Were you tired?
   Jeste li spavali?
   Did you sleep?

(b) **Da li** + verb

   Da li imate kartu?

The short form of the auxiliary is placed after **da li**:

   Da li ste spavali?

Jesam li (ja) zvao?	Da li sam (ja) uspio?
Je li (ona) zvala?	Da li je (ona) uspjela?
Jeste li (vi) zvali?	Da li ste (vi) uspjeli?

UNIT 7. EXERCISE

K Translate these sentences and then make questions as in the example:

She has reserved a seat in the train.
Rezervirala je mjesto u vlaku.
Je li rezervirala mjesto u vlaku?

1. You arrived at the border yesterday.
2. He reserved a double room in the hotel.
3. They saw the cathedral and the theatre.
4. She has gone to visit friends.
5. They have seen many interesting things in the town.
6. We met your friends in Dubrovnik.
7. You drank local brandy at (your) friends' house.
8. He put the white wine in the fridge this morning.
9. They had a good rest in the comfortable hotel.
10. You have been walking the whole day.

UNIT 8. NEGATIVE OF PERFECT TENSE

This is very straightforward: use the negative form of the auxiliary (**nisam**, etc.) + active past participle. As the negative forms of **biti** are not enclitics, the rules about word order do not apply. The negative auxiliary normally precedes the participle:

Nisam zvao.
I did not call
Zar niste išli?
Didn't you go?
Rekao je da nije uspio.
He said he didn't succeed

UNIT 9. EMPHATIC USE OF PERSONAL PRONOUNS

Note the use of the long form of the personal pronoun where it is emphasised (personal pronouns are treated in Lesson 10).

Meni daj tu lozovaču.
Give the brandy to me
I **meni**, molim te.
And to me, please

UNIT 10. PRESENT TENSE TO EXPRESS ENGLISH PRESENT PERFECT

Note the use of the present tense in Serbo-Croat to express the English present perfect:

U Zagrebu **sam** već 3 tjedna
I have been in Zagreb for three weeks already
Koliko dugo **uči** jezik?
How long has he been studying the language?

UNIT 11. 'LJUBAVNA PRIČA' (8)

Ivan je *oprezno uhvatio* Miru *za* ruku. Ona nije ništa rekla. Hodali su tako *neko vrijeme* bez *riječi.*
–Je li, Miro, kamo idemo? Ovo nije put do Nade.
–Oh, imaš pravo! Nisam *primijetila!*
–*Čeka* li te ona?
–Pa rekla sam da *dolazim prije podne*, nisam rekla *točno* kada.
–Onda u redu. Možemo li malo prošetati?
–Možemo.
Pauza. Ivan *se zaustavlja* i gleda Miri u oči.
–Kako je *odjednom* sve *jednostavno!* Drago mi je što smo tu, *skupa.*
–I meni.
Mladi ljudi su *se poljubili* i *krenuli ponovo* u *mirnu* šetnju parkom.

oprezno cautiously; **uzeti za ruku** to take by the hand; **neko vrijeme** for a time; **riječ** (*f*) word; **primijetiti** to notice; **čekati** to wait; **dolaziti** come; **prije podne** in the morning; **točno** exactly; **zaustavljati se** to stop; **jednostavno** simple; **skupa** together; **poljubiti se** to kiss; **krenuti** (*pf.* krenem) to move, set off; **ponovo** once more; **miran** (*f.* mirna) peaceful

UNIT 12. BEHAVIOUR

The people of Yugoslavia are well known for their spontaneous generosity and hospitality. Consequently, calculating and egotistical behaviour is regarded as eccentric. Something of this spirit is reflected in several expressions denoting selfishness and greed:

I bika bi pomuzao
He would even milk a bull

Pojeo bi i masno ćebe [Eastern variant]
He would even eat a greasy blanket

UNIT 13. EXERCISES

(a) Answer these questions with a negative sentence and add a positive statement as in the example:

Jeste li pili domaću lozovaču?
Nisam pio domaću lozovaču, pio sam vino.

1. Jesu li vidjeli mnogo zanimljivoga?
2. Jeste li jeli meso u restoranu?
3. Je li putovala vlakom?
4. Jesmo li već bili u ovoj crkvi?
5. Jeste li uspjeli naći poštu?
6. Je li rezervirao stol u restoranu?
7. Je li pila bijelo vino?
8. Jesu li bili na Gornjem gradu?
9. Jeste li posjetili muzeje na Zrinjevcu?
10. Jesi li se javila prijateljima?

(b) Pitanja (questions)
1. Tko je došao iz Engleske?
2. Gdje su se parkirali?
3. Kad su Alan i Nora stigli u Zagreb?
4. Sviđa li im[1] se Zagreb?
5. Jesu li uspjeli nešto vidjeti?
6. Što su radili jučer i danas?
7. Što ste vi jučer radili?
8. Jeste li hodali ili ste se vozili autom?
9. Jeste li uvijek umorni poslije puta?
10. Gdje su se Alan i Nora odmorili?
11. Što vi pijete prije večere?
12. Volite li čitati prije nego zaspite[2]?
13. Pijete li žestoka pića?
14. Kakvo vino imaju Jasna i Tomo?
15. Volite li više crno ili bijelo vino?
16. Što volite raditi na odmoru[3]?

17. Volite li stare crkve i katedrale?
18. Da li više volite grad ili plažu za odmor?
19. Volite li jesti strana jela na odmoru?
20. Kako se ide od vaše kuće do dućana? – do pošte? – do kazališta?
    ([1]**im**: D of **oni** to them; [2]**zaspati, zaspim** to fall asleep; [3]**odmor**
    holiday, rest)

LESSON TEN
(Deseta lekcija)

■ **OBITELJSKI ODNOSI** (*Family relationships*)

MARIJA: Nora, znaš li da smo Jasna i ja rođaci?

NORA: Nisam znala, kako to?

JASNA: Marija se šali, nismo rod nego mi se brat oženio Marijinom sestrom.

NORA: Zbilja? Baš je svijet malen!

TOMO: Niste to dobro objasnili, jer joj on nije rođeni brat.

ALAN: Znači da joj je bratić?

JASNA: Nije, nego polubrat. Iz očevog prvog braka; razveo se od prve žene još kao mlad čovjek.

NORA: Kako se slažeš s njim?

JASNA: Jako dobro, kao da mi je pravi brat. Samo što sada živi i radi u Africi pa ga rijetko viđam.

TOMO: Imate li vas dvoje braće ili sestara?

ALAN: Pa ja sam u sličnom položaju kao Jasna. Imam polusestru, ali bila je već odrasla kad sam ja bio dijete, nisam je onda dobro poznavao.

NORA: Ali dok je Alan studirao, stanovao je kod nje pa ju je često viđao. U to vrijeme bila je već udata i imala svoju djecu.

ALAN: Zamislite, imam nećaka koji je rođen prije mene. Mlađi sam od njega iako sam mu stric!

MARIJA: Je li! Naše obitelji su jako jednostavne, zar ne Slavko?

SLAVKO: Jesu. Samo što je moj djed bio zaljubljen u tvoju baku kada su bili mladi, i mogli smo biti brat i sestra, a ne muž i žena!

VOCABULARY

baka *grandmother*	bratić *cousin* (m) (f. sestrična)
braća (f., collective) *plural of* brat	djed *grandfather*
brak *marriage*	dvoje *two* (mixed genders)
brat *brother*	još *still*

majka *mother*

Marijin (possessive adjective) Marija's

muž *husband*

nećak *nephew* (nećakinja *niece*)

obitelj (f.) *family*

objasniti (pf.) *to explain*

očev (possessive adjective from otac)

odnos *relationship*

odrastao (f. odrasla) *grown up*

otac (G oca) *father*

oženiti se (pf.) *to marry* (of man)

položaj *position*

polubrat *half-brother*

poznavati (imp.) *to know* (used particularly of knowing people)

razvesti se (pf. razvedem) *to divorce*

rijetko *rarely*

rod *kin*

rođak *relation*

rođen *born*; 'by blood'

slagati se (imp., slažem se) *to get on*

sestra *sister*

stric *uncle* (father's brother)

šaliti se (imp.) *to joke*

udata *married* (of woman)

viđati (imp.) *to see* (*repeatedly*)

zaljubljen *in love* (+ u + A)

zbilja *really*

značiti (imp.) *to mean*

živjeti (imp., živim) *to live*

UNIT 1. DECLENSION OF PERSONAL PRONOUNS

The first thing to remember is that personal pronouns are not used in the Nominative except for emphasis.

Compare

Zašto si došao?

Why have you come?

Došao sam da vidim majku

I've come to see my mother

and

Tko je? Jesi li **ti**, dušo?

Who is it? Is it you, dear?

Ja sam, majko

It is I, mother

The other cases of the pronouns are used as required by the sentence structure: they behave like any other kind of noun.

The second main point is that there are two forms of some of the cases (Genitive/Accusative and Dative) – a neutral short form and an emphatic long form.

N.B. Like the short forms of **biti**, the short forms of pronouns are *enclitic*, i.e. they cannot carry stress and cannot therefore be placed in a position where they would be stressed.

Compare

Zašto si došao?

Why have you come?

Došao sam da **te** vidim (*short* form)

I've come to see you

Jesi li došao da vidiš Anu?

Have you come to see Anne?

Nisam, nego da vidim **tebe** (*long* form)

*No, I've come to see **you***

Remember that the long forms *must* be used when pronouns follow a preposition:

Sjedi **pokraj mene** i pričaj mi **o njemu**

Sit beside me and tell me about him

UNIT 2. DECLENSION OF JA (I)

(i) **Genitive/Accusative** (Genitive and Accusative of all personal pronouns are the same and can therefore be taken together.)

Short form: **me**   long form: **mene**

(G) On **me** se ne sjeća   Daleko je on od **mene**

He doesn't remember me   *He is far from me*

(A) Vidjela **me** je   Je li to poklon za **mene**?

She saw me   *Is that a present for me?*

(ii) **Dative**   short: **mi**   long: **meni**

Rekao **mi** je istinu

He told me the truth

Meni nije ništa rekao

He didn't tell me anything

The **Prepositional** case has the same form, but since it is used only with prepositions, it is always long.

Došli su k **meni** jučer

They came to see me yesterday

Što su govorili o **meni**?

What did they say about me?

(iii) **Instrumental**

mnom (or **mnome** if the sentence requires an additional syllable, see Appendix 2)

Sjedili su za **mnom** u kazalištu

They were sitting behind me at the theatre

Dođi sa **mnom**, ako želiš

Come with me, if you want

UNIT 3. TI (YOU); REFLEXIVE PRONOUN: SE, SEBE

These follow the same pattern:

(a) G On **te** se dobro sjeća

    He remembers you well

    To sam dobila od **tebe**

    I got that from you

  D Što sam **ti** rekao?

    What did I tell you?

    Tebi dajem ovu knjigu

    I'm giving you this book

  P O **tebi** su govorili samo dobro

    They said only good things about you

  I Želim biti s **tobom**

    I want to be with you

(b) The reflexive pronoun (**se**) has no Nominative form. It can only refer *to* the subject of a verb, and cannot itself *be* the subject.

In all reflexive verbs it is the G/A form which is used:

    Ja sam se očešljala

    I did my hair

    Ti si se lijepo obukla

    You've dressed nicely

    On se kupa. Ona se sprema

    He is bathing. She is getting ready.

    Mi smo se upoznali

    We have met

    Vi se niste odavno vidjeli

    You haven't seen each other for a long time

    Oni se jako dobro poznaju

    They know each other very well

The long form of the G/A is used for all persons – for emphasis or after a preposition:

>Čuvaj **sebe**, ne brini o nama
>*Look after yourself, don't worry about us*
>Otkad znam za **sebe**, volim more
>*As long as I can remember, I've loved the sea*
>(*lit*. Since I have known of myself)
>Nisu kupili poklone za **sebe**
>*They didn't buy gifts for themselves*

D **sebi**

>Govorio je sam **sebi**
>*He was talking to himself*

P **sebi**

>Ona govori stalno o **sebi**
>*She always talks about herself*

I **sobom**

>Donijeli su prtljagu sa **sobom**
>*They brought their luggage with them*

K **Exercise**

Translate the following sentences into Serbo-Croat

1. Did he see me?[1]
2. She showed me the book.[2]
3. They are going with me.
4. You are coming to me *this evening*.[3]
5. He was at my place *yesterday*.[4]
6. Did they visit you?[5]
7. I gave you the book.
8. They were sitting behind you.
9. He was walking towards you.
10. That is very nice of you.
11. He bought that book for himself.
12. We are carrying a lot of things with us.
13. She should buy something *for herself*.[6]
14. You must think about yourself *more*.[7]
15. I can only speak for myself.

([1]order: aux., pronoun, participle; [2]participle, pronoun, aux., obj., [3]**večeras**; [4]**jučer**; [5]aux., pronoun, participle; [6]Use Dative; [7]**više**)

UNIT 4. 'KRIMIĆ' (9)

Putnik je začuđeno gledao čovjeka sa šeširom. Onda je oprezno *uzeo* komad papira i *pročitao* adresu na njemu.
–Što ovo znači? *pitao je.*
–Ništa vam ne mogu sada reći, odgovorio je nepoznati čovjek. Vi samo morate dobro zapamtiti adresu i *slijediti* me do te ulice. Ali moram vas *upozoriti* da *nikome* ne govorite ni riječi ako želite *živi i zdravi nastaviti* put. Razumijete li? Ako vam nešto nije *jasno, recite* mi *odmah, inače – šutite.*
Putniku je bilo jasno sve što je rekao čovjek u šeširu, *iako* nije ništa razumio. Za putnika nije bilo izbora. Pošli su do velikog crnog auta koji je odjurio kroz crnu noć, putem kojim je putnik tek došao vlakom.

uzeti (*pf* uzmem) to take; **pročitati** (*pf*. of **čitati**) to read; **pitati** (*imp*.) to ask; **slijediti** (*imp*.) to follow; **upozoriti** (*pf*.) to warn; **nikome** *D of* **nitko**; **živ i zdrav** alive and well; **nastaviti** (*pf*.) to continue; **jasno** clear; **recite** *imp*. *of* **reći; odmah** immediately; **inače** otherwise; **šutjeti** (*imp*. šutim) to be quiet; **iako** although; **izbor** choice; **odjuriti** (*pf*.) to rush off; **putem** in the direction; **kojim** by which; **tek** just

UNIT 5. DECLENSION OF ON, ONA, ONO (HE, SHE, IT)

(1) **on/ono**
   A/G are the same. Short: **ga**   long: **njega**
   Odavno **ga** nisam vidjela
   I haven't seen him for a long time
   Evo ti pisma, ja sam **ga** već pročitala
   Here's the letter, I've already read it
   Što će biti od **njega**?
   What will become of him?

   D mu, njemu
   Dala sam **mu** knjigu
   I gave him the book
   Nisi to valjda rekao **njemu**?
   *You presumably didn't tell **him**?*

   P
   Čuli smo mnogo o **njemu**
   We've heard a lot about him

I **njim** (**njime**)

Ona ide s **njim** u kazalište
She's going to the theatre with him
Poklanjam ti ovo naliv-pero, **njime** sam napisao ove pjesme
I give you this fountain pen, I wrote these poems with it

(ii) **ona**

G short: **je**   long: **nje**
Rado smo **je** se sjećali
We remembered her with pleasure
Otišao je daleko od **nje**
He went far away from her

A short form is the same as G, but long: **nju**
Vidjeli smo **je** tamo
We saw her there
Vidjeli smo **tebe**, a **nju** nismo vidjeli
We saw you, but we didn't see her
But if A of **ona** (**je**) occurs in the same sentence as short form of the
3rd person singular of **biti,** an alternative form of A of **ona** may be
used: **ju**
Je li vidio Anu? Vidio **ju** je
Did he see Anne? He saw her

D **joj, njoj** Dajem **joj** knjigu
   I'm giving her the book

I **njom** (**njome**) Viđamo se često s **njom**
   We often see her

UNIT 6. PLURALS

(a) *Declension of* **mi** (*we*) *and* **vi** (*you*)
   These declensions are similar:

A/G	**nas**		**vas**	
D	**nam**	(**nama**)	**vam**	(**vama**)
P	**nama**		**vama**	
I	**nama**		**vama**	

(b) **Oni, one, ona** (*they*)

A/G	**ih**	**njih**	(long form)
D	**im**	**njim**	(long form)
P	**njima**		
I	**njima**		

UNIT 7. WORD ORDER WITH PRONOUNS (III)

Pronouns must be placed in a strict order:

(a) D precedes A/G:

Ovo je poklon, dajem **ti ga**

This is a gift, I'm giving it to you

(b) Where short forms of pronouns occur in the same sentence as short forms of verbs (**biti** and two other auxiliaries we have yet to meet), the verbal forms precede the pronouns:

Dao **sam ti ga**   *I gave it to you*

(c) Reflexive pronoun **se** follows these:

Rado **smo je se** sjećali

There is one exception: the 3rd person singular of **biti** – **je** – is placed after all the other enclitics:

Da **li ih se je** sjećao? *Did he remember them?*

This is the formula you should learn:

(*interrog. part.*) **li; ve** (*verbal*); D, A/G (*of pronouns*); **se; je**

It seems a great deal to remember all at once, but it will gradually become instinctive. For the time being, try to observe all clusters of enclitics as you come to them, and remember the formula when you need to compose a sentence yourself.

UNIT 8. EXERCISES

(a) Substitute pronouns for the nouns underlined. Remember that you may need to alter the word order.

1. Jesi li bio kod Dragana?
2. Sinoć[1] smo vidjeli Mariju.
3. Jeste li gledali film?
4. Milka se igrala[2] s Jasnom.*
5. Dao je knjigu gospodinu Petriću.
6. Bili su kod tetke[3] na ručku[4].
7. Putovali smo s roditeljima[5].

8. On je lijepo govorio o majci.
9. Jeste li otpratili[6] djecu na kolodvor?
10. Pokazala[7] je kuću prijateljima.
   ([1]sinoć last night; [2]igrati se to play; [3]tetka aunt; [4]ručak lunch;
   [5]roditelj parent; [6]otpratiti accompany; [7]pokazati to show)
   *Notice that with the 3rd person singular *only* of a reflexive verb in the
   past tense, it is possible to omit the auxiliary:
       On se vratio iz vojske (On se je vratio iz vojske)

(b) Supply questions for the following answers, using pronouns:
1. Da, upoznala sam ga jučer.
2. Ne, još je nisam vidio.
3. Volim je, ali joj više volim sestru.
4. Da, često idem s njima u kino.
5. Ne, odavno se nismo vidjeli.
6. Ne, nisam se još upoznao s njima.
7. Da, rekao sam mu to.
8. Da, bili smo kod vas prošlog ljeta.
9. Ne, dobila sam knjigu od tebe.
10. Da, dala sam joj adresu.

K (c) Translate into Serbo-Croat:
    John is my relation. My brother married Anne's sister. Is he your
    cousin? My sister is divorced. Do they get on well? Have you any
    brothers or sisters? She was married very young. We have a
    nephew. My mother was in love with him.

UNIT 9. 'LJUBAVNA PRIČA' (9)

–Što radiš večeras, Miro? – pitao je odjednom Ivan.
–Ništa *osobito. Dogovorila sam se* s Nadom da *se nađemo* s nekim
njenim prijateljima u gradu. Zašto pitaš?
–Dolazi mi bratić. *Stariji* je od mene, *tek se vratio iz vojske.* Nikad nije
bio u Zagrebu pa sam mu htio *pokazati* grad.
–Pa onda, pridružite nam se, imamo zgodno društvo i uvijek *se
veselimo* novim znancima.
–*Važi.* Ja ga moram *poslije podne dočekati* na kolodvoru i *odvesti kući.*
Dođite u 6 uvečer pred gradsku kavanu.
–*U redu.* Ja sad *zaista* moram k Nadi. Vidimo se.
–*Bog!*

osobito specially, particular; dogovoriti se (*pf.*) to arrange; naći se to meet; njen her; stariji older; tek just; vratiti se to return; vojska army; pokazati (*pf.*) to show; daj (lit. give) why don't you; pridružiti se (+ D) to join (a person or group); veseliti se (*imp.*) (+ D) to enjoy, look forward to; poznanik acquaintance; važi agreed; dočekati (*pf.*) to wait for, meet; poslije podne in the afternoon; odvesti (*pf.*) to take (away, of people); kući (D) home; u redu all right; zaista really; Bog: lit. God, used particularly in Zagreb instead of *zdravo!*

UNIT 10. EXAMPLES OF PRONOUNS AND OTHER ENCLITICS IN CONTEXT

Izgubila *sam* knjigu. Da *li si je* vidjela?
Ne, nisam *je* vidjela. Možda *ju je* Ivo vidio.
Imaš pravo, dala *sam mu je* jučer.
Potraži *je* dakle kod *njega*.

Poznaješ *li* Mirinog brata?
Da, upoznali *smo se* ljetos.
Sjećam *se*, zajedno *ste se* vratili s odmora.
Jesi *li ga* pitala da *li me se* sjeća?

Tko *im je* to rekao?
Ne znam, *ja* to nisam rekao *njima*, samo *tebi*.
A *njoj je* to rekao *on*, je *li?*
Možda, nisam *ga* čuo, sjedio *sam* iza vas.

UNIT 11. DATIVE OF PRONOUNS TO EXPRESS POSSESSION

In the text of this lesson note the use of the Dative of pronouns to convey *possession*:

On mi je brat *He's my brother*

UNIT 12. EXERCISES

K (a) Translate the following sentences into Serbo-Croat:
1. I saw him.
2. Did you know her[1]?
3. They *invited*[2] us.

4. We *heard*[3] them.
5. Please.[4]
6. I'm telling you the *truth*.[5]
7. Did you give the book to him?
8. We are going with them.
9. I *often*[6] talk about her.
10. *My*[7] parents are at our house now.

([1]order: aux., pronoun, participle; [2]**pozvati**, pf.; [3]**čuti**, imp. and pf.; [4]lit.: 'I pray you', use **moliti** + pron.; [5]**istina**; [6]**često**; [7]**moji**)

(b) Pitanja

1. Jesu li Jasna i Slavko rođaci?
2. Zašto Marija kaže da je Jasnina rođakinja?
3. Je li joj on rođeni brat?
4. Zašto Jasna ima polubrata?
5. Viđa li ga Jasna često?
6. Zašto Alan kaže da je u sličnom položaju?
7. Je li Alan često viđao svoju polusestru?
8. Tko je mlađi – Alan ili nećak?
9. Kako su mogli Slavko i Marija biti brat i sestra?
10. Imate li vi *braće*[1] is sestara?

([1]pl. of **brat** collective; **braća** fem. sg.)

UNIT 13. TRANSLATION OF UNIT 10

I've lost the book. Have you seen it?
No, I haven't seen it. Perhaps Ivo has seen it.
You're right, I gave it to him yesterday.
Then see if he's got it. (Lit.: look for it with/at him)

Do you know Mira's brother?
Yes, we met in the summer.
I remember, you came back from holiday together.
Did you ask him whether he remembers me?

Who told them that?
I don't know, I didn't tell *them*, only *you*.
And it was he who told her, was it?
Perhaps, I didn't hear him, I was sitting behind you.

N.B. See Appendix 3 for complete table of pronoun declensions.

LESSON ELEVEN
(Jedanaesta lekcija)

■ **PUTNI PLANOVI** (*Travel plans*)

Alan i Nora sjede sa Slavkom i Marijom. Prave planove.

ALAN: Moramo razmisliti o daljnjem boravku.
SLAVKO: Jeste li odlučili kamo ćete ići?
NORA: Uglavnom, ali svaki savjet će biti dobro došao.
MARIJA: Vi ćete ostati kod nas još dva dana, je li?
ALAN: Ako vam ne smetamo. Otputovat ćemo rano prekosutra.
SLAVKO: Hoćete li poći direktno na otoke ili ćete se zadržati u nekom gradu?
NORA: Želimo svakako vidjeti Split, ostat ćemo par dana tamo. A imamo prijatelje u Dubrovniku, dogovorili smo se da se nađemo s njima.
MARIJA: Bit će jako vruće u gradovima, ali vrijedi ih vidjeti.
ALAN: Meni neće biti teško, volim vrućinu, ali je Nora ne podnosi lako.
NORA: Imam jako nježnu kožu. Ali čuvat ću se, sjedit ću u hladu.
SLAVKO: Morat ćeš stalno nositi veliki slamnati šešir.
NORA: Valjda ću preživjeti!
MARIJA: Poći ćete iz Dubrovnika na Korčulu, je li?
ALAN: Tako smo planirali. Hoćemo li moći naći privatni smještaj na Korčuli?
SLAVKO: Vjerujem da hoćete. Već je kasno. Krajem augusta se obitelji vraćaju s mora. Moraju se spremati za novu školsku godinu.

VOCABULARY

čuvati (se) (imp.) *to take care of* (*oneself*)	hlad *shade*
	kasno *late*
daljnji *further* (comparative of dalek)	koža *skin*
	krajem (I of kraj) *at the end*
godina *year*	nježan (f. nježna) *tender*

odlučiti se (pf.) *to decide*
otok *island*
otputovati (pf.) *to leave, to set off*
par *pair, couple*
podnositi (imp.) *to support, to bear*
praviti (imp.) *to make*
prekosutra *the day after tomorrow*
preživjeti (pf.) *to survive*
rano *early*
razmisliti (pf.) *to consider, to reflect*
savjet *advice*
slamnati *straw*
smetati (imp.) *to hinder, to get in the way*
smještaj *accommodation*
spremati se (imp.) *to get ready*
stalno *constantly*
školski (adj. from škola) *school*
teško *difficult*
uglavnom *on the whole*
valjda *presumably*
vjerovati (imp., vjerujem) *to believe*
vraćati se (imp.) *to return*
vrijediti (imp.) *to be worth;* vrijedi (impersonal): *it is worth*
vruć *hot*
vrućina *heat*
zadržati (se) *to stop, to hold up*

UNIT 1. THE FUTURE TENSE

This is another compound tense and very simply formed. It consists of the infinitive and a new auxiliary: **htjeti** (to want). Like **biti**, **htjeti** has two forms – a short form which is the norm, and a long form which must be used in certain circumstances, i.e. when placed in a position which carries stress.

Affirmative	Interrogative	Negative
(ja) ću, hoću	hoću li, da li ću?	neću
(ti) ćeš, hoćeš	hoćeš li, da li ćeš?	nećeš
(on/ona/ ono) će, hoće	hoće li, da li će?	neće
(mi) ćemo, hoćemo	hoćemo li, da li ćemo?	nećemo
(vi) ćete, hoćete	hoćete li, da li ćete?	nećete
(oni/one/ ona) će, hoće	hoće li, da li će?	neće

Examples: Ja ću spavati   *I shall sleep*

Hoćeš li doći?   *Will you come?*
Nećete uspjeti   *You won't succeed*

UNIT 2. USE OF THE LONG FORM OF THE AUXILIARY

We have already observed that in Serbo-Croat it is more common to answer questions with a verb than to use **da** or **ne**.

Jesi li umoran?   Jesam/Nisam.

Htjeti is used in just the same way:

Hoćeš li doći?   Hoću/Neću

To ask and answer such questions, then, the long form of **htjeti** must be used. In all other circumstances, unless particular emphasis is required, the short form should be used.

Examples of emphatic sentences:

Nije valjda Jugoslaven? On **jest** Jugoslaven, ali savršeno govori engleski.

He's presumably not Yugoslav? He is, but he speaks English perfectly

Nećete valjda doći sada? Ja **hoću**, a Mira neće.

You're presumably not coming now? I shall come, but Mira won't

Exercises

(a) Put the following sentences into the future tense (using the personal pronoun):

1. Ja sam rezervirao sobe.
2. On je putovao vlakom.
3. Mi smo večerali u ovom restoranu.
4. Ti si spavao u našoj sobi.
5. Oni su kupili kruha u gradu.
6. Vi ste bili naši gosti.
7. Ona je pila bijelo vino.
8. Vi ste vidjeli Split, je li?
9. Ja sam pozvala prijatelje k sebi.
10. Mi smo spremili večeru za sve.

(b) Put the following sentences into the future tense (without using the personal pronoun):

1. Putovao sam avionom.
2. Došli smo da te vidimo.

3. Sjedila je u hladu.
4. Pošao je na Korčulu.
5. Vidjeli su mnogo zanimljivih mjesta.

UNIT 3 WORD ORDER (IV)

As was the case with the past tense, the future auxiliary may precede or follow the main verb, depending on whether the pronoun is used or not.

Ja ću doći.   but   *Doći ću.*

With verbs ending in -**ti**, the final -**i** is removed and the future is then written:

> *Ja ću biti.*   but   *Bit ću.*
> *Ti ćeš spavati.*   *Spavat ćeš.*
> *Mi ćemo vidjeti.*   *Vidjet ćemo.*

In the Eastern variant, the infinitive and auxiliary are run together:

biću, spavaćeš, videćemo.

NB. The enclitic follows the infinitive only if the infinitive is the *first* word in the sentence or clause. This is because the enclitic continues to obey the rule which places it as near the beginning of the sentence as possible.

UNIT 4. 'KRIMIĆ' (10)

Auto je *vozio* kroz nekoliko malih *sela* i na *kraju se zaustavio* u mračnoj ulici.
Čovjek u šeširu *se još jednom okrenuo* putniku:
—Ja neću ući u *zgradu* s vama. Zapamtili ste adresu, pa ćete moći *sami* naći kuću. Kad uđete, poći ćete na prvi kat i *pokucat* ćete na druga *vrata* lijevo. Netko će vas pitati tko ste, a vi ćete odgovoriti da ste putnik s vlaka. Onda će vas *pustiti unutra* i tamo ćete naći pasoš i novčanik.
—Zašto treba cijela ova *komedija* da *stignem do* njih?
—Molim vas, nije ovo *nikakva* komedija. *Smrtno* je *ozbiljno.*

UNIT 5. EXAMPLES OF STRUCTURES USING THE FUTURE TENSE

1. Affirmative

With pronoun or other 'prop'		Without preceding word
Auxiliary	*Infinitive*	
(ja) ću	doći s vama u kino	doći ću....
(ti) ćeš	spavati do podne	spavat ćeš....
(ona) će	baciti pismo na poštu	bacit će....
(mi) ćemo	popiti po čašicu	popit ćemo....
(vi) ćete	mirno čitati novine	čitat ćete....
(oni) će	gledati televiziju	gledat će....

2. Interrogative

Aux.	Interr. part.	Emphatic. pron.		Question marker	Aux.	Emph. Pron.	
hoće	li	(one)	biti cijeli dan tu?	Da li	će	(one)	biti....?
hoćete		(vi)	pomoći oko ručka?		ćete	(vi)	pomoći....?
hoće		(on)	nositi taj šešir?		će	(on)	nositi...?
hoćemo		(mi)	kupiti karte?		ćemo	(mi)	kupiti...?
hoćeš		(ti)	sačekati kod ulaza?		ćeš	(ti)	sačekati...?
hoću		(ja)	moći da te vidim?		ću	(ja)	moći....?

3. Negative

Aux.	Refl. Par	Emph. Pron.		Aux.	Refl. Part.	Emph. Pron.	
neće	se	(oni)	dugo zadržati	Neće	se	(oni)	dugo zadržati
nećemo	–	(mi)	stići na vrijeme	Nećemo	–	(mi)	stići..
nećeš	–	(ti)	sjediti na suncu	Nećeš	–	(ti)	sjediti…
neće	se	(on)	uskoro vratiti	Neće	se	(on)	uskoro vratiti.
neću	–	(ja)	više pušiti	Neću	–	(ja)	više pušiti.

4. Negative Interrogative

Aux.	Interr. Part.	Emph. Pron.		Neg. Quest. marker	Aux.	Emph. Pron.	
nećete	li	(vi)	sjesti do nas?	Zar	nećete	(vi)	sjesti…?
nećeš		(ja)	poći s njima?		neću	(ja)	poći…?
neće		(ona)	pročitati pismo?		neće	(ona)	pročitati…?
nećeš		(ti)	platiti taksi?		nećeš	(ti)	platiti…?
nećemo		(mi)	probati đtuveč?		nećemo	(mi)	probati…?
neće		(one)	namjestiti krevet?		neće	(one)	namjestiti..?

Vidjet ćete. A sada, *polazim*. Čekajte ovdje nekoliko minuta i onda me *slijedite*. *Zbogom*.

voziti (*imp.*) to drive; **selo** village; **kraj** end; **zaustaviti se** (*pf.*) to stop; **mračan** dark; **još jednom** once again; **okrenuti se** (*pf.*) to turn; **zgrada** building; **sam** oneself, alone; **kucati** (*imp.*) to knock; **vrata** (*n.pl.*) door; **pustiti** (*pf.*) to allow, let; **unutra** inside; **komedija** comedy; **stići** (*pf.*) to arrive, reach; **nikakav** no kind of; **smrtno** deadly; **ozbiljan** serious; **polaziti** (*imp.*) to set off; **slijediti** (*imp.*) to follow; **zbogom** farewell

UNIT 6. EXERCISES

(a) Take the first three texts of 'Krimić' and write them out, putting all the verbs in the future.

(b) Answer the following questions in the affirmative:
1. Hoće li Alan i Nora putovati u Split? . . . . .
2. ALAN – Hoćemo li naći smještaj? M.: . . . . .
3. MARIJA – Hoćete li poći na Brač? A.: . . . . .
4. NORA – Hoću li morati nositi šešir? M.: . . . . .
5. Hoće li Alan lako podnositi vrućinu?

(c) Answer these questions in the negative:
1. Hoće li Slavko i Marija poći s njima? . . . . .
2. ALAN – Nećeš valjda sjediti na suncu? N.: . . . . .
3. SLAVKO – Hoćete li dugo biti u Splitu? A.: . . . . .
4. NORA – Hoću li moći hodati po suncu? M.: . . . . .
5. NORA – Hoćemo li imati problema oko smještaja? S.: . . . . .

UNIT 7. 'LJUBAVNA PRIČA' (10)

Navečer se mladi ljudi nalaze u gradu. Ivanov bratić Mladen je *visok* mladić sa crnom *kosom* i *plavim očima*, lijep, *veseo* i *duhovit*. Ostavlja *izvanredan dojam* na sve djevojke.

–Hajde, *pričaj* kako ti je bilo u vojsci, predlaže Ivan, kad su svi sjeli za stol i *naručili* kavu i *torte*.

–*Svašta* mogu pričati, ali *većina toga* nije za *ženske uši*. Glavno je da je sada *prošlo* i da sam *ponovo* normalan čovjek a ne *broj* na nekom *spisku*.

–Kakvi su ti sada *planovi*? pita Mira.

–Pa, ja sam *diplomirani liječnik*, znaš. Moram sada poći *nekamo* u *inozemstvo* na specijalizaciju.
Sve djevojke su nekako *tužno* i *razočarano* gledale u njega kad su *čule* da će *uskoro* otići.

navečer in the evening; **visok** tall; **kosa** hair; **plavi** blue; **oči** eyes; **veseo** cheerful; **duhovit** witty; **ostavljati** to leave; **izvanredan** exceptional; **dojam** impression; **pričati** tell; **naručiti** to order; **torta** cake; **svašta** all kinds of things; **većina toga** the majority; **ženski** female; **uši** (*f.*) ears; **glavno** the main thing; **proći** to pass; **ponovo** once again; **broj** number; **spisak** list; **diplomirani** graduate; **liječnik** doctor; **nekamo** somewhere; **inozemstvo** abroad; **tužno** sadly; **razočarano** disappointed; **čuti** to hear; **uskoro** soon

UNIT 8. EXERCISES

(a) Complete the following dialogue:
   U agenciji 'Putnik'
Službenik: Dobar dan, izvolite.
Vi: ....
Službenik: Kako ćete putovati u Dubrovnik?
Vi: ....
Službenik: Možete putovati autobusom ili avionom.
Vi: ....
Službenik: Vlakom možete ići do Kardeljeva, onda autobusom.
Vi: ....
Službenik: Preporučujem vam avion. Kada želite otputovati?
Vi: ....
Službenik: Prekosutra ima dva mjesta u avionu koji polazi poslije podne.
Vi: ....
Službenik: Dobro. Na koje ime, molim?
Vi: ....
Službenik: Sad ću vam spremiti karte.

K (b) Translate into Serbo-Croat
I must make plans for (about) the holiday. I want to travel to Yugoslavia at the beginning of June[1]. I shall visit friends in Zagreb. I'll stay a few days with them. Then I'll go to Split. I think I'll travel by train. I like the train and you can see a lot through the window. It will

be hot, but that won't be difficult for me. I like the heat. I shall wear a hat all the time. Then I'll go to Hvar. I shall reserve a private room near the sea. Hvar is a very beautiful island. I've already[2] been there several times[3] and I know that I love it.

([1]**po̱cetkom juna**;   [2]**već**;   [3]**više puta**)

UNIT 9. IDIOMATIC EXPRESSIONS CONNECTED WITH THE WORD BRIGA (WORRY)

voditi tuđu brigu *to concern oneself with other people's affairs*

{baš me briga   *I couldn't care less*
{briga me za to kao za lanjski snijeg

Jugoslavija je okružena BRIGAMA
Yugoslavia is surrounded by worries
the letters of *briga* in the Instrumental plural are the first letters of the various countries with which Yugoslavia has common borders:
Bugarska, Rumunjska, Italija, Grčka, Austrija, Mađarska, Albanija

LESSON TWELVE
(Dvanaesta lekcija)

■ **NA POŠTI**[1] (*At the post office*)

NORA: Nešto sam htjela pitati, moramo poslati neka pisma i želimo se javiti telefonom djeci da čujemo kako su. Ima li neka pošta blizu hotela?

SLAVKO: Svakako. Glavna pošta je odmah do kolodvora. Tamo možete obaviti sve poslove. Otvorena je od 8 do 22. Manje pošte su obično otvorene do 20 sati.

ALAN: Znate li koliko košta telefonski razgovor s Engleskom?

SLAVKO: Neće biti jako skupo za tri minute.

ALAN: U redu, nećemo dugo razgovarati, je li Nora?

NORA: Nećemo naravno! Ali hajdemo odmah, nestrpljiva sam i djeca su sigurno kod kuće u ovo doba.

U pošti[1]

SLUŽBENICA: Izvolite, što želite?

NORA: Dvije marke od osam dinara za Jugoslaviju, molim.

SLUŽBENICA: Izvolite. Još nešto?

NORA: Trebam deset maraka za Englesku.

SLUŽBENICA: Deset puta dvadeset dinara i pedeset para. Dakle, dvjesta pet dinara, plus šesnaest, svega dvjesta dvadeset i jedan dinar, molim.

NORA: Onda, ovo je pismo jako važno. Želim ga poslati preporučeno.

SLUŽBENICA: Izvolite. Sve ukupno dvjesta devedeset i jedan dinar.

ALAN: Nora, zar nismo htjeli poslati telegram da mami čestitamo rođendan?

NORA: Imaš pravo. Molim vas, gdje mogu naći formular za telegram?

SLUŽBENICA: Na šalteru pet, i tamo ga predajte.

ALAN: Hvala, samo nam recite, molim vas, gdje se obavljaju međunarodni telefonski razgovori?

SLUŽBENICA: Izađite kroz staklena vrata. Vidjet ćete kabine na desnoj strani dvorane.

ALAN: Najljepša hvala na pomoći.
SLUŽBENICA: Nema na čemu! Do viđenja.

(¹Note that it is possible to use both **na** and **u** here. When **u** is used, the speaker is thinking specifically of being *inside* the building)

VOCABULARY

čestitati (imp.) *to congratulate*
dvorana *hall*
formular *form*
izađite (imperative of izaći) *go out*
kabina *booth*
koštati (imp.) *to cost*
manji (comparative of mali) *smaller*
marka *stamp*
međunarodni *international*
najljepša hvala *thank you very much*
nema na čemu *you're welcome*
nestrpljiv *impatient*
obaviti (pf.) *to carry out*
obično *usually*
odmah *immediately*

otvoren *open*
pomoć (f.) *help*
posao (G posla; pl. poslovi) *job*
poslati (pf., pošaljem) *to send*
pošta *post office; mail*
predati (pf.) *to hand in*
preporučen *recommended, registered*
rođendan *birthday*
sigurno *certainly*
skup *expensive*
staklen *glass*
šalter *counter*
ukupno *altogether*
u ovo doba *at this time*
   (doba: n. and indeclinable)
važno *important*

UNIT 1.   CARDINAL NUMBERS

Numbers in Serbo-Croat are something of a hurdle, but you will soon become accustomed to them, although they will probably seem quite complicated to start with!

(a) **1 – jedan**

This at least is straightforward, it is an ordinary adjective, declined like **umoran**:

jedan čovjek   Vidim jednog čovjeka
jedna žena   Dao je pismo jednoj ženi
jedno selo   Stanovali su u jednom selu

There are also plural forms:

jedni ljudi	*some people*
jedne cipele	*one pair of shoes*
jedna vrata	*one door*

N.B. **jedan** is sometimes used in place of an indefinite article. *Jedna vrata* might be translated 'a door', depending on the context.

Otvorila su se jedna vrata
A door opened

Exercise

Supply the correct form of **jedan**:
1. Kupila sam . . . lijepu modernu haljinu.
2. Idem u kino s . . . dobrim prijateljem.
3. Dali su kaput . . . staroj gospođi.
4. Možda ću upoznati . . . zgodnog milijunaša.
5. Moraš dati svoje mjesto . . . starom gospodinu.

(b) Numbers 2, 3 and 4 and all compound numbers ending in 2, 3 and 4 (22, 23, 24, 92, 104, 553, 2084, etc.) are followed by the Genitive singular

dva mladića
dvadeset tri putnika
četiri sestre

2 has both a masculine and a feminine form: *dva stola*
                                          but   *dvije stolice*

There are declensions for 2, 3 and 4 but they are hardly used in the modern language. You will find them in a grammar if you are interested.

When adjectives are used with the nouns following these numerals, the same endings are used:

dva umorna putnika
tri lijepe djevojke
četiri mala sela

(c) The remaining numerals, i.e. those higher than 5, are followed by the Genitive plural

(5) pet mladića (6) šest djevojaka (7) sedam sestara
(8) osam sinova (9) devet pisama (10) deset maraka

Accompanying adjectives are also in the Genitive plural:
(12) dvanaest lijepih konja (35) trideset pet starih knjiga

Numbers 0 – 20

0 nula	7 sedam	14 četrnaest
1 jedan, jedna, jedno	8 osam	15 petnaest
2 dva, dvije	9 devet	16 šesnaest
3 tri	10 deset	17 sedamnaest
4 četiri	11 jedanaest	18 osamnaest
5 pet	12 dvanaest	19 devetnaest
6 šest	13 trinaest	20 dvadeset

21 dvadeset jedan *or* dvadeset i jedan
22 dvadeset dva   dvadeset i dva (dvije), etc.
30 trideset
40 četrdeset
50 pedeset
60 šezdeset
70 sedamdeset

80 osamdeset	200 dvjesta or dvije stotine
90 devedeset	300 trista or tri stotine
100 sto *or* stotina	400 četiristo, 500 petsto, etc.
1000 tisuća	3000 tri tisuće
1,000,000 milijun	5,000,000 pet milijuna

UNIT 2. EXERCISES

(a) Write out the following numbers in word form. (The translation is
at the end of the lesson.)

1. Moramo rezervirati 2 sobe u hotelu.
2. U pošti kupujemo 3 marke.
3. Trebam 1 kovertu i 5 avionskih pisama.
4. Moraš poslati 1 preporučeno pismo.
5. Gdje mogu predati ova 4 paketa?
6. Moraš promijeniti tih 20 putničkih čekova u mjenjačnici.
7. Imamo 1 kreditno pismo za vašu banku.
8. Možete promijeniti 100 dolara u banci.
9. Žele podići 12 funti sa štedne knjižice.

10. Hoće uložiti ove 53 funte u poštansku štedionicu.

(b) Put the correct case of the nouns in brackets and write out the numerals in word form.
1. U ovom hotelu ima 25 .... (soba).
2. Marko ima 3 ... (brat).
3. Molim vas, dajte mi 3 ... (boca bijelog vina).
4. Na putu su posjetili 2 .... (selo).
5. On ima preko tisuću ..... (knjiga).
6. Ostat ćemo 7 .... (dan).
7. Kupila je 4 .... (haljina).
8. Izvadite 22 .... (karta) za kazalište.
9. Večera u restoranu je stajala 742 .... (dinar).
10. Bit ću 15 ... (dan) na putu.

(c) Supply an appropriate adjective for each of the nouns in brackets in Exercise (b) and write out the sentences in full.

UNIT 3. 'KRIMIĆ' (11)

Čim je čovjek u šeširu *nestao* iza ugla, putnik je *pomislio* da treba odmah *potražiti milicionara* i objasniti cijelu priču. *Međutim, bilo mu je veoma stalo* do pasoša i novčanika i *misao* da će ih uskoro imati u rukama *tjerala* ga je *naprijed*. Pogledao je lijevo, desno po ulici. *U svakom slučaju*, nije bilo nikoga pa je polako i oprezno pošao za čovjekom. Kad je stigao do ugla, *primijetio* je kako *se zaustavlja* na *suprotnoj* strani ulice da zapali cigaretu. *Očigledno* ga je čekao ali nije dao nikakav znak da putnika uopće *primjećuje*.

čim as soon as; **nestati** to disappear; **pomisliti** (*pf. of* **misliti**) to think; **potražiti** (*pf.*) to look for; **milicionar** policeman; **priča** story; **međutim** however; **bilo mu je veoma stalo** he cared a lot; **misao** (*f.*) thought; **gurati** (*imp.*) to push; **naprijed** forward; **u svakom slučaju** in any case; **primijetiti** (*pf.*), **primjećivati** (*imp.*, **primjećujem**) to notice; **zaustavljati se** to stop; **suprotan** opposite; **očigledno** obvious

UNIT 4. USE OF VERBS WITH NUMBERS

(i) 2 – 4   (a) *Present*
          The verb is plural:

2 zgodna mladića se voze biciklom
2 handsome lads are riding bicycles
3 visoke žene čekaju autobus
3 tall women are waiting for the bus

(b) *Past*
Past participle has same ending as adjective:

Tri visoka mladića su došla
Three tall young men came
Dvije zgodne djevojke su sjedile za stolom
Two good-looking girls were sitting at the table

(ii) 5 – 20, etc. The verb is usually singular:

26 umornih putnika čeka autobus
26 tired travellers are waiting for the bus
10 izvrsnih plivačica je skočilo u more
10 excellent swimmers dived into the sea

Exercise

Complete these sentences with the correct form of the adjective and noun:

1. (umoran putnik) Pet . . . je čekalo na stanici.
2. (crvena boca) Tri . . . su stajale na zidu.
3. (sumnjiv tip) Dva . . . su sjedila u kupeu.
4. (crni kovčeg) Sedam . . . je stajalo u hodniku.
5. (prostrana soba) Četiri . . . su gledale na park.
6. (udoban stan) Šest . . . se prodavalo u gradu.
7. (lijepa marka) Tri . . . nisu mnogo koštale.
8. (preporučeno pismo) Dva . . . su stigla za oca.
9. (telefonski razgovor) Četiri . . . su dugo trajala.
10. (ukusno jelo) Pet . . . je čekalo na stolu.

■ UNIT 5. TELEFONSKI RAZGOVOR

Molim vas, gdje se nalazi najbliža telefonska govornica?	Iza prvog ugla desno.
Ta je govornica u kvaru. Mogu li se poslužiti vašim telefonom?	Ako je hitno, izvolite.
Kažite mi poslije cijenu razgovora.	

Imate li telefonski imenik za Dubrovnik?

Dobar dan, trebam Dubrovnik.

Mogu li nazvati direktno?

Želim govoriti na račun druge strane.

Da niste nazvali krivi broj?

Hvala, nazvat ću sutra.

Nažalost, nemam. Ako znate ime i adresu pretplatnika, nazovite informacije.

Možete. Okrenite najprije pozivni broj.

Dajte mi onda svoje ime.

Broj je zauzet. Hoćete li pokušati kasnije?

Pokušat ću ponovo.

Nitko se ne javlja.

UNIT 6. 'LJUBAVNA PRIČA' (11)

Mladi ljudi su pošli na *Cmrok* da *prošetaju. Ljetna večer* je izvanredna, *mirna* i *topla*. Uskoro će *mjesec* biti pun.

–Što je lijepo ovdje na *mjesečini*, kaže Maja, jedna od djevojaka u društvu. Ona hoda sasvim blizu Mladena, i misli kako su mu *ramena jaka*.

–Da, lijepo je, naročito za *mjesečare!* Mladen ide dalje i ne gleda je.

–*Odakle* si ti, Mladene? pita Mira.

–S *mora*, ja sam ti pravi *Dalmatinac*. Rođen sam u Makarskoj.

–Oh, što je tamo lijepo! *uzdahne* Maja.

–Jesi li *diplomirao* u Splitu?

–Jesam. Nije to *loše* mjesto za *studij!*

–Mogu misliti! *Blago tebi, smije* se Mira.

–A kako ti *se ipak* sviđa glavni grad Hrvatske? pita Ivan.

–Ono što sam vidio mi se jako sviđa, ali moram reći da ga gledam *preko* ovih lijepih ženskih *glava*, a to *čini* pejzaž još ljepšim.

Svaka *se* djevojka za sebe *potajno nasmije*, jer svaka misli da se te riječi *odnose* na nju.

Cmrok park on the northern side of Zagreb; **prošetati** (*pf.*) to walk; **ljetni** (*adj.*) summer; **večer** (*f.*) evening; **miran** calm; **topao** (*f.* **topla**) warm; **mjesec** moon; **mjesečina** moonlight; **jak** strong; **rame** (*G.* **ramena**, *n. pl.* **ramena**) shoulder; **mjesečar** sleepwalker; **odakle** where from; **more** sea; **Dalmatinac** Dalmatian; **uzdahnuti** (uzdahnem, *pf.*) to sigh; **diplomirati** to graduate; **loš** bad; **studij** studies; **blago tebi** lucky you!; **smijati se** (*imp.*) to laugh; **sviđati se** (*imp.* + *D*) to appeal to (*cf.* **sviđati se**); **ipak** none the less; **preko** (+ *G*) over, across; **glava** head; **činiti** to make; **pejzaž** landscape; **potajno** secretly; **nasmijati se** (*pf.*) to smile; **odnositi** to refer to

UNIT 7. EXERCISES

(a) Pitanja
  1. Zašto se Nora željela javiti djeci?
  2. Hoće li telefonski razgovor s Engleskom biti skup?
  3. Zašto je Nora željela odmah poći?
  4. Zašto je Nora poslala jedno pismo preporučeno?
  5. Gdje se obavljaju međunarodni telefonski razgovori?

☒ (b) Translate into Serbo-Croat
  Two travellers came out of the hotel. They wanted to send some letters and make a telephone call[1] to friends in Belgrade. 'Excuse me,' they said to a young woman in the street, 'do you know where there is a post office?'
  'The main post office is next to the station. It is not far from here. Turn right and go straight on.'
  'Thank you very much for your help.'
  'You're welcome. Goodbye!'
  ([1]**javiti se telefonom** + D)

UNIT 8. TRANSLATION OF UNIT 2 (A)

  1. We have to reserve two rooms at the hotel.
  2. At the post office we buy three stamps.
  3. I need one envelope and five air letters.
  4. You must send one registered letter.
  5. Where can I hand in these four parcels?
  6. You must change those twenty traveller's cheques in an exchange office.
  7. We have a letter of credit for your bank.
  8. You can change $100 in the bank.
  9. They want to take £12 out of their savings book.
  10. She wants to invest these £53 in her post office savings account.

UNIT 9. TRANSLATION OF UNIT 5

Where is the nearest public phone box, please?	Round the corner on the right.
That telephone is out of order.	
May I use your phone?	Certainly, if it is urgent.
Let me know how much the conversation costs afterwards.	
Have you got the telephone directory for Dubrovnik?	Unfortunately not. If you have the name and address of the subscriber, ring enquiries.
Good morning, I need Dubrovnik.	
Can I phone directly?	Yes, ring the code first.
I want to reverse the charge.	Then give me your name.
	The number is engaged. Will you try later?
Did you ring the wrong number?	I'll try again.
	There's no reply.
Thank you, I'll ring tomorrow.	

UNIT 10. IDIOMATIC EXPRESSIONS

Admiration of technological advance is expressed in Serbo-Croat in recent additions to colloquial expressions for a good-looking girl:

avion, karavela (*very pretty*), boing 707 (*exceptionally pretty*)

On the other hand, a man who automatically flirts with girls, known as a **švaler** to previous generations, is called **automatičar**

an amorous rendezvous	rendes
	partija Šekspira
an idyllic partnership	idiš
a kiss	pusa
	cmok (loud)

Here are two rather more sedate, traditional expressions for 'to take care of':

čuvati nekoga kao kap vode na dlanu	*to take care of someone like a drop of water on the palm*
čuvati nekoga kao oko (oči) u glavi	*like the eyes in one's head*

LESSON THIRTEEN
(Trinaesta lekcija)

■ **KAZALIŠNA PREDSTAVA** (*A theatrical performance*)

Kad su se Alan i Nora vratili s pošte, Slavko i Marija su čitali novine u dnevnoj sobi.

MARIJA: Koji je danas datum?

ALAN: Danas je ponedjeljak dvadeset drugi august. Sutra je rođendan moje majke.

MARIJA: Pitam jer baš gledam što se daje u kazalištu. Želimo vas večeras odvesti na neku predstavu. Ili možda više volite koncerte?

NORA: Ne, za nas je bolje ići u kazalište radi jezika.

SLAVKO: Tako smo i mi mislili. Dakle, što se daje, Marija?

MARIJA: Davat će se 'Hamlet iz Mrduše Donje'. To je izvrstan komad, ali na žalost premijera je tek početkom septembra.

SLAVKO: Ima li nešto od Krleže?

MARIJA: Baš ima, daje se 'U agoniji'.

ALAN: Čuo sam za Krležu. Je li još živ?

SLAVKO: Nije, umro je krajem decembra 1982, a rođen je 1893.

MARIJA: Zar neće to biti preteško za njih?

SLAVKO: Mislim da će moći pratiti predstavu.

ALAN: Interesira me komad velikog hrvatskog pisca.

NORA: I mene. Hvala lijepa na prijedlogu.

SLAVKO: Onda dobro. Imamo sreće jer je ovo vanredna predstava: kazališta su inače zatvorena preko ljeta. Ja ću sad otići po karte. Gdje najviše volite sjediti, u parteru ili u loži?

NORA: Po mogućnosti u parteru, ne preblizu, recimo u desetom ili

MARIJA: Može biti da se još uvijek daje 'Moreška' u Korčuli. Pokušajte dvanaestom redu.

MARIJA: Na žalost u Dubrovnik ćete stići poslije kraja Ljetnih igara. Baš čitam da su ove godine jako uspješno gostovali Zagrebački solisti. A predstavu 'Hamleta' na Lovrijencu uvijek vrijedi gledati.

NORA: Morat ćemo se vratiti druge godine! Posebno želim gledati neke narodne plesove.

MARIJA: Može biti da se još uvijek daje 'Moreška' u Korčuli. Pokušajte to gledati ako imate prilike.

VOCABULARY

bolje (comparative of dobro) *better*
datum *date*
gostovati (imp. gostujem) *to perform on tour*
imamo sreće *we're in luck*
inače *otherwise*
interesirati (imp.) *to interest*
karta *ticket*
komad *piece; play*
loža *box* (in the theatre)
Ljetne igre *Dubrovnik Summer Festival*
najviše *most* (superlative of mnogo)
narodni ples *national, folk dance*
novine (f. pl.) *newspaper*
parter *stalls* (theatre)
pisac (G pisca) *writer*
po mogućnosti *if possible*
početak *beginning*
pokušati (pf.) *to try, to attempt*

poseban (f. posebna) *special*
posebno *particularly*
pratiti (imp.) *to follow, to accompany*
preblizu *too close*
predstava *performance*
preteško *too difficult*
prijedlog *proposal*
prilika *opportunity*
radi (+ G) *for the sake of*
roditi se (pf.) *to be born*
tek *only, not until*
umrijeti (pf. umrem) *to die*
uspješan (f. uspješna) *successful*
vanredan (f. vanredna) *extra, special*
više voljeti *to prefer* (lit. to like more)
voditi (imp.) *to take, to lead* (of people)
živ *alive*

UNIT 1. ORDINAL NUMBERS

These are very straightforward, all are regular definite adjectives. You have met the feminine form of numbers 1 to 13 at the head of each lesson.

  1st   prvi, prva, prvo
  2nd   drugi, druga, drugo
  3rd   treći, treća, treće
  4th   četvrti, četvrta, četvrto
  5th – 99th ordinal numbers are formed by adding **-i** (m), **-a** (f), **-o** (n) to the cardinal:
           peti, peta, peto
           jedanaesti, jedanaesta, jedanaesto
           dvadeseti

dvadeset prvi
devedeset deveti
100th stoti, stota, stoto
200th dvjestoti
995th devetsto devedeset peti

N.B. in compound numbers only the last element is declined:
Dubrovačke ljetne igre su se zatvorile dvadeset petog augusta
The Dubrovnik Summer Festival closed on 25 August

K **Exercise**

Translate the following sentences into Serbo-Croat:
1. The room is on the second floor.
2. The post office is round the first corner on the left.
3. This is his[1] fifth book.
4. The bathroom is the third door on the right.
5. Is this your[1] first dinner in Yugoslavia?
   ([1]Use D of pronoun)

UNIT 2. PERIODS OF TIME

Jedan *dan* ima dvadeset četiri *sata*, jedan *tjedan* ima sedam dana, jedan *mjesec* ima četiri tjedna, jedna *godina* ima dvanaest mjeseci ili trista šezdeset pet dana.

(**dan** day; **sat** hour (irreg. G. pl. **sati**); **tjedan** week; **mjesec** month (irreg. G. pl. **mjeseci**); **godina** year)

UNIT 3. DATES

N.B. The names of the days of the week and months are not capitalised in Serbo-Croat.

(a) *Days of the week*

Sunday	nedjelja	*Thursday*	četvrtak
Monday	ponedjeljak	*Friday*	petak
Tuesday	utorak	*Saturday*	subota
Wednesday	srijeda		

(b) *Months*—In addition to the Latin names, Croatian has Slavonic ones which tend to be preferred:

januar	siječanj	juli	srpanj
februar	veljača	august	kolovoz
mart	ožujak	septembar	rujan
april	travanj	oktobar	listopad
maj	svibanj	novembar	studeni
juni	lipanj	decembar	prosinac

Koji je danas datum?
What is the date today?
Danas je ponedjeljak prvi siječnja/januara
Today is Monday, 1 January
Or: Danas je ponedjeljak prvi prvoga

This form is very common both in speech and in writing.
In the Eastern variant there is a further possibility: the Nominative of the month is used:

Danas je ponedjeljak prvi januar

In the Western variant, this form occurs only in certain established dates:

Živio Prvi maj! Long live the First of May!

Exercise

Write out the following sentences in full:
1. Danas je utorak (22, kolovoz).
2. Jučer je bio petak (15, srpanj).
3. Sutra će biti srijeda (8, svibanj).
4. Prekjučer je bila subota (28, lipanj).
5. Prekosutra će biti nedjelja (11, veljača).
6. Prije tri dana bio je četvrtak (6, ožujak).
7. Za pet dana će biti ponedjeljak (25, prosinac).

UNIT 4. EXPRESSIONS OF TIME

(a) 'On Monday', etc. is expressed by $u + A$:

> *u ponedeljak*
> *u srijedu*

Other dates on which an event occurs are expressed by G:

> Stigli smo četvrtog kolovoza (augusta)
> *We arrived on 4 August*

Josip Broz Tito je rođen dvadeset petog maja tisuću osamsto devedeset druge godine
Tito was born on 25 May 1892
Moja kći ima rođendan drugog septembra (rujna)
My daughter's birthday is 2 September

Other expressions of time follow a similar pattern:
Slijedećeg dana su ustali jako rano
They got up very early (on) the next day
Onog tjedna sam zaista u poslu
I'm really busy that week
Te godine će biti velika proslava
There will be a great celebration that year

(b) Duration of time is generally expressed by A:
Pokušavam te dobiti telefonom cijeli dan
I've been trying to get you on the phone all day
Provest ćemo mjesec dana u Zagrebu
We shall spend a month in Zagreb
Oni su stanovali godinu dana u ulici do naše, a nismo ih upoznali
They lived in the next street to ours for a year, but we didn't meet them

(c) Habitual events, occurring on specific days of the week, are expressed by the I:
Subotom uvijek nekamo izlazimo u šetnju
We always go somewhere for a walk on Saturdays
Obično idu u klub utorkom
They usually go to the club on Tuesdays

K **Exercise**

Translate the following sentences into Serbo-Croat:

1. They will come on Monday.
2. You will stay until Saturday, won't you?
3. On Wednesdays I play football.
4. We are going to the cinema on Friday.
5. What are you doing on Sunday?
6. I always phone[1] (my) mother on Saturdays.
7. We go for a walk with the children on Sundays.

8. They are coming to dinner on Wednesday.
9. She arrived early on Thursday.
10. He has invited you to the theatre on Saturday.
    (¹javljati se, imp.)

UNIT 5. 'KRIMIĆ' (12)

Čovjek u šeširu je ponovo *krenuo*. *Stao* je *jednom* i *povukao jedan dim*, kao da *razmišlja* o nekom teškom problemu. Onda je izvadio *bilježnicu* iz džepa, pogledao na *sat*, nešto *zabilježio* i vratio knjižicu u džep. *Za* to vrijeme putnik je stigao do kuće *čiji* je broj zapamtio: 25. Pogledao je još jednom *niz* ulicu i, kako nikoga nije bilo, s *neprijatnim osjećajem nesigurnosti* i *straha*, spremio se da uđe. Kad je to primijetio čovjek u šeširu, *ugasio* je cigaretu i pošao dalje *istim* mirnim *hodom*.

krenuti (*pf.* krenem) to set off; **stati** (*pf.* stanem) to stop; **jednom** once; **povući** (**povučem**, *pf.*) to draw, inhale (*dim*: smoke); **razmišljati** (*imp.*) to reflect; **bilježnica** notebook; **sat** watch; **zabilježiti** (*pf.*) to make a note; **za** here, during; **čiji** whose; **niz** (+ *A*) along; **neprijatan** unpleasant; **osjećaj** feeling; **nesigurnost** uncertainty; **strah** fear; **ugasiti** (*pf.*) to extinguish; **isti** the same; **hod** pace

UNIT 6. TIME OF DAY

jutro, prije podne	*morning*
podne	*noon*
poslije podne	*afternoon*
večer	*evening*
noć	*night*
ponoć	*midnight*

There is also a useful series of adverbs: jutros: *this morning*; večeras: *this evening*; noćas: *tonight*; sinoć: last night.

Koliko je sati? *What time is it?*

Sada je – jedan sat	*It's now – one o'clock*
dva sata	*2 o'clock*
pet sati (G. pl.)	*5 o'clock*
devet sati i pet minuta	*5 past 9*

deset i petnaest ⎫
  "   " četvrt ($\frac{1}{4}$) ⎭   *quarter past 10*

jedanaest i pol ⎫
pola dvanaest[1] ⎭   *half past 11*

([1]N.B. Care must be taken by those accustomed to English 'half twelve' which in Serbo-Croat would mean 11.30)

Imate li točno vrijeme? *Have you got the right time?*

dvadeset pet do jedan   *25 to 1*

petnaest do dva ⎫
četvrt do dva ⎭   *quarter to 2*

deset do tri   *10 to 3*

Exercise

Write out the times in the following passage in full:

Radnim danom Bojan ustaje jako rano: u 5.30. Na brzinu se umiva i brije. Oblači se. U 6 doručkuje. Malo jede i izlazi iz kuće u 6.20. Ima točno 13 minuta hoda do autobusne stanice. Autobus polazi u 6.35. Vožnja traje oko 17 minuta, ovisno o prometu. Ako se žuri i ni s kim usput ne razgovara, Bojan stiže na posao u 6.58. Vozi se liftom do ureda na 4. om katu, vješa ogrtač za vratima i u 7.03 već sjedi za radnim stolom.

UNIT 7. 'LJUBAVNA PRIČA' (12)

−Je li, Miro, kaže Ivan nekoliko dana kasnije, Mladen *se* lijepo *uklapa* u naše društvo od prvog dana, zar ne?
−Izvanredno, zbilja. On je *izuzetan* mladić u svakom *pogledu*. Ivan je *ozbiljno pogleda*.
−Pa sad, ne treba *pretjerivati*. Ali, veselo je s njim.
−Koliko dugo će još ostati u Zagrebu?
−Ne znam *točno*. Rekao je da će doći na *desetak* dana, a već je *prošao* cijeli tjedan.
−Što ćemo večeras?
−Znaš da utorkom uvijek igram *košarku*. Imamo *utakmicu* večeras, Mladen će *vjerojatno* doći sa mnom.

–Ako nema nekih svojih planova ... Imam dojam da mu se Vesna dopada.
–Ozbiljno misliš? Nisam primijetio. Pa, zgodna je *cura.* – Ivanu je očigledno *lakše.*
–Hajde, vrijeme je da pođem. Čekaju me na *ručak.* Nadam se da će tvoja *ekipa* večeras *pobijediti.* Vidimo se sutra.
–Zdravo, Miro!

uklapati se (*imp.*) to fit in; **zbilja** really; **izuzetan** exceptional; **pogled** look, point of view; **ozbiljan** serious; **pogledati** (*pf.*) glance; **pretjerivati** (*imp.*) to exaggerate; **točno** exactly; **desetak** about 10; **proći** pass; **košarka** basket ball; **utakmica** match; **vjerojatno** probably; **cura** (*coll.*) girl, 'bird'; **lakše** comp. of **lako**, easier; **ručak** lunch; **ekipa** team; **pobijediti** (*pf.*) to win

UNIT 8. BEHAVIOUR

In Yugoslavia most people's working day starts very early: at 7 or 8 a.m. This means that they finish work at 2 or 3 p.m. Generally speaking, people do not eat a substantial breakfast. They may have a snack, which can be the equivalent of a light English lunch, in the middle of their morning, but the main meal of the day is lunch, which may be eaten any time between 2 and 4 p.m. when the household has reassembled.

UNIT 9. EXERCISE

Pitanja
 1. Kad je rođendan Alanove majke?
 2. Kamo će Slavko i Marija odvesti Cameronove?
 3. Zašto Nora misli da je dobro ići u kazalište?
 4. Daje li se 'Hamlet iz Mrduše Donje'?
 5. Kad je umro hrvatski pisac Miroslav Krleža?
 6. Jesu li kazališta u Jugoslaviji otvorena cijele godine?
 7. Gdje Nora voli sjediti?
 8. Hoće li Cameronovi stići u Dubrovnik za vrijeme Ljetnih igara?
 9. Što Nora naročito želi gledati?
 10. Što im Marija preporučuje?

UNIT 10. TRANSLATION OF THE EXERCISE IN UNIT 6

On working days Bojan gets up very early: at 5.30. He washes and shaves quickly. He gets dressed. At 6 he has breakfast. He eats little and leaves the house at 6.20. There is exactly 13 minutes' walk to the bus stop. The bus leaves at 6.35. The journey lasts about 17 minutes, depending on the traffic. If he hurries and doesn't talk to anyone on the way, Bojan gets to work at 6.58. He takes the lift to his office on the 4th floor, hangs his coat on the back of the door and at 7.03 he is already sitting at his desk.

UNIT 11. SOME COMMON SIMILES USING KAO (LIKE, AS)

bijesan kao bik (*bull*)/guja, zmija (*snake*)	*angry*
bistar kao kristal/suza (*tear*)	*sharp-witted*
bojati se nekoga kao groma/kuge/vrag tamjana/žive vatre (*thunder/the plague/ incense/fire*)	*to fear someone*
blijed kao avet (*ghost*)/kreda (*chalk*) krpa (*rag*)/mrtvac (*corpse*)	*pale*
dobar kao anđeo/kruh/blato (*mud*)/ zdravlje (*health*)	*good*
glup kao noga (*foot, leg*)	*stupid*
pijan kao bačva (*barrel*)/zemlja (*the earth*)/ čep (*cork*)	*drunk*
star kao biblija	*old*
zdrav kao bik	*healthy*

LESSON FOURTEEN
(Četrnaesta lekcija)

■ **PAKOVANJE, ODIJELO** (*Packing, clothes*)

Alan i Nora se spremaju otputovati iz Zagreba. Odlučili su iznajmiti auto. Bit će tako slobodniji, moći će se zaustavljati gdje žele i sâmo putovanje će biti ugodnije nego u krcatom vlaku. Marija je došla da im bude pri ruci.

ALAN: Stavit ćemo sve što trebamo na putu u ovaj manji kovčeg. Tako nećemo morati sve stalno vaditi iz auta. Molim te da sad napraviš najuži izbor!

NORA: Evo, izvoli. Već sam odvojila neke stvari. Putovat ću u ovoj haljini. Lako se pere i ne gužva se. Nosit ću ove sandale i uzet ću jaknu za svaki slučaj. Mogu valjda vaditi iz auta i onu veću crnu torbu. U nju možemo metnuti stvari za noćenje. Dok ti pakuješ, ja mogu još ponešto oprati. Gdje su prljave košulje?

ALAN: Na dnu ormara. Ima i nekoliko čarapa i nešto donjeg rublja. Možeš metnuti i kupaće kostime u crnu torbu.

MARIJA: Što ti je slatka ova zelena suknja, nisam je ranije vidjela.

NORA: Ne, nisam je dosad nosila u Zagrebu. Mogu i nju ponijeti na put, jako je zgodna i lijepo ide uz ovu žutu bluzu.

MARIJA: Ali majice su praktičnije za put, kad ne možeš ništa peglati. Zašto ne uzmeš ovu plavu majicu?

NORA: Imaš pravo. Uzet ću i ove lake ružičaste hlače i crveni džemper, jer će možda biti svježe navečer. Ponijet ću i hulahop čarape.

ALAN: Nema više mjesta u manjem kovčegu! Ako nam još nešto zatreba, lako ćemo ga izvaditi iz većeg, ali ništa više ne primam!

VOCABULARY

biti pri ruci *to be of assistance, to be at hand*
bluza *blouse*
crven *red*

čarapa *sock, stocking*
  hulahop čarape *tights*
dno *bottom*
donje rublje *underclothes*

dosad *up to now*
džemper *jumper*
gužvati (imp.) *to crumple*
hlače (f. pl.) *trousers, slacks*
izbor *choice*
iznajmiti (pf.) *to hire*
jakna *jacket*
košulja *shirt*
krcat *crowded*
kupaći kostim *swimming costume*
majica *T-shirt*
metnuti (pf., metnem) *to put*
napraviti (pf.) *to make*
noćenje *spending the night*
odijelo *clothing*
odvojiti (pf.) *to separate*
pakovanje *packing*
pakovati (imp., pakujem) *to pack*
peglati (imp.) *to iron*

ponešto *something*
ponijeti (pf., ponesem) *to take, to carry*
praktičan (f. praktična) *practical*
prati (imp., perem) *to wash*
primati (imp.) *to accept*
prljav *dirty*
ružičast *pinkish*
sladak (f. slatka) *sweet*
staviti (pf.) *to put, to place*
suknja *skirt*
svjež *fresh, cool*
uzak (f. uska) *narrow*
uži (comparative) *narrower*
vaditi (imp.) *to take out*
zaustavljati se (imp.) *to stop*
zelen *green*
žut *yellow*

UNIT 1. FORMATION OF COMPARATIVE ADJECTIVES

(a) Most comparatives are formed by the addition of the endings:
   -iji, -ija, -ije, etc.
   to the indefinite adjective:

star	stariji, starija, starije
poznat	poznatiji, poznatija, poznatije
gladan	gladniji, gladnija, gladnije

Adjectives ending in **-o** derived from l have these endings added to the l, which we have seen returns in oblique cases:

mio (dear)	–miliji, milija, milije
veseo	–veseliji, veselija, veselije

(b) Other adjectives have the suffix **-ji**, although this is not always obvious: the exact form depends on the final consonant of the indefinite masculine – as we know, certain combinations of letters result in regular consonant changes. Do not be too alarmed, you will soon learn those comparatives which are in frequent use.[1]

jak (*strong*)	k + j: č	–jači
drag (*dear*)	g + j: ž	–draži
tih (*quiet*)	h + j: š	–tiši
ljut (*angry*)	t + j: ć	–ljući
tvrd (*hard*)	d + j: đ	–tvrđi

If the adjective stem ends in **p**, **b** or **v**, an **l** is inserted after this consonant:

skup (*expensive*)	–skuplji
grub (*coarse*)	–grublji

Comparative adjectives are declined like regular definite adjectives.

([1]For a complete list of consonant changes, see Appendix 6)

Examples

Tko je stariji – Ivo ili Ante?
Who is older – Ivo or Ante?
Ante je stariji, iako je Ivo viši
Ante is older, although Ivo is taller
Je li vaša nova kuća veća?
Is your new house larger?
Nije, nego je udobnija i bliža
No, but it's more comfortable and closer
I mi sada stanujemo u mirnijoj ulici. Radije bih živjela u manjem mjestu.
We live in a quieter street now as well. I would rather live in a smaller town
Imaš li vijesti od svog mlađeg brata? Imam, izgleda da mu je bolje: u planinama je zrak svježiji i čistiji nego u dolini.
Have you any news of your younger brother? Yes, he seems to be better: the air in the mountains is fresher and cleaner than in the valley
Dajte mi bocu tog slađeg vina, skuplje je ali mi se čini da je ukusnije. Svakako ima ljepšu boju!

Give me a bottle of that sweeter wine, it's more expensive, but it seems tastier. It's certainly a nicer colour!

Exercise

Supply the appropriate form of the comparative:
1. Onaj auto je *star*, ali ovaj je . . . . .
2. Šef ovog hotela je *uljudan**, ali ovaj je . . . . .
3. Vlak kojim smo putovali bio je *spor*, ali ovaj je još . . . . (*spor*: slow).
4. Ta studentica je *ozbiljna*, ali čini se da je ova . . . . .
5. Taj hotel se nalazi u *bučnoj* ulici, ali je ova još . . . . . (*bučan*: noisy)
6. Vodič kojeg su oni imali bio je *veseo*, ali je ovaj . . . . . (*vodič*: guide)
7. More je bilo *bistro* tamo, ali ovdje je još . . . . . (*bistar*: clear)
8. Moji stari roditelji su *energični*, ali tvoji su još . . . . .
9. Te mlade žene su *simpatične*, ali ove djevojke su . . . . .
10. Sela u Dalmaciji su *slikovita*, ali ova na brdima su . . . . . (*slikovit*: picturesque, *brdo*: hill)

UNIT 2. 'KRIMIĆ' (13)

Putnik je *oklijevao*. Treba li zaista ući u ovu nepoznatu, mračnu kuću gdje ga čeka tko zna kakva *sudbina*? Onda je čuo kako se vrata otvaraju negdje na katu i kako netko *silazi* prema njemu. Ne može *duže* stajati ovdje, mora se *konačno* odlučiti: ili gore, ili *natrag*. Čuo je *korake* i na ulici. S *naporom* se odlučio. Pošao je prema *stubištu*. Na prvoj *stepenici se suočio* s *osobom* koja je silazila. Bila je to lijepa žena s *dugačkom plavom* kosom.

oklijevati to hesitate; **sudbina** fate; **silaziti** (*imp.*) to go down; **duže** comp. of **dugi**, longer; **konačno** finally; **natrag** back; **korak** footstep; **napor** effort; **stubište** staircase; **stepenica** step, stair; **suočiti se** (*pf.*) to come face to face with, confront; **osoba** person; **dugačak** long; **plava kosa** blond hair

UNIT 3. COMPARISON OF ADJECTIVES ENDING IN -AK, -EK, -OK

Most adjectives with these endings drop the final syllable and form the comparative by the addition of **-ji** to the resulting stem:

blizak (near)	bliži
kratak (short)	kraći
dalek (far)	dalji
dubok (deep)	dublji
rijedak (rare)	rjeđi
visok (tall)	viši

K Exercise

Supply the correct form of the comparative:

1. Moramo poći (kratak) putem.
2. Možete večerati u (blizak) kavani.
3. Volim plivati u (dubok) moru.
4. Navikao sam se penjati po (visok) brdima.
5. Žele se voziti čamcem oko (dalek) otoka.
6. Moraš vezati kovčeg (jak) konopcem.
7. Spavat ćemo bolje u (tih) mjestu.
8. Moji roditelji sada stanuju u (velik) kući. (*comp.* veći)
9. Isplati se rezervirati sobe u malo (skup) hotelu.
10. Za doručak čaj je bio gorak, ali čini mi se da je kava bila (gorak).

UNIT 4. COMPARISON OF ADVERBS

Where the neuter singular of an adjective is used as the adverb, the neuter singular of the comparative is similarly used:

(jako)	*jače*	more strongly
(lako)	*lakše*	more easily
(blizu)	*bliže*	more closely
(drago)	*draže*	more dearly
(skupo)	*skuplje*	more expensively
(teško)	*teže*	with more difficulty
(rado)	*radije*	more gladly

UNIT 5. IRREGULAR COMPARATIVES

Several common adjectives and adverbs have quite irregular comparative forms:

	dobar	– *bolji*
(bad)	zao	– *gori*
	velik	– *veći*
	malen	– *manji*
	mnogo	– *više*
	malo	– *manje*

(used also as comp. of **loš** bad)

Jeste li naučili sve nove riječi?
Have you learned all the new words?
Manje više
More or less

UNIT 6. SUPERLATIVE

The superlative is formed by the addition of the prefix **naj-** to the comparative:

> *najstariji, najbliži, najbolje, najviše, najmanje*, etc.

UNIT 7. EXERCISES

(a) Turn back to the text about Zagreb in Lesson 8, p. 71. Identify all the superlatives and write out the original form of the adjectives.

K (b) Translate the following sentences into Serbo-Croat:
1. I prefer travelling by plane, although it's more expensive.
2. He wants to send this letter by the quickest way.
3. Please give me a smaller piece for the child.
4. She will sleep better in a quieter room.
5. Have you got (any) larger jumpers?

UNIT 8. COMPARISON TO AN OBJECT OR PHRASE

(i) When two objects are compared the preposition **od** + *G* is generally used:

> Moj brat je stariji od tebe
> *My brother is older than you*
> Avion je skuplji od vlaka
> *The plane is more expensive than the train*

Tvoj sin je viši od tvog muža, zar ne?
Your son is taller than your husband, isn't he?

(ii) But when the comparison involves a whole phrase the conjunction *nego* must be used:

Kasnije je nego što sam mislila
It's later than I thought
Avionom se putuje brže nego vlakom
It's quicker to travel by plane than by train

N.B. *nego* may also be used instead of **od** + *G*:
On je stariji nego ti.
Tvoj sin je viši nego tvoj muž.

UNIT 9. STRUCTURES USING THE COMPARATIVE

Notice the following structures:

(a) **sve** + *comparative* more and more, increasingly

Svakim danom **sve ljepše** vladate našim jezikom
You speak our language better and better with each day
Moram priznati da **sve rjeđe** pišem pisma
I must confess that I write (letters) increasingly rarely
Vrijeme **sve brže** prolazi!
Time passes increasingly quickly!

(b) **što** + *comparative* as ... as possible

Dođite nam opet **što prije!**
Come again as soon as you can!
Sjedi **što bliže!**
Sit as near as possible!
Rekao je da će pisati **što češće**
He said that he would write as often as possible

UNIT 10. 'LJUBAVNA PRIČA' (13)

Mira je kod Vesne poslije podne.
–Molim te, Vesna, ako si mi *prijatelj*, pozovi Mladena večeras da s nama *posjedi* ili izađe.
–Kako mu mogu ja *takvo* nešto predložiti?
–Lako. Valjda vidiš da ja ne mogu. *Zbog* Ivana, mislim.

Vesna je *pažljivo* pogleda.
–Jako ti se sviđa Mladen, je li?
–Ne znam, Vesna. *Zbunjena* sam i *zabrinuta*. Ne znam što *se* sa mnom *dešava*. *Čas* mislim da Ivana *iskreno* volim, a *čim* pogledam Mladena *počinje* mi *se vrtjeti u glavi*.
–Nisi ti *jedina, izgleda*!
–Možda. *Nije važno*. Hoćeš li se javiti? Molim te! *Ispeći* ćemo *kolač* pa mu reci da treba doći vidjeti kakve smo mi *domaćice*!
–U redu, Miro, *smiri se*. Javit ću se. Samo nisam ja *kriva* ako sebi *kompliciraš život*!
–Nisi, *dabome*, hvala ti, Vesna, ti si pravi *drug*!

posjediti (*pf.*) to sit for a while; **takav** of that kind; **zbog** (+ *G*) because of; **pažljiv** careful; **zbunjen** confused; **zabrinut** worried; **dešavati se** (*imp.*) to happen; **čas** one moment; **iskren** sincere; **čim** as soon as; **počinjati** (*imp.*, **počinjem**) to begin; **vrtjeti se (nekome) u glavi** to feel dizzy; **jedini** the only one; **izgledati** to seem; **nije važno** it doesn't matter; **ispeći** (*pf.*) to bake; **kolač** cake; **domaćica** housewife; **smiriti se** (*pf.*) to calm oneself; **kriv** to blame, guilty; **komplicirati** (*imp.*) to complicate; **život** life; **dabome** of course

UNIT 11. EXERCISES

K (a) Translation (Prijevod)

We are going on holiday on Saturday, the day after tomorrow! We don't want to carry much, so we'll take only the most essential things[1]. I have one small suitcase and one large bag. I shall take trousers and a jumper, because it is sometimes cool in the evening, three dresses, a skirt, two T-shirts, two blouses, shoes, stockings and underwear. (My) husband will take trousers, five shirts, three T-shirts, shorts[2] and two jumpers. He can carry the swimming costumes and towels.[3]

([1]essential, use necessary: **potreban**; [2]**šorc** (sg.); [3]**ručnik**)

(b) Complete the dialogue

You are in a department store, buying a jumper for a relative.

Prodavačica:	Izvolite, mogu li vam pomoći?
Vi:	....
Prodavačica:	Trebate li lakši ili topliji džemper?
Vi:	....
Prodavačica:	Želite li neku posebnu boju?
Vi:	....
Prodavačica:	Imamo samo ove zelene džempere od sintetike.
Vi:	....
Prodavačica:	Imamo lijepe vunene džempere u plavoj ili crvenoj boji.
Vi:	....
Prodavačica:	Trebate li veći ili manji broj?
Vi:	....
Prodavačica:	Možda će vam odgovarati ovaj plavi.
Vi:	....
Prodavačica:	Izvolite. Platite na blagajni[1], molim.
Vi:	....
Prodavačica:	Nema na čemu. Do viđenja.

(**[1]blagajna** cash desk)

UNIT 12. SOME IDIOMATIC EXPRESSIONS INVOLVING ČOVJEK

čovjek i pol	(*a man and a half*)	⎫ *a remarkable man*
čudo od čovjeka	(*a miracle of a man*)	⎭
biti čovjek	*to be a man*	
biti svoj čovjek	*to be independent*	('*one's own man*')

LESSON FIFTEEN
(Petnaesta lekcija)

■ **NA PUTU** (*On the Journey*)

Dan prije nego su Alan i Nora pošli na put, javila se Marija sva uzbuđena.

MARIJA: Nora, imam veliku molbu. Moj brat je trebao danas odvesti mog malog nećaka, Ranka, k baki u Zadar. Međutim, žena mu se dosta teško razboljela. Odveli su je u bolnicu. Sada nema nikoga da čuva Ranka. Bilo bi najbolje da nađemo nekoga tko će ga odvesti k baki. Mislila sam na vas.

NORA: Bez daljnjega, jako rado. Nemamo nikakvog određenog plana pa ga lako možemo odvesti do Zadra. Samo nam trebaš pokazati na karti kojim je putem najbolje ići. Koliko godina ima dječak?

MARIJA: Sedam. Mali je dobar i razuman. Mislim da vam neće biti teško s njim.

Na dan polaska, Slavko i Marija su rano došli u hotel s Rankom. Sjeli su za stol i Slavko je izvadio kartu.

SLAVKO: Ovako, vi ćete izaći iz Zagreba ovim putem koji vodi za Karlovac.

ALAN: Kakav je put?

SLAVKO: Izvrstan. Plaća se cestarina, ali nije skupa. Južno od Karlovca su bregovi Gorskog kotara. Zimi je taj put malo neugodan.

NORA: Nećemo žuriti, pa ćemo se vjerojatno zaustaviti negdje na putu. Koje je zgodno mjesto?

MARIJA: Ako imate vremena da prenoćite u Plitvicama, to se zaista isplati. Ali vam treba barem jedan dan za obilazak jezera.

ALAN: Molim te, zabilježi ovdje točno kome trebamo predati maloga, i eventualno javiti ako se odlučimo zadržati dan dva na putu.

RANKO: Znam ja bakino ime, adresu i broj telefona.

SLAVKO: Zbilja, s ovim dječakom ne morate brinuti!

VOCABULARY

barem *at least*

bez daljnjega *it goes without saying, of course*

bolnica *hospital*

brijeg *hill*

cestarina *road toll*

dječak *boy*

dosta *enough*

eventualno *possibly*

isplatiti se *(pf.)* to be worth

jezero *lake*

južno *to the south*

međutim *however*

molba *request*

obilazak *visit, looking round*

određen *specific*

odvesti *(pf., odvezem) to take (transport)*

plaćati *(imp.) to pay*

polazak *departure*

prenoćiti *(pf.) to spend the night*

razboljeti se *(pf., razbolim) to be taken ill*

razuman *(f. razumna) sensible*

uzbuđen *excited*

vjerojatno *probably*

zabilježiti *(pf.) to make a note*

zimi *in winter*

žuriti *(se) (imp.) to hurry*

UNIT 1. DEMONSTRATIVE PRONOUNS

We have already come across the demonstrative pronouns **taj** and **ovaj** in the course of the lessons, in several different cases. Here is the declension of **taj** in full.

	SINGULAR			PLURAL		
	m.	*n.*	*f.*	*m.*	*n.*	*f.*
N	taj	to	ta	ti	ta	te
G	tog(a)	tog(a)	te	tih	tih	tih
D	tom(u)	tom(u)	toj	tim(a)	tim(a)	tim(a)
A	tog(a)/taj	to	tu	te	ta	te
P	tom(e)	tom(e)	toj	tim	tim	tim
I	tim(e)	tim(e)	tom	tim	tim	tim

taj (that), **ovaj** (this) and **onaj** (that, i.e. further than **taj**) are all declined on this model

Exercise

Put the demonstrative pronouns into the correct case:

1. Treba li poći (ova) ulicom?

An audio cassette is available to accompany *Colloquial Serbo-Croat*, containing the dialogues and many of the exercises from the book, recorded by native Serbo-Croat speakers. It is an invaluable aid to pronunciation and comprehension.

The cassette can be ordered through your bookseller or, in case of difficulty, cash with order, from Routledge & Kegan Paul, North Way, Andover, Hants., SP10 5BE, England, or from Routledge & Kegan Paul, 29 West 35th Street, New York, N.Y. 10001, U.S.A., price £6.90 or US $12.95

For your convenience an order form is attached.

CASSETTE ORDER

Please supply one/two/ ..... cassette(s) of

Hawkesworth *Colloquial Serbo-Croat*

ISBN 0-7102-0580-5

Price £6.90 or US $12.95

☐ I enclose payment with order.

☐ Please debit my Access/Mastercharge/Visa/American Express account number

Name ....

Address ....

....

....

Order to your bookseller or to . . . .

SALES DEPT.
ROUTLEDGE & KEGAN PAUL

North Way
Andover
Hampshire
SP10 5BE
ENGLAND

29 West 35th Street
New York
NY 10001
USA

2. **Da**, a skrenite lijevo kod (taj) semafora[1].
3. Prolazite pored (ta) velike zgrade.
4. Onda produžite[2] (ovaj) putem do (ona) raskrsnice[3].
5. Na (taj) putu ćete vidjeti većinu[4] (one) novih kuća.
6. Vidite li (ona) veliku novu zgradu?
7. Muzej se nalazi na (taj) malom trgu.
8. Gdje je (taj) put na (ova) karti?
9. Možete stići do katedrale (ove) zgodnim uličicama.
10. Telefonska govornica se nalazi na kraju (ona) ulica.

    ([1]**semafor** traffic lights; [2]**produžiti** to continue; [3]**raskrsnica** crossroads; [4]**većina** majority)

UNIT 2. POSSESSIVE ADJECTIVES

Possessive adjectives can be formed from proper nouns or nouns denoting people.

(i) Masculine nouns ending in a consonant or **-o** have the ending: **-ov**

Antun	Antunov	Antunov brat	*Antun's brother*
Marko	Markov	Markov novi auto	*Marko's new car*
putnik	putnikov	putnikov šešir	*the passenger's hat*

If the final consonant is 'soft', the suffix becomes: **-ev**

prijatelj	prijateljev	prijateljev pas	*my friend's dog*
Đorđe	Đorđev	Đorđev mali sin	*Đorđe's little son*
Petrović	Petrovićev	Petrovićev ured	*Petrović's office*

(ii) Feminine nouns ending in **-a** drop the final **-a** and replace it by **-in**:

Marija	Marijin	Marijin brat	*Marija's brother*
sestra	sestrin	sestrin nećak	*my sister's nephew*

These possessive adjectives are then declined like regular definite[1] adjectives with the appropriate endings added to the new suffix:

    Antunova sestra je ovdje   *Antun's sister is here*
    Vidjela sam Markovog brata   *I saw Marko's brother*
    Jesi li to rekao putnikovoj sestri?   *Did you tell that to the passenger's sister?*

N.B. These forms cannot be preceded by a qualifying adjective:

        Ovo je putnikova torba.

But   To je torba onog drugog putnika.

Examples:

Je li Slavko Jasnin muž?	Ne, Slavko je Marijin muž.
A kako se zove Alanova žena?	Zove se Nora.
Tko je mali Ranko?	On je Marijin nećak.
Gdje živi dječakova baka?	U Zadru, živi s Marijinom mlađom sestrom.

Je li to ranije bila Antunova kuća? Jest, na Babićevom trgu.

([1]You will also find indefinite endings for masculine possessives)

K̄ **Exercise**

Translate the following sentences into Serbo-Croat:
1. Is that Jasna's husband?
2. Where are the passenger's gloves?
3. I met (my) wife at Slavko's sister's.[1]
4. We are travelling in Ivan's new car.
5. Will you be seeing Ana's mother?
6. The tickets are in Nora's bag.
7. Are you going to the cinema with Tomo's brother?
8. She wants to meet (my) wife's nephew.
9. Did you see the teacher's hat?
10. They left[2] the luggage in Marko's car.
    ([1]**kod ... sestre;** [2]**ostaviti)**

UNIT 3. 'KRIMIĆ' (14)

–Oh, pardon, gospodine – rekla je lijepa žena. Govorila je s nekim *stranim naglaskom*. Pitala ga je što želi i da li mu može pomoći. Putnik se *zbunio, zahvalio* joj *se* i rekao da mu ne treba pomoć. Objasnio je da *traži* stan na prvom katu, i da li ona možda zna ima li koga kod kuće? Putnik se nadao da ga neće pitati kako se zove *vlasnik* tog stana, jer na papiru na kojem je pročitao adresu nije bilo imena. Prije nego je ona njega mogla dalje *ispitivati*, on ju je *zamolio* da mu *potvrdi* da je ovo broj dvadeset pet. Sa simpatičnim *smiješkom* odgovorila mu je da jest.

stran foreign; **naglasak** accent; **zbuniti se** (*pf.*) to be confused; **zahvaliti se** (*pf.*, + *D*) to thank; **tražiti** (*imp.*) to seek; **vlasnik** owner; **ispitivati** (*imp.*, **ispitujem**) to examine, interrogate; **zamoliti** (*pf.*) to ask (a favour); **potvrditi** (*pf.*) to confirm; **smiješak** smile

UNIT 4. READING PASSAGE

Od Zagreba do Karlovca vodi moderan auto-put u pravcu jadranske obale. Ovaj put prolazi kroz plodnu i živopisnu dolinu rijeke Korane. Kod sela Rakovice put skreće preko Bihaća za Sarajevo i Split, a poslije nekoliko kilometara vide se prvi bukovi i vodopadi nacionalnog parka Plitvička jezera. Ovo veličanstveno djelo prirode predstavlja jednu od najvećih atrakcija u Evropi i jedno od najprivlačnijih mjesta u unutrašnjosti Jugoslavije. Šesnaest jezera, prekrasnih plavozelenih pastelnih boja, u kojima se ogleda zelenilo gustih šuma, bukovima i vodopadima slivaju se jedna u drugo. Neki su slapovi visoki po trideset i do sedamdeset osam metara, a neki izvanredno lijepi su mnogo manji. Staze spajaju jezera, što posjetiocima omogućuje da potpuno upoznaju i uživaju u ljepoti i miru ovog prekrasnog prirodnog fenomena. Da bi se u potpunosti sačuvala ljepota ovog područja, zabranjena je vožnja automobilima u neposrednoj blizini jezera.

Try to translate the passage on your own; you will find all the necessary vocabulary in the glossary. You can check your version with the translation at the end of the lesson when you are satisfied

■ UNIT 5. RAZGOVOR KOD BENZINSKE PUMPE

G. Filipović polazi na put.

Gdje je najbliža benzinska
stanica?

Kod prvog velikog raskršća.
Koliko litara želite?

Napunite molim. I provjerite
ulje i vodu.

Da napunim akumulator destili-
ranom vodom?

Hvala. A sâm sam jučer
provjerio ulje za kočnice.

Da provjerim gume?

Molim. Tlak mora biti jedan i
šest prednje, jedan i osam
zadnje.
Imate li dobru autokartu ovog
područja?

Izvolite.

Hoćete li mi pokazati na karti
točno gdje se nalazim?
Mislim da sam na pogrešnom
putu.

Idite ravno ovim lokalnim
putem. Izaći ćete kod semafora
na glavnom putu za centar grada.

UNIT 6. EXERCISE

Pitanja

1. Kamo je trebalo odvesti Ranka?
2. Zašto Marijin brat nije mogao poći u Zadar?
3. Zašto je Marija došla k Alanu i Nori?
4. Hoće li moći pomoći[1] Mariji?
5. Kakav je dječak i koliko ima godina?
6. Zašto je Alan želio pogledati kartu?
7. Kojim[2] putem će izaći iz Zagreba?
8. Kakav je to put?
9. Što Marija preporučuje?
10. Zašto Slavko kaže da ne moraju brinuti?
    ([1]**pomoći**, pf. to help + D; [2]**koji** which)

UNIT 7. 'LJUBAVNA PRIČA' (14)

–Halo, molim vas, je li tamo Mladen?
–Nije. Tko ga treba?
–Vesna na telefonu.
–Vesna! Ovdje Ivan.
–Oh zdravo, Ivane!
–Mladena tražiš, dakle?
–..Da...,–Vesna *se zbunila*. – Hoće li se uskoro vratiti?
–*Čekam ga svaki čas.* Imaš li kakvu *poruku*?
–..Ne...., da se javim kasnije?
–Ne znam, možda će sa mnom na utakmicu. Ako mi kažeš *o čemu se radi*, reći ću mu pa će se on tebi javiti.
–Dobro, hvala...Htjela sam ga samo pozvati k sebi, znam da ti izlaziš, pa da mu ne bude *dosadno*...Ali, ako i on ide na utakmicu...*ništa*. Reci mu da će biti neko malo društvo kod mene, pa ako je *raspoložen*, bit će dobro došao...
–Hoću. Hvala, Vesna, zdravo.

–Hvala tebi, Ivane.

Vesna *spušta slušalicu* i *briše čelo*. Jako joj je neugodno.

zbuniti se (*pf.*, **zbunjen**) to be embarrassed; **čekam ga svaki čas** I'm expecting him at any minute; **poruka** message; **o čemu se radi**? what's it about?; **dosadan** boring; **ništa** (here) never mind; **raspoložen** in the mood; **spuštati** (*imp.*) to put down; **slušalica** receiver; **brisati** (*imp.* **brišem**) to wipe; **čelo** forehead

UNIT 8. TRANSLATION OF UNIT 4

A modern motorway leads from Zagreb to Karlovac towards the Adriatic coast. This road passes through the fertile and picturesque valley of the Korana river. At the village of Rakovica the road turns via Bihać towards Sarajevo and Split, and after a few kilometres the first cascades and waterfalls of the Plitvice lakes National Park can be seen. This magnificent work of nature represents one of the greatest attractions of Europe and one of the most attractive places in the interior of Yugoslavia. Sixteen lakes, of beautiful blue-green pastel colours, in which the green of dense forests is reflected, pour into one another in cascades and waterfalls. Some cascades are 30 and even up to 78 metres high, while some exceptionally beautiful ones are far smaller. Paths link the lakes which enable visitors to get to know them all completely and to enjoy the beauty and peace of this beautiful natural phenomenon. In order that the beauty of this area should be completely preserved, the driving of cars is prohibited in the immediate proximity of the lakes.

UNIT 9. TRANSLATION OF UNIT 5

Mr. Filipović is going on a journey. Where is the nearest petrol station? At the first big crossroads. How many litres would you like? Fill it up, please. And check the oil and water. Shall I top up the battery with distilled water? Thank you. I checked the brake oil myself yesterday. Shall I check the tyres? Please. The pressure should be 1.6 for the front tyres, 1.8 for the back. Have you got a good road map of this area? Here you are. Would you show me exactly where I am on the map? I think I am on the wrong road. Go straight along this local road. You will come out by the traffic lights on the main road to the city centre.

LESSON SIXTEEN
(Šesnaesta lekcija)

■ **U KVARU** (*Breakdown*)

Prvi dan je prošao bez uzbuđenja. Bilo je lijepo, sunčano vrijeme, ali ne prevruće. Alan i Nora su uživali u pejzažu. Ranko se igrao svojim igračkama a ponekad se i on umiješao u razgovor. Pošli su rano slijedećeg dana da izbjegnu najveću vrućinu. Poslije sat dva, Alan je usporio vožnju.

NORA: Što je, Alane, zašto si se zaustavio?

ALAN: Motor lupa; čudno zvuči.

NORA: Ništa ne čujem na svojoj strani.

ALAN: Na ovim uzbrdicama kao da nema snage. Kao da mu je sve teže.

NORA: Bio je jednom sličan problem i s našim autom, sjećaš se?

ALAN: Kako da ne! Mehaničar dugo nije mogao doći do rezervnog dijela, pa sam posudio njegov auto.

Auto je stao na zaustavnoj traci ceste i Alan je izašao. Ranko ga je slijedio jer su ga živo interesirali motori automobila. Alan je podigao haubu i pogledao unutra. Pregledao je razne dijelove.

ALAN: Sad ću ga pokušati ponovo upaliti. Pazi, mali.

Ali ovog puta, motor je bio potpuno mrtav.

NORA: Ti ostani ovdje, ja ću pokušati naći nekoga da me prebaci do najbližeg servisa. Ranko, ti ćeš ostati s Alanom da mu praviš društvo.

ALAN: Važi. Ja ću samo pogledati kartu koju nam je Slavko dao. Čini mi se da su servisi zabilježeni na toj karti.

Nora je pošla do ruba ceste i dala znak da im treba pomoć. Poslije svega dvije tri minute zaustavio se jedan auto.

VOZAČ: Treba li vam pomoći?

NORA: Molim vas, naš auto je u kvaru. Moram otići do najbližeg servisa.

VOZAČ: Rado ću vas odvesti. Ima oveći servis par kilometara odavde.

VOCABULARY

čudan (f. čudna) *strange*	dio (G dijela) *part*
čuti (imp., čujem) *to hear*	doći do *to get to, to reach*

dugo *a long time*

hauba *bonnet*

igračka *toy*

izbjeći (pf., izbjegnem) *to avoid*

lupati (imp.) *to knock*

motor *engine*

mrtav *dead* (f. mrtva)

paziti (imp.) *to be careful*

pejzaž *landscape*

podići (pf., podignem) *to raise*

ponovo *once more*

posuditi (pf.) *to borrow*

potpuno *completely*

potreban (f. potrebna) *necessary*

praviti nekome društvo *to keep someone company*

prebaciti (pf.) (here) *to give a lift*

prevruć *too hot*

rub *edge*

sad ću *I'll just …*

servis *repair shop, garage*

slijedeći *following, next*

snaga *strength*

stati (pf., stanem) *to stop*

sunčan *sunny*

svega (G of sve) *in all*

umiješati se (pf.) *to join in*

unutra *inside*

upaliti (pf.) *to ignite*

usporiti (pf.) *to slow down*

uzbrdica *uphill slope*

uzbuđenje *excitement*

uživati (imp.) *to enjoy*

zabilježen *noted, marked*

zaustavna traka *hard shoulder*

znak *sign, mark*

zvučati (imp., zvučim) *to sound*

UNIT 1. POSSESSIVE PRONOUNS

The declensions of possessive pronouns are straightforward and the endings are already familiar to you from those of adjectives and demonstrative pronouns.

(i) **moj, tvoj, svoj**

	singular		
	Masc.	*Neut.*	*Fem.*
N	moj	moje	moja
G	mog(a)	mog(a)	moje
	mojeg(a)	mojeg(a)	
D	mom(e)	mom(e)	mojoj
	mojem(u)	mojem(u)	
A	as N or G	moje	moju
P	as D		
I	mojim	mojim	mojom

		plural	
	Masc.	*Neut.*	*Fem.*
N	moji	moja	moje
G	mojih	mojih	mojih
D	mojim(a)	mojim(a)	mojim(a)
A	moje	moja	moje
I	mojim(a)	mojim(a)	mojim(a)

Where there are alternative longer and shorter forms, the shorter form is always the more common. See Appendix 2.

(ii) *Use of* **svoj**

Except in a few set phrases (i.e. On je svoj čovjek *He is 'his own' man*, independent), this cannot be used in the Nominative. It cannot *be* the subject as it is used to refer *to* the subject. It may be used of any person, singular or plural, to denote things pertaining to that person:

Vidjet ću svog sina	*I shall see my son*
Bili su u svojoj kući	*They were in their house*
Idemo svojim autom	*We are going by our car*

[K] **Exercise**

Translate into Serbo-Croat, using **moj, tvoj** or **svoj** as appropriate:

1. We'll get *our* things ready.
2. They were not in *their* room when I went in.
3. I saw *your* sister at the post office.
4. Are you travelling in *your* car?
5. My daughter has gone to England with some friends *of hers*.
6. Is your son at *his* friend's house?
7. They are going to visit *my* parents.
8. I live with *my* mother in London.
9. We were in *your* house yesterday.
10. He must write to *his* sister!
11. Are you looking for *your* bag?
12. Her father is celebrating *his* eightieth birthday.
13. Is he travelling in *my* car?
14. He should give this book to *his* mother.
15. Will she sleep in *your* room?

UNIT 2. POSSESSIVE PRONOUNS (*cont.*)

(iii)   **naš, vaš** (our, your)

singular			
	Masc.	*Neut.*	*Fem.*
N	naš	naše	naša
G	našeg(a)	našeg(a)	naše
D	našem(u)	našem(u)	našoj
A	N or G	naše	našu
P	našem(u)	našem(u)	našoj
I	našim	našim	našom

plural			
	Masc.	*Neut.*	*Fem.*
N	naši	naša	naše
G	naših	naših	naših
D	našim(a)	našim(a)	našim(a)
A	naše	naša	naše
P	našim(a)	našim(a)	našim(a)
I	našim(a)	našim(a)	našim(a)

(iv)   **njegov, njen (njezin), njihov** (his, her, their)
These are easily remembered if you take the G (long form)
of **on, ona, oni** respectively as the starting point.
These pronouns used to be declined like indefinite adjectives
(i.e. m. and n. had G: *njegova, njena, njihova*
                           D: *njegovu, njenu, njihovu*)
But in the modern language they are more usually declined
like definite adjectives. (The same is true of possessive
adjectives formed from nouns, with endings **-ov** and **-in.**)

Exercise

Remember that it is possible to express possession by using the D of the
personal pronoun. Replace the personal pronouns in the following

sentences by the appropriate possessive pronoun, as in the example:

Je li ti ona djevojka? Je li ona tvoja djevojka?
Is she your girl-friend?

1. Danas joj je sedmi rođendan.
2. Znaš li gdje su mi naočale[1]?
3. Ovo mi je nova kuća.
4. Upoznala sam mu mlađeg brata.
5. Zar mu je sestra već udata?
6. Gdje su nam stvari?
7. Hoće li im se kćerka uskoro vratiti?
8. Sad mu je izašla prva knjiga.
9. Dođi da nam vidiš sobu!
10. Kava vam je na stolu, ohladit će se!
   ([1]**naočale** glasses; [2]**ohladiti se** to get cold)

UNIT 3. 'KRIMIĆ' (15)

Putnik se zahvalio i krenuo gore. Začudio se kad je žena pošla do glavnih vrata zgrade, i pogledala lijevo i desno niz ulicu. Onda se putniku učinilo da daje znak nekome na ulici. Možda nepoznatom čovjeku sa šeširom! Odjednom mu je bilo *hladno*. *Zastao* je na stubištu i čekao. Uskoro *se* žena počela *penjati* za njim. Putnik se *iznenadio* kad je čuo svoj *strogi glas*:
–Molim vas, jeste li vi mene čekali?

začuditi se to be surprised; **hladan** cold; **hladno mi je** I feel cold; **zastati** (*pf.* zastanem) to stop; **penjati se** (*imp*) to climb; **iznenaditi** (*pf.*) to surprise (**se** – to be surprised); **strog** stern; **glas** voice

UNIT 4. 'LJUBAVNA PRIČA' (15)

–Jao, Miro, ovo je *posljednji put* što ti *činim uslugu*!
–Nije valjda! Je li ti zbilja bilo jako neugodno?
–Ne jako, nego *strašno*! Što će sad Mladen misliti o meni?
–Objasnit ću mu da sam ja kriva. Ne *odmah, razumije se.*
Ali jednog dana. Je li Ivan pitao hoću li ja biti kod tebe?
–Nije, mislim da mu to nije *palo na pamet.*

–I bolje da nije.

–Je li, Miro, nećeš to valjda *sakriti* od njega?

–Neću, naravno. Izgleda da nemaš mnogo *povjerenja* u mene.

–Nije *istina*. Samo ne znam što *kaniš*.

–Ne znam ni ja, *pravo da ti kažem*. Ali ti mogu reći da od svega *srca* želim da Mladen dođe večeras.

jao help! (*expression of distress*); **posljednji** last; **put** time; **činiti** to do; **usluga** service, favour; **strašan** terrible; **odmah** immediately; **razumije se** it goes without saying; **pasti na pamet** to occur to someone; **sakriti** (*pf.*) to hide; **povjerenje** trust; **istina** truth; **nije istina** it's not true; **kaniti** (*imp.*) to intend; **pravo da ti kažem** to tell you the truth; **srce** heart

UNIT 5. EXERCISES

(a) Comprehension

Odgovorite na slijedeća pitanja (*Answer the following questions*):

1. Kakvo je bilo vrijeme prvog dana Alanovog i Norinog puta?
2. Što su svi radili na putu?
3. Zašto su pošli rano slijedećeg dana?
4. Što se desilo poslije dva sata vožnje?
5. Jesu li ranije imali sličan problem sa svojim autom?
6. Gdje je auto stao?
7. Što je radio Alan kad je zaustavio auto?
8. Što je predložila Nora?
9. Je li morala dugo čekati?
10. Da li je bilo daleko do servisa?

(b) Fill in the gaps with the appropriate prepositions from the list below. The English translation is at the end of the lesson. Do not consult it until you have completed the exercise to your satisfaction.

Naš auto je...kvaru. Mi smo...autoputu Zagreb-Karlovac, nekih petnaest kilometara...Karlovca. Možete li poslati mehaničara...nas? Izgleda da nešto nije...redu...dinamom. Muž mi je ostao...autom. Ja sam...auta. Možete li doći...pol sata? Hoćete li moć i mene povesti...kamionu? Hvala, čekat ću ovdje...ovoj klupi...suncu.

u, na, od, do, s, bez, za

K (c) Translation

Translate the following passage into Serbo-Croat:

–Hello, is that Marko? I'm ringing[1] to say that we're setting off to the coast on Saturday.

–Lucky you! I hope you will have good weather. Is there anyone to look after your cat[2]? I shall gladly come in from time to time.

–Thank you, that's nice of you. Zoran's nephew will be here and he will probably bring some of his friends.

–Where are you going? Have you booked rooms somewhere?

–No, we haven't. We shall presumably find private accommodation without any problem. We don't know exactly where we shall be.

–And when are you coming back[3]?

–We can only stay five days. Will you be in Zagreb when we get back?

–Yes, I shall go to Italy later.

–Good, we'll see each other soon then.

–Have a good journey[4]!

([1]to ring **javljati se;** [2]cat **mačka;** [3]to come back *think about which aspect to use in each case* – **vraćati se** (imp.), **vratiti se** (pf.); [4]good journey **sretan put!**)

UNIT 6. TRANSLATION OF UNIT 5, EXERCISE (B)

Our car has broken down. We are on the Zagreb-Karlovac motorway, some fifteen km. from Karlovac. Can you send a mechanic to us? It seems that something's wrong with the dynamo. My husband has stayed with the car. I'm without a car. Can you come in half an hour? Will you be able to take me in the truck? Thank you, I shall wait on this bench in the sun.

LESSON SEVENTEEN
(Sedamnaesta lekcija)

■ **U KUPOVINI** (*Shopping*)

Dok su čekali da im se auto popravi u malom mjestu gdje su se slučajno
našli, Alan, Nora i Ranko su otišli u kupovinu.

NORA: Što ti najviše voliš, dušo?

RANKO: Ne znam, sve! Uvijek sam gladan! Volim meso i voće, pa
kolače, bombone, sladoled. Oh, i čokoladu!

NORA: Dobro! Nešto od toga svega ćemo valjda naći ovdje. Tko tebi
kuha ručak kad ti je mama na poslu?

RANKO: Imamo djevojku koja dolazi dva puta tjedno, a ostalih dana
idem k tetki u susjedstvo.

ALAN: Uđimo u ovu samoposlugu, tu ćemo naći sve što trebamo.

NORA: Alane, hoćeš li ti potražiti kruh dok ja idem s Rankom vidjeti
koji mu se sir i suho meso sviđa?

ALAN: U redu, uzet ću i salatu, rajčice i slično. Jedeš li ti paprike i
krastavce, Ranko?

RANKO: Jedem. A jako volim kruh!

ALAN: Kupit ću onda mnogo kruha! Naći ćemo se kod povrća kad
završite.

NORA: Uzmimo dvadeset deka ovog pršuta i cijelu ovu salamu.
Prilično je skupa ali će trajati. Onda, neki tvrdi sir. Zapravo više
volim bijeli sir, ali nije praktičan za put.

RANKO: Ja volim onaj sir u trokutima u malim okruglim paketima.
Evo ga!

NORA: Uzet ću i nekakve konzerve za svaki slučaj. Recimo ovu
paštetu. A sad da potražimo Alana.

ALAN: Ah, evo vas. Vidite kakav je lijep izbor voća.

NORA: Mnoga djeca vole banane, jesi li ti jedan od tih?

RANKO: Baš nisam. Volim breskve, marelice, lubenice, dinje,
grožđe...

ALAN: A smokve?

RANKO: Ni slučajno!

Platili su sve na blagajni.

VOCABULARY

blagajna *till*
bombon *sweet*
breskva *peach*
čokolada *chocolate*
deka (abbrev. of dekagram) *100 grammes*
dinja *sweet melon*
grožđe (coll.) *grapes*
jesti (imp., jedem) *to eat*
kolač *cake*
konzerva *tin* (*of food*)
krastavac (G krastavca) *cucumber*
kuhati (imp.) *to cook*
kupiti (pf.) *to buy*
kupovina *shopping*
lubenica *water melon*
marelica *apricot*
na poslu *at work*
naći (pf., nađem) *to find*
okrugao (f. okrugla) *round*
ostali *other, remaining*
paprika *green, red pepper*
pašteta *paté*

platiti (pf.) *to pay*
popraviti (pf.) *to mend*
potražiti (pf.) *to look for*
povrće (coll.) *vegetables*
pršut *smoked ham, prosciutto*
recimo *let's say*
ručak (G ručka) *lunch*
salama *salami*
samoposluga *supermarket*
sladoled *ice cream*
sličan (f slična) *similar*
slučajno *by chance*
    ni slučajno *not on your life!*
    za svaki slučaj *just in case*
smokva *fig*
suh *dry*
susjedstvo *neighbourhood*
tetka *aunt*
trajati (imp.) *to last*
trokut *triangle*
tvrd *hard*
voće (coll.) *fruit*
zapravo *actually*
završiti (pf.) *to finish*

UNIT 1. INTERROGATIVE PRONOUNS

	Tko (who)	Što (what)
N	tko	što
G	koga	čega
D	kome, komu	čemu
A	koga	što
P	kom, kome	čemu
I	kim, kime	čim, čime

Tko je na vratima?	*Who's at the door?*
S kim si putovala?	*Who did you travel with?*
Kod koga ste prenoćili?	*At whose place did you spend the night?*
Što ste kupili?	*What did you buy?*
Čega se boji?	*What's he afraid of?* (**bojati se** + G)
O čemu se radi?	*What's it about?*

The indefinite pronouns – *netko* (someone) and *nešto* (something) – and the negative *nitko* (no one) and *ništa* (nothing) – are declined like *tko* and *što* respectively.

Razgovarala je s nekim	*She was talking to someone*
Sjetila sam se nečega	*I've remembered something*
Nikoga nismo vidjeli	*We didn't see anyone*
Nisu se ničega sjećali	*They couldn't remember anything*

N.B. But where negative compound pronouns occur with prepositions, the preposition is placed *between* the component parts:

Ne viđa se ni s kim	*He doesn't see anyone*
Ni od koga nemamo vijesti	*We've no news from anyone*
Uzrujavaš se ni zbog čega	*You're getting upset about nothing*

UNIT 2. RELATIVE PRONOUN KOJI, KOJE, KOJA
(*who, which*)

Singular			Plural		
Masc.	*Neut.*	*Fem.*	*Masc.*	*Neut.*	*Fem.*
N koji	koje	koja	N koji	koja	koje
G kojeg (a)	kojeg (a)	koje	G kojih	kojih	kojih
D kojem (u)	kojem (u)	kojoj	D kojim (a)	kojim (a)	kojim (a)
A N or G	koje	koju	A koje	koja	koje
P kojem (u)	kojem (u)	kojoj	P kojim (a)	kojim (a)	kojim (a)
I kojim	kojim	kojom	I kojim (a)	kojim (a)	kojim (a)

Notice that the declension is very similar to that of **moj.**

It is important to distinguish between the interrogative pronoun **tko** and the relative pronoun **koji.** This is not always easy in practice as in some parts of the country G and D of **koji** (masc. and neuter) are identical to G & D of **tko.** It is awkward also because English uses *who* for both functions.

The relative pronoun *cannot be omitted* as tends to occur in English, particularly when it is used as an object:
>The man I saw. The town you visited.

in Serbo-Croat these must always be:
>*The man whom I saw*   Čovjek kojeg sam vidio
>*The town which you visited*   Grad koji ste posjetili

Examples.
>Tko je ta dama s kojom sam vas vidio sinoć?
>*Who is that lady I saw you with last night?*
>To je moj prijatelj iz Engleske o kome sam ti pričao
>*That's my friend from England I told you about*
>Vlak kojim su oni putovali zakasnio je pola sata
>*The train they travelled by was half an hour late*

N.B. When you have to translate such English sentences as the above, first establish whether a relative pronoun has been omitted and then use the appropriate form of **koji.**

In certain circumstances **što** can be used as a relative pronoun, and it *must* be used after neuter indefinite pronouns such as:
>**ovo, to, ono, nešto, ništa, jedino, prvo, sve**
>Sviđa mi se ono što sam vidjela
>*I like what I have seen*
>Imate li sve što trebate?
>*Have you got all you need?*
>Ima nešto o čemu vam moram govoriti
>*There is something I must speak to you about*
>Nisu razumjeli ni riječ od onoga što smo im rekli
>*They didn't understand a word of what we told them*

K **Exercise**

Translate the following sentences into Serbo-Croat:
 1. The letter which came this morning is on the table.
 2. Where is the book you gave me?
 3. The friends we travelled with are now in England.
 4. That's the first letter he's written to me!
 5. I think we've lost the address she gave us.[1]
 6. Is this the hotel in which your sister works?
 7. Who was the girl you were at the cinema with last night?
 8. The friend I gave your address to is coming tomorrow.
 9. The car they travelled by is very small and old.
 10. Isn't that your cousin whom we met last year[2]?
    ([1]N.B. Here the conjunction *that* . . . has also been omitted.
    Use **da;** [2]**prošle godine**)

UNIT 3. RELATIVE PRONOUN čiji, čije, čija (*whose*)

Čiji is declined like **koji**, agreeing in all respects with the noun which follows it:

 Čiji je to lijepi šešir?
 Whose is that nice hat?
 Znaš li čije su to naočale?
 Do you know whose those glasses are?
 Čijim ste autom došli?
 Whose car did you come in?
 U čijoj smo kući bili?
 Whose house were we in?

UNIT 4. 'KRIMIĆ' (16)

Žena mu je *prišla* i *odgovorila izmijenjenim* glasom da je to *točno*, da je ona *pomoćnica* čovjeka s kojim će se sad upoznati. Kad je putnik pitao kako se taj čovjek zove, odgovorila je da ne *vrijedi* pitati za njegovo *ime* jer ga nikad neće *saznati*. Svi ga zovu 'šef'. Zamolila ga je da *bude* miran, da se ne boji, i da *uđe* sad s njom k 'šefu' koji će mu sve objasniti.

prići to approach; **odgovoriti** (*pf.*) to reply; **izmijenjen** altered (**izmi-**

jeniti, *pf.* to change); **točan** exact; **pomoćnica** assistant (*female*); **vrijediti** (*imp.*) to be worth; **ime** name; **saznati** (*pf.*) to get to know; **bude** *perfective present tense of* **biti**, *used in subordinate clauses*

■ **UNIT 5. PITANJA I ODGOVORI (QUESTIONS AND ANSWERS)**

(Prijevod je na kraju lekcije. *The translation is at the end of the lesson*)

Tko ti je došao?	Nitko, bio sam sâm.
S kim si otišao u kino?	Ni s kim, nisam nikamo išao.
Od koga su saznali vijest?	Ne sjećam se tko je to bio, ali od nekoga su sve čuli.
Je li to onaj mladić koji je bio s vama?	Jest, ali ne znam kako mu je ime.
Čija je to lijepa crna torba?	Ne znam, mora da ju je netko zaboravio.
Je li to kuća u kojoj si se rodio?	Tako su mi rekli, ja se ne sjećam!
Kakav je bio grad u kojem si odrastao?	Malen i dosadan. Svatko mlad je htio pobjeći.
Onda je valjda bio sve manji!	Ne, u početku nam se činilo da grad nije ničiji, a polako je postajao naš.
Viđaš li se s nekim starim prijateljima?	Ni s kim.
Kakvi su ti sada planovi?	Nemam nikakvih planova.
Zašto si tako neraspoložen?	Ni zbog čega. Valjda zbog vremena!

UNIT 6. READING PASSAGE

Jovićevi su pošli u kupovinu. Gđa. Jović će ići najprije u pekarnicu. Tamo će kupiti kruha i kifle. Kupit će pola raženog kruha, mali bijeli kruh i četiri kifle. Zatim će ići u mljekarnicu. Cijela obitelj voli mlječne proizvode pa će kupiti jogurta, kiselog mlijeka, razne sireve i šlaga za kolač koji će ispeći poslije podne. Zatim će poći u mesnicu. Tamo će kupiti jetre, faširane govedine, kobasica, slanine, nekoliko šnicla, janjećih kotleta, bubrega i šunke. U međuvremenu je njen muž pošao na tržnicu. On će tamo kupiti krumpira, luka, špinata, karfiola, patlidžana i češnjak. Na kraju će se muž i žena naći u slastičarnici gdje će se počastiti porcijom baklave i kapucinerom.

pekarnica baker's shop; **kifla** roll; **raženi** rye; **mljekarnica** dairy; **mlječni** (*adj.*) milk; **proizvod** product; **jogurt** yoghurt; **kiselo mlijeko** sour milk (*thicker than* **jogurt**); **sir** cheese; **šlag** cream; **ispeći** (*pf.*) to bake; **mesnica** butcher; **jetra** liver; **faširana govedina** minced beef; **kobasica** sausage; **slanina** bacon; **šnicl** cutlet; **kotlet** chop; **bubreg** kidney; **šunka** ham; **tržnica** market; **krumpir** potatoes; **luk** onions; **špinat** spinach; **karfiol** cauliflower; **patlidžan** aubergine; **češnjak** garlic; **slastičarnica** confectioner; **častiti nekoga nečime** to treat someone to something; **baklava** sweet pastry; **kapuciner** capuccino coffee

UNIT 7. 'LJUBAVNA PRIČA' (16)

Djevojke su sjedile i slušale ploče. Bilo je već kasno a Mladen nije dolazio.
–Znam da neće doći, kaže Mira *utučenim* glasom.
–Možda je tako bolje.
–Jao, Vesna – kaže njihova drugarica Ankica – ti ništa ne *poduzimaš*, ništa ne *riskiraš*. Kakav je to život, bez ikakve *opasnosti*, ili barem *nesigurnosti*?
–U redu, *priznajem* da to može biti *dosadno*, ali kad su u pitanju tuđi osjećaji, baš neću ništa riskirati.
Zvono. Ankica *baca pogled* na Miru.
–Sva si *blijeda*, Miro! S tobom se nešto ozbiljno *događa*!
Vesna ide na vrata. Uskoro se čuje Mladenov glas:
–Sva si *blijeda*, Miro! S tobom se nešto ozbiljno *događa!*
–Pa normalno je, kad si ti *inače* sam, a mi ovdje sjedimo. Izvoli u sobu. *Donijet* ću kolač koji sam s Mirom *ispekla.*

utučen dejected; **poduzimati** (imp.) to undertake; **riskirati** (imp.) to risk; **opasnost** danger; **nesigurnost** uncertainty; **priznavati** (imp.) to confess; **dosadan** boring; **osjećaj** feeling; **tuđi** other people's; **zvono** bell; **baciti pogled** to glance; **blijed** pale; **događati se** (imp.) to happen; **laskati** (imp.) to flatter; **inače** otherwise; **donijeti** (pf.) to bring; **ispeći** (pf.) to bake

UNIT 8. EXERCISES

K (a) Prevedite ove rečenice (Translate these sentences)
1. Someone has come to see you.
2. I don't want to see anyone!
3. Was anyone at home?
4. No, there was no one[1].
5. What were you talking about?
6. Who will they give the book to?
7. He was telling me about someone in the hotel.
8. Who were you with at the sea?
9. Whose is that beautiful house?
10. What shall I write with? I haven't got a pencil[2].
    ([1]NB use **nije bilo** + G; [2]**olovka**)

(b) Complete the dialogue (You are in a general grocer's shop)

Prodavačica: Izvolite, što želite?
Vi: ....
Prodavačica: Imamo i crnog i bijelog kruha. Imamo i kifle.
Vi: ....
Prodavačica: Izvolite kifle. Želite li još nešto?
Vi: ....
Prodavačica: Imamo ovaj ukusni bijeli sir.
Vi: ....
Prodavačica: Izvolite dvadeset deka sira. Još nešto?
Vi: ....
Prodavačica: Imamo ove kobasice, salamu i pršut.
Vi: ....
Prodavačica: Ima grožđa, smokava, bresaka.
Vi: ....
Prodavačica: Evo vam grožđa. Još nešto?
Vi: ....
Prodavačica: Izvolite blok[1]. Platite na blagajni, molim.
([1]**blok** ticket, bill)

UNIT 9. TRANSLATION OF UNIT 5

Who came to see you?   No one, I was alone.
Who did you go to the cinema   No one, I didn't go anywhere.
  with?

Who did they hear the news from?	I don't remember who it was, but they heard everything from someone.
Is that the young man who was with you?	Yes, but I don't know his name.
Whose is that nice black bag?	I don't know, someone must have forgotten it.
Is that the house in which you were born?	So I was told, I don't remember!
What's the town you grew up in like?	Small and boring. Everyone young wanted to run away.
Then it must have got smaller and smaller.	No, at the beginning it didn't seem that it was anybody's town, but it gradually became ours.
Do you see any old friends?	No one.
What are your plans now?	I haven't any plans.
Why are you in such a bad mood?	No reason. Probably because of the weather!

UNIT 10. SOME IDIOMATIC EXPRESSIONS INVOLVING THE WORD POSAO (WORK, BUSINESS)

baciti se na posao *to throw oneself into a job*

ženska posla *nonsense*

ćorav posao *useless* (ćorav *blind*)

gledati svoj posao/svoga posla/
                svoja posla
paziti svoj posao
ići za svojim poslom
          } *to mind one's own business*

imati posla preko glave
imati pune ruke posla
          } *to be busy*

LESSON EIGHTEEN
(Osamnaesta lekcija)

■ **PROMETNA NESREĆA** (*Road accident*)

Auto je uskoro bio popravljen i krenuli su ponovo na put. Vozili su se kroz lijepi, bregoviti pejzaž Gorskog kotara. Ručali su u hladu borove šume. Čim su ponovo ušli u auto, Ranko je radosno uskliknuo:

RANKO: Sad ćemo vidjeti more!

NORA: Jako voliš more, je li?

RANKO: Jako!

Kod jednog zavoja, Alanu se učinilo da čuje jak tresak, kao da su se dva automobila sudarila. I Nora je nešto čula.

NORA: Uspori vožnju, Alane, nešto se desilo ispred nas!

ALAN: Morat ću naglo kočiti. Pazite!

Iza krivine su ugledali strašan prizor: mali žuti auto se sudario s kamionom. Nesreća se tek desila i nisu skoro ništa vidjeli od guste prašine.

ALAN: Pričekajte ovdje!

Alan je iskočio iz auta i otrčao do žutog automobila.

ALAN: Je li tko povrijeđen?

VOZAČ: Pomozite mi otvoriti vrata, mislim da sam slomio ruku. Pogledajte što je s djecom otraga.

DJEČJI GLAS: Ništa nam nije, tata. Beba se uplašila i udarili smo se jako o sjedišta, ali imat ćemo samo modrice. Ne brini!

VOZAČ: Hvala bogu, samo da ste mi živi!

Dok im je Alan pomagao prišao im je i šofer kamiona. Bio je potpuno blijed, uplašen i ljut.

ŠOFER: Kakav je to način vožnje! Prvo nauči voziti pa onda sjedni za volan! Nemoj pretjecati na zavojima, jesi li normalan!

ALAN: Smirite se, molim vas, svi ste doživjeli strašan šok. O tome ćete kasnije. Sad treba pozvati miliciju. Ima li svjedoka? Ne dirajte u vozila! Nora, imaš li tople kave u termosu? Daj svima i sačekajte svi ovdje dok se ne vratim.

VOCABULARY

blijed *pale*
bor *pine tree*
bregovit *hilly*
čim *as soon as*
desiti se (pf.) *to happen*
dirati (imp.) *to touch*
doživjeti (pf., doživim) *to experience*
gust *thick, dense*
hvala bogu *thank God*
iskočiti (pf.) *to jump out*
kamion *lorry*
ljut *angry*
modrica *bruise*
način *way*
nesreća *accident, misfortune*
otraga *behind*
povrijeđen *hurt, wounded*

prašina *dust*
pretjecati (pf., pretječem) *to overtake*
radostan (f. radosna) *glad*
slomiti (pf.) *to break*
sudariti se (pf.) *to collide*
svjedok *witness*
šuma *wood, forest*
trčati (imp., trčim) *to run*
tresak (G treska) *bang*
udariti se (pf.) *to knock into*
uplašiti se (pf.) *to be frightened*
uskliknuti (pf., usklikem) *to exclaim*
volan *steering wheel*
vozilo *vehicle*
zavoj *bend, turn (in road)*

UNIT 1. FORMATION OF THE IMPERATIVE

(a) Verbs whose 1st person singular in the present tense ends in:
   -am, -jem, or **-jim**   take the following endings:

	čekam	*pijem*	*bojim se*
2nd pers. sing. **-j**	čekaj!	pij!	boj se!
1st pers. pl. **-jmo**	čekajmo!	pijmo!	bojmo se!
2nd pers. pl. **-jte**	čekajte!	pijte!	bojte se!

Exercise

Give the imperative, all three persons, of the following verbs:
obećati; putovati (putujem); kupovati (kupujem); dati; pričati;
očekivati (očekujem); kriti (krijem); stojati (stojim); čuti (čujem);
zahvaljivati se (zahvaljujem se).

(b) Most other verbs (with present tense ending in **-im** and **-em**) take the following endings:

	govorim	*pišem*
2nd pers. sing. **-i**	govori!	piši!
1st pers. pl. **-imo**	govorimo!	pišimo!
2nd pers. pl **-ite**	govorite!	pišite!

Exercise

Give the imperative of the following verbs:
zaspati (zaspim); šutjeti (šutim); prati (perem); posjetiti; donijeti (donesem); bježati (bježim); učiti; pušiti; ustati (ustanem); staviti.

(c) With verbs whose infinitive ends in **-ći**, the formation of the imperative is not quite so straightforward: the endings are added not to the present tense stem, but to the infinitive stem. The original infinitive stem cannot easily be deduced and the imperatives should therefore be learned as they occur. A good dictionary will provide them.

> e.g.   **reći** (derived from rek-ti, k + i = c) – **reci, recimo, recite**
> **pomoći**   (pomog-ti,   g + i = z) – **pomozi,   pomozimo,**
> **pomozite**

N.B. **ići** and its derivatives form the imperative from the present tense stem:

> *idi, idimo, idite*
> *dođi, dođimo, dođite*

UNIT 2. IMPERATIVE OF BITI

2nd pers. sing. *budi*
1st pers. pl. *budimo*
2nd pers. pl. *budite*

budi razuman! *be sensible!*
budimo ljudi! *let's be decent human beings!*
budite ljubazni! *be so kind (as to ...)*

UNIT 3. 'KRIMIĆ' (17)

–Izvolite ući – rekla je kad su stigli do vrata. – Ništa se ne bojte, *strpite se* i sve će biti u redu.

Pokucala je na vrata koja su se odmah otvorila. *Dubok* glas im je *naredio* da uđu. Kad je ušao u stan, putnika je *konačno uhvatio* pravi strah. *Pitao se* u što ulazi i pomislio je da je *lud* što nije *na samom početku nazvao* miliciju. Sada je prekasno. Kod vrata je *ugledao* dva *krupna* čovjeka koji su *očigledno* stajali kao *stražari*. I jedan i drugi *držali* su ruku u džepu na jako sumnjiv način.

strpjeti se (*pf.*) to be patient; **pokucati** (*pf.*) to knock; **dubok** deep; **narediti** (*pf.*) to order; **konačno** finally; **uhvatiti** (*pf.*) to take hold; **pitati se** (*imp.*) to wonder; **lud** mad; **na samom početku** at the very beginning; **nazvati** (*pf.*) to call, summon; **ugledati** (*pf.*) to catch sight; **krupan** large, hefty; **očigledno** obviously; **stražar** guard; **držati** (**držim** *imp.*) to hold

UNIT 4. IMPERATIVES OF OTHER PERSONS

These are formed by using the present tense and **da** or **neka**:
 (i) 1st person singular **da** + present:
   da vidim! let me see!
(ii) 3rd person singular and plural **neka** + present:

neka dođe!	let him come!
neka čekaju!	let them wait!

Exercise

Prevedite (Translate):
Let me hear! Let's go! Let me try! (probati) Let them sing! Let him sit down! Let them come in! Let's have a look! Let's drink this wine! Let her eat! Let them read a bit longer! (još malo).

UNIT 5. NEGATIVE IMPERATIVE

There are two methods of forming the negative imperative:

(a) **ne** + imperative:

ne brini!	don't worry!
ne dirajte!	don't touch!

In these sentences, the **imperfective** aspect *must* be used. The effect of this method is sometimes rather abrupt.

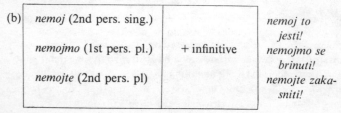

(b)   *nemoj* (2nd pers. sing.)

nemojmo (1st pers. pl.)   + infinitive

nemojte (2nd pers. pl)

nemoj to jesti!
nemojmo se brinuti!
nemojte zaka- sniti!

This method should be used for 'softer' prohibitions.
The perfective aspect may be used.

Exercise

Give the negative imperative of the following verbs:
zaboraviti (ti), doći rano (vi), zakasniti (mi), misliti na to (vi), piti tu vodu (ti).

1st pers. sing. and 3rd persons simply insert the negative particle **ne** before the verb:

neka ne zaboravi!	let him not forget!
neka ne čekaju!	let them not wait!
da ne zakasnim!	let me not be late!

These may also be rendered by means of a request or command to a 2nd person to intervene:

nemoj da zaboravi!	don't let him forget!
nemojte da zakasnim!	don't let me be late!

UNIT 6. SOME USEFUL IMPERATIVE PHRASES

Bježi(te)! Go away! **Gubi(te) se!* Get lost! (use with care!)
Pusti(te) me na miru! Leave me alone!

Pazi(te)! Watch out! *Stani(te)* Stop!
Drž'te lopova! Stop thief!
Dođi ovamo! Come here! *Poljubi me!* Give me a kiss!

UNIT 7. ENGLISH ADJECTIVAL PHRASES EXPRESSED BY A VERB IN SERBO-CROAT

Many expressions composed of *to be* + adj. in English are rendered by a verb in Serbo-Croat. These should be carefully noted as you come to them.

e.g.:   *kasniti, zakasniti*: to be late
   ljutiti se, naljutiti se: to be angry
   strpjeti se (pf.): to be patient
   šutjeti (*imp.*): to be quiet

UNIT 8. 'LJUBAVNA PRIČA' (17)

Čim je Mladen ušao, *nastala* je neugodna *tišina* među djevojkama.
–Dobro, mlade dame, *ponudite* mi da sjednem!
–*Oprosti*, Mladene, baš smo *neuljudne! Hodi ovamo*, molim te, i sjedni do Ankice na divanu. Bit će ti ugodnije nego na tom *stolcu*.
   Mira je ustala s divana da mu ponudi svoje mjesto.
–Nemoj ustajati, ima mjesta za sve.
Mladen je sjeo, sasvim blizu Mire, koja je još uvijek bila neobično blijeda.
–Hajde – rekla je veselo Ankica – pričaj nam što si radio danas. Sviđa li ti se još uvijek Zagreb?
–Razumije se – počeo je Mladen, s *namjerom* da svoje riječi kao *obično okrene* na šalu. Onda se *predomislio* i ušutio.
Cijelo veče je prošlo *ugodno* ali nekako tiho i kao *potišteno*.
Slušali su ploče, pili pivo a na kraju su čak i propjevali. Ali pjevali su *uglavnom tužne* bosanske *sevdalinke*.

nastati (*pf.*) to begin, occur; **tišina** silence; **među** (+ *I*) among; **ponuditi** (*pf.*) to offer; **oprostiti** (*pf.*) to forgive; **neuljudan** impolite; **hodi ovamo** come over here; **stolac** chair; **nuditi** to offer; **namjera** intention; **obično** usually; **okrenuti** (*pf.*) **na šalu** to make a joke; **predomisliti se** (*pf.*) to

change one's mind; **tih** quiet; **potišten** subdued; **čak** even; **propjevati**
(*pf.*) to break into song; **uglavnom** on the whole; **tužan** sad; **sevdalinka**
love song

UNIT 9. TRANSLATION OF 'IT DEPENDS' **kako kad**, etc.

A useful way of expressing English 'it depends when', etc. is to add the
conjunction **kako** to the adverb or pronoun you wish to qualify:

Volite li hladno pivo?
Do you like cold beer?
Kako kad.
It depends, sometimes.
Voli li vaša obitelj lignje?
Does your family like squid?
Kako tko.
It depends, some do.
Kupa li se u toplesu na Jadranu?
Is there topless bathing on the Adriatic?
Kako gdje.
It depends, in some places.

UNIT 10. EXERCISES

(a) Pitanja
1. Kada su ponovo krenuli na put?
2. Kakav je pejzaž Gorskog kotara?
3. Zašto je Ranko radosno uskliknuo?
4. Što je čuo Alan?
5. Što su ugledali iza zavoja?
6. Je li netko bio povrijeđen?
7. Što je bilo s djecom?
8. Kako je izgledao šofer kamiona?
9. Što je radio Alan?
10. Jeste li vi doživjeli prometnu nesreću?

K (b) Prevedite.
It's difficult to be a child. Your parents, teachers, anyone (**bilo tko**) who
is older, all keep telling you (**stalno govoriti**) what you have to do: 'Get

up, get dressed, clean your teeth, make your bed, don't forget to comb your hair, don't be late for the bus, eat it all up, be home at seven o'clock, telephone as soon as you arrive, come here, don't be rude (**biti bezobrazan**), don't speak to me like that!'

I wonder (**pitati se**), shall I talk to my children like that?

ustati (**ustanem**) to get up; **obući se** (**obučem**) to dress; **zub** tooth; **namjestiti krevet** to make one's bed; **očešljati kosu** to comb hair; **dijete** (*n*) child; **djeca** (*collec., f. sing*) children

LESSON NINETEEN
(Devetnaesta lekcija)

■ **RAZGOVOR O VREMENU** (*Conversation about the weather*)

Na kraju tog dana konačno su stigli na Jadran. Ranko je bio sav
sretan, a Alan i Nora su se divili lijepoj plavoj boji mora.

NORA: Ako nađemo privatni smještaj, prenoćit ćemo ovdje, je li?

ALAN: Hoćemo. More izgleda tako privlačno! Da smo samo ranije
stigli, mogli bismo se odmah kupati.

NORA: Ništa za to, ima vremena! Ako brzo nađemo sobu barem ćemo
moći potražiti ugodan restoran. Jeste li gladni?

RANKO: Ja jesam. Mogao bih pojesti vola!

NORA: Hajdemo odmah, dakle! Meni se jede nešto s roštilja.

ALAN: Ali pogledajte kako je nebo oblačno. Bojim se da bi sutra mogla
padati kiša. Što misliš, mali?

RANKO: Možda, ali ako pada neće dugo.

NORA: Je li ljeti uvijek lijepo ovdje na obali?

RANKO: Ima ponekad bure. To obično traje dan dva pa je onda opet
lijepo.

ALAN: Ako je vrijeme jako toplo, ima valjda ponekad oluje s
grmljavinom?

RANKO: Ima. Ja to volim!

NORA: A kakvo je vrijeme ovdje zimi?

RANKO: Vjetar puše. Može biti kišovito. Ali nije nikad jako hladno.

ALAN: Čuo sam da je boravak u hotelu na Hvaru zimi besplatan ako
temperatura padne ispod stanovite granice.

NORA: Plaćate pola cijene ako je hladno, a besplatno je tek ako pada
snijeg.

ALAN: Što se zaista ne bi moglo desiti!

NORA: Mislim da bi meni najviše odgovarao boravak na Jadranu ili u
jesen ili u proljeće. Onda je vrijeme valjda umjereno: nije ni
prehladno a ni pretoplo. Vrućina mi škodi.

ALAN: Doći ćemo mi jedne godine u proljeće, recimo u maju. A sad
nemojmo više pričati, ovaj restoran izgleda jako privlačan.

NORA: Ja bih rado sjedila vani. Večer je za mene zaista najljepše doba
dana.

VOCABULARY

besplatan (f. besplatna) *free*
boja *colour*
bura *north-east wind, storm*
cijena *price*
diviti se (imp.) *to wonder at*
granica *limit*
grmljavina *thunder*
jesen (f.) *autumn*
kiša *rain*
kišovit *rainy*
kupati se (imp.) *to bathe*
ljeti *in summer*
obala *coast, shore*
oblak *cloud*
odgovarati (imp.) *to suit*
oluja *storm*

padati (imp.) *to fall*; pasti (pf., padnem)
pojesti (pf., pojedem) *to eat up*
privlačan (f. privlačna) *attractive*
proljeće *spring*
puhati (imp. pušem) *to blow*
roštilj *charcoal grill*
snijeg *snow*
stanovit *certain*
stupanj (G stupnja) *degree*
škoditi (imp.) *to harm* (+ D)
umjeren *moderate*
vani *outside*
vjetar (G vjetra) *wind*
vol *ox*
zaista *really*

UNIT 1. FORMATION OF THE CONDITIONAL

This mood expresses such statements as:
  I would like to live here
  That really could not happen
In Serbo-Croat it is a compound tense composed of the active present participle (the same as that used for the perfect) and the aorist of **biti**.

(a) Generally speaking, the auxiliary is placed in the same position as other auxiliary (enclitic) verbs (**sam**, etc. and **ću**, etc.) There are therefore two possible positions for the participle, depending on whether or not the pronoun, or other preceding word, is used.

ČITATI

Pronoun	Auxiliary	Participle		Participle	Auxiliary
Ja	*bih*	čitao/čitala		čitao/čitala	*bih*
Ti	*bi*	čitao/čitala		čitao/čitala	*bi*
On	*bi*	čitao		čitao	*bi*
Ona	*bi*	čitala		čitala	*bi*
Ono	*bi*	čitalo			
Mi	*bismo*	čitali		čitali	*bismo*
Vi	*biste*	čitali		čitali	*biste*
Oni	*bi*	čitali		čitali	*bi*
One	*bi*	čitale		čitale	*bi*
Ona	*bi*	čitala			

(b) *Negative*

The negative particle **ne** is placed immediately before the auxiliary:

Ja ne bih čitao   Ne bih čitao

Ne bih nikad od njega kupio auto
I'd never buy a car from him
Ne bi slušala
She wouldn't listen
Ne biste stigli na vrijeme
You wouldn't get there in time

(c) *Interrogative*

Question marker	auxiliary	participle	
Zašto	*biste* (*vi*)	*stajali?*	Why should you stand?
Koliko	*bih* (*ja*)	*platila?*	How much would I pay?
Gdje	*bi* (*oni*)	*ručali?*	Where would they have lunch?
Kada	*bi* (*ona*)	*došla?*	When would she come?
Da li	*bismo*	*zakasnili?*	Would we be late?

BUT we have seen that the Western variant of Serbo-Croat prefers the construction verb + **li** to **da li** + *verb*.

The following structure for the interrogative conditional is then preferred:

Bih li (ja) došao? *Would I come?*

Bi li (ti) pjevala? *Would you sing?*

Bi li (on) vozio auto? *Would he drive the car?*

Biste li (vi) mogli pomoći oko kupovine? *Would you be able to help with the shopping?*

Such questions may then be answered by the auxiliary on its own:

Biste li putovali s nama? Bismo.	*Would you travel with us? Yes*
Bi li on mogao ući? Bi.	*Could he come in? Yes*
Bi li ti pušila? Bih!	*Would you smoke? Yes!*

K Exercise

Prevedite slijedeće rečenice:

1. I would not want to go out today.
2. Would you like to travel with them?
3. Would we be able to help?
4. I would invite her, but she wouldn't come.
5. It would be better to have lunch here.
6. She would not want to sit with him.
7. Would you write to me?
8. Would he believe that?
9. He would not recognise[1] the children.
10. Could they come tomorrow?
    ([1]**prepoznati**)

As a rule, English *would* may be translated by **bih**, etc. In addition to conditionals, it is used to express:

(i) habitual actions

Pročitao bi po pet knjiga svakog tjedna

He would read some five books each week

(ii) 'softened' requests and statements

Biste li otvorili prozor?	Nešto bih vas pitao
Would you open the window?	*I would (like to) ask you something*

Ne bih to preporučila   Ne bih to radio
I wouldn't recommend that   *I wouldn't do that*

UNIT 2. CONDITIONAL CLAUSES

In Serbo-Croat you must distinguish between *real* conditions and *hypotheses*.
In real conditions *if* is translated by **ako** and the tenses are the same as in English:

Ako nađemo smještaj, prenoćit ćemo ovdje
If we find accommodation, we'll spend the night here
Ako je lijepo vrijeme, uvijek večeraju vani
If it's nice weather, they always have dinner outside
Ako je on to rekao, možemo mu vjerovati
If he said that, we can believe him

UNIT 3. 'KRIMIĆ' (18)

Ušli su i vrata su se *zatvorila* za njima. Iza *leđa* putnik je čuo kako se *zaključavaju*. Nalazili su se u nekakvom predsoblju. Žena je pošla do drugih vrata, zakucala i odmah ih *otvorila*. Na dnu velike *mračne* sobe bio je veliki *pisaći stol*, iza kojega je, u *ogromnom naslonjaču*, sjedio čovjek koji je očigledno bio 'šef'. Ništa nije govorio. Samo je gledao kako putnik ulazi i prilazi k stolu. Kad je *stigao* do njega, putnik nije znao što da radi. Stajao je i čekao, ne bi li 'šef' nešto rekao.

leđa (*n. pl.*) back; **zaključavati** (*imp.*) to lock; **zatvoriti** (*pf.*) to shut; **otvoriti** (*pf.*) to open; **mračan** dark; **pisaći stol** desk; **ogroman** enormous; **naslonjač** armchair; **poznat** known; **stići** (**stignem**, *past participle* **stigao**, *pf.*) to reach

UNIT 4. HYPOTHESES

There are two kinds of hypothetical statement:
(a) Unreal conditions
   These are statements in which the condition has not been or will not be met.

e.g.   *If you were here, you would see him.*
        (*But you are not, so you cannot.*)
        If it had not been raining, we would have gone out.
        (*But it was, so we did not.*)

In such sentences in Serbo-Croat, the verb in the main clause is in the conditional as you would expect. What is different is the 'if' clause.

It should be quite simple to distinguish between real and unreal conditions, but English is misleading because the same particle *if* is used for both.

The two sentences above could also be expressed:

Were you here, ...

Had it not been raining, ...

In this case the unreality of the propositions is more obvious. When you need to translate an English 'if' clause, then, you should see whether the 'if' can be omitted in this way. This does not always work, but it is a useful rough guide.

The subordinate clause in such cases is in Serbo-Croat introduced by the conjunction **da** + appropriate tense:

Da si ovdje, vidio bi ga.

Da nije padala kiša, izašli bismo.

(b) There is also a category of potentially realizable conditions.

e.g.   *If he were to come on time, we would be able to see him.*

The subordinate clause in such sentences in Serbo-Croat is introduced by **kad** or **ako** + *conditional:*

Kad bi došao na vrijeme, mogli bismo ga vidjeti

Ako bi se javila, rekao bih da te nema

If she were to phone, I'd say you weren't in

K **Exercise**

Prevedite slijedeće rečenice:

1. If you want to see them, come straight away.
2. If you knew what she told me, you would not laugh.
3. If we go by this road, we'll reach the coast sooner.
4. If you wanted to see him, why didn't you say so?
5. If I had read the letter, I would have known you were coming.
6. You would have liked the film, if you had seen it.
7. Would they have travelled with us if we had gone by train?
8. If she had arrived on time, she would have met our son.

9. Please tell me if the plane is late.
10. If you are hungry, you can have dinner with us.

UNIT 5. REFLEXIVE TO EXPRESS 'I FEEL LIKE'

Notice this use of the reflexive:
  Meni se jede nešto s roštilja. *I feel like eating ...*
  Spava mu se *He's feeling sleepy*
  Ne radi nam se *We don't feel like working*

UNIT 6. 'LJUBAVNA PRIČA' (18)

U jedanaest sati Mira je pogledala na *sat*.
–Jao, djeco, moram odmah poći. *Ubit* će me stari ako zakasnim.
–Imaš pravo, vrijeme je – kaže Ankica – moram i ja poći.
–Na koju stranu idete? – pita Mladen. – Mogao bih vas ja *otpratiti*.
–Baš si ljubazan. Pa ja *stanujem* tri kuće *odavde! Prema tome* ne bi ti *oduzelo* mnogo vremena. Ali Mira ima više od pola sata do kuće.
–Oh, hvala. *Navikla* sam. Imam autobus manje više ispred kuće. Ništa mi ne treba – kaže Mira *odlučno*.
–Možda, ali tako sam *odgojen*. Što mogu, ne bih mirno spavao da znam da hodaš sama u noći.
–Hvala ti onda. Samo da uzmem *kišnu kabanicu* pa možemo poći ako toliko insistiraš!
–*Ni riječi više*. Još jednom ti hvala, Vesna, bilo je jako ugodno.
–Hvala što si došao. Do viđenja. Zdravo, Miro.
–Bog, Vesna, do sutra. I... hvala.

sat watch; **ubiti** (*pf.*) to kill; **otpratiti** (*pf.*) to accompany; **stanovati** (*imp*, **stanujem,**) to live, reside; **odavde** from here; **prema tome** consequently; **oduzeti** (*pf.* **oduzmem**) to take away, to take up; **navikao** accustomed; **odlučno** decisively; **odgojen** brought up; **kišna kabanica** raincoat; **ni riječi više** not another word

UNIT 7. EXERCISE

K Prijevod
Translate the following conversation into Serbo-Croat:

A. What's the weather like today? It looks nice.

B. Why do you ask?

A. I thought we could go out somewhere, if it's not raining.

B. It's cold, I would prefer[1] to stay at home.

A. You can't stay inside all day!

B. Why not?

A. Come on, the sun's shining[2]. We could go to Sljeme.

B. It's always windy on hills.

A. Rubbish[3]!

B. You go then.

A. It would be nicer if we were together.

B. I agree. How would it be if we walked together to the City café? ...

   ([1]use **više voljeti**; [2]**sjati**; [3]**gluposti**!)

UNIT 8. SOME IDIOMATIC EXPRESSIONS INVOLVING THE WORD BOG (GOD)

bog bi ga znao ⎫	
bog zna ⎬	*goodness knows*
pitaj boga ⎭	
bog bogova	*fantastic*
biti bog i batina	*to be the 'boss', very important*
bogu iza leđa ⎫	
gdje bog svoga nema ⎬	*far-flung, remote*
gdje je bog rekao laku noć ⎭	
moliti koga kao boga	*to ask a favour*
krasti bogu dane	*to be lazy, to waste time*
živjeti kao mali bog	*to live well*
ne daj Bože ⎫	
ni za miloga/živa boga ⎭	*God forbid*
nije bog zna što	*it's nothing special*

LESSON TWENTY
(Dvadeseta lekcija)

■ **U TRAFICI** (*At the tobacconist's*)

Slijedećeg dana ustali su rano. Nebo se potpuno razvedrilo i bio je opet krasan, sunčan dan.

NORA: Morat ću kupiti neke stvari prije nego pođemo na kupanje. Hoće li netko sa mnom?

RANKO: Ja ću, volim kupovati.

ALAN: Idem i ja. Što trebaš, Nora?

NORA: Ležeći u krevetu, sjetila sam se da nemam više papira za pisma. Voljela bih kupiti i neke razglednice.

ALAN: A dok smo se vozili ja sam mislio da bi bilo dobro nabaviti novu kartu. Ova koju nam je Slavko dao nije dovoljno detaljna.

RANKO: Bih li ja mogao kupiti loptu?

ALAN: Kako da ne! I ja se rado igram loptom! Kamo ćemo dakle?

NORA: Vraćajući se sinoć iz restorana, primijetila sam trafiku gdje bismo vjerojatno mogli naći sve što trebamo.

u trafici

ALAN: Pazi, imaju rječnike i gramatike. Pogledat ću što ima dok vi tražite što trebate. Znam da ima jedan novi rječnik, tiskan prošle godine. Volio bih ga kupiti.

PRODAVAČICA: Žao mi je, gospodine, ali taj rječnik je već rasprodan. Imam ovaj zgodni džepni rječnik ako vam to odgovara.

ALAN: Hvala, pogledat ću gramatike.

NORA: Imate li koverte za avionska pisma? Trebam i obična pisma i malu bilježnicu. Voljela bih kupiti i neku dobru knjigu na hrvatskosrpskom. Recimo neki roman poznatog jugoslavenskog nobelovca Ive Andrića.

ALAN: Dabome, a budući da smo u Hrvatskoj, možda bi nam prodavačica mogla preporučiti neki novi roman najmlađeg naraštaja hrvatskih pisaca.

NORA: A ja ću i jednu zbirku pjesama. Znam da ima jako dobrih i poznatih pjesnika u svakoj republici: žao mi je samo što ne znam čitati i slovenski i makedonski.

ALAN: Prije nego ti kupiš cijelu knjižnicu, ja moram i u apoteku: trebam pastu za zube, žilete i pjenu za brijanje.

NORA: Kupi i ulje za sunčanje, svima nam će biti potrebno.

VOCABULARY

apoteka *chemist*
bilježnica *notebook*
budući *since* (lit.: being that ...)
dabome *of course*
igrati se (imp.) *to play*
koverta *envelope*
kupanje *bathing*
ležati (imp., ležim) *to lie*
lopta *ball*
nabaviti (pf.) *to purchase, to acquire*
naraštaj *generation*
nebo *sky*
nobelovac *Nobel prizewinner*
papirnica *stationer's*
pasta za zube *toothpaste*
pazi *look!*
pjena *foam*
   pjena za brijanje *shaving cream*

pjesma *poem, song*
pjesnik *poet*
prodati (imp.) *to sell*
prodavačica *shop assistant*
rasprodan *sold out*
razglednica *picture postcard*
razvedriti (pf.) *to clear up*
rječnik *dictionary*
roman *novel*
sjetiti se (pf., + G) *to think of, to remember*
tiskati (imp.) *to print*
trafika *tobacconist's*
ulje *oil*
   ulje za sunčanje *suntan oil*
zbirka *collection*
žao mi je *I am sorry*
žilet *razor blade*

UNIT 1. PARTICIPLES (*verbal adverbs or gerunds*)

There are four participles in Serbo-Croat, of which two are verbal adjectives and two verbal adverbs.

We have already met the active past participle (**bio, imao**, etc.), and know that this is one of the adjectival forms.

We shall come to the passive past participle later, as it is not in very common use.

(a) Verbal adverbs or gerunds

There are two, one denoting simultaneous action and the other past action: (i) *seeing* (ii) *having seen*

(i) *Present gerund*

This is formed by adding the suffix **-ći** to the 3rd person plural of the present tense of the IMPERFECTIVE:

(oni) govore	– *govoreći*	speaking
(oni) pišu	– *pišući*	writing
(oni) imaju	– *imajući*	having

The gerund is infrequently used, even in the written language, except in certain situations.

The present gerund of **biti** is based on the perfective 3rd pers. pl. **budu = budući**

This is used frequently as a conjunction with *da*:

Budući da smo u Hrvatskoj...

Since we are in Croatia...

Budući da je lijepo vrijeme...

Since it is nice weather...

The gerund is strictly speaking indeclinable (like all adverbs).

But certain gerunds are becoming increasingly used as adjectives:

budući   *Da te upoznam sa svojim **budućim** mužem!*

Let me introduce you to my future husband!

idući   *Vratit će se sigurno **iduće** godine ako mogu.*

They will certainly come back next year if they can.

slijedeći   ***Slijedećeg** dana smo se rano probudili.*

We woke up early the following day.

tekući   *Koliko imaš na **tekućem** računu?*

(teći: to flow)   How much have you got in your current account?

(ii) *Past gerund*

This is formed by adding the suffix **-v, -vši** (after a vowel) or **-avši** (after a consonant) to the infinitive stem:

usta-ti	*ustavši*	rek-ti (reći) *rekavši*
vidje-ti	*vidjevši*	mog-ti (moći) *mogavši*
sjeti-ti	*sjetivši se*	

Again, the past gerund is rarely used: it is more common to find a whole clause where such a participle is used in English

Having started the book I'd like to finish it

Kad sam počeo čitati knjigu, htio bih je završiti

or Budući da sam počeo...

or Počeo sam, pa bih htio...

As in the case of the present gerund, we find that the past gerund of **biti: bivši** is in common use as an adjective:

Da te upoznam sa svojom bivšom suprugom!

Let me introduce you to my former wife!

Ta kuća pripada bivšem predsjedniku vlade

That house belongs to the former prime minister

N.B. The common English construction with the active present participle ending in -ing can cause problems in translating.

e.g. I heard the birds singing

such sentences should be rendered by **kako** + present (imperfective) tense:

Čuo sam kako ptice pjevaju.

K Exercise

Prevedite slijedeće rečenice:

1. I think I saw them coming.
2. Have you heard her singing?
3. We found them playing in the park[1].
4. He didn't notice me going out.
5. She stood by the window and watched the people passing by[2].
   ([1]**park**; [2]**prolaziti**)

UNIT 2. 'KRIMIĆ' (19)

Putniku se činilo da tišina traje *beskrajno* dugo. Bilo mu je jako neugodno. A poslije možda dvije minute *pažljivog promatranja*, 'šef' se *uspravio* na *stolcu, naslonio se laktovima* na stol i rekao putniku da mu je drago što ima priliku da ga *konačno* upozna. Zamolio ga je da im *oprosti* što ga tako dugo i *neočekivano zadržavaju*. Sve će mu uskoro biti jasno a *u međuvremenu* njemu bi bilo drago kad bi putnik *pristao* da s njim popije po čašicu austrijskog vina.

beskrajno endlessly; pažljiv careful, attentive; promatranje observation (*from* promatrati); uspraviti (*pf.*) to straighten up; stolac chair; nasloniti se (*pf.*) to lean; lakat elbow; konačno finally; oprostiti (*pf. + D*) to forgive; neočekivano unexpectedly; zadržavati (*imp.*) to hold up, delay; u međuvremenu in the meantime; pristati (*pf.* pristanem) to agree

UNIT 3. PARTICIPLES (*CONT.*). *Passive past participle, verbal nouns*

(b) Passive past participle
    This is the other verbal adjective.
Passive participles are formed from the Infinitive stem of either aspect.
Most verbs with Infinitive ending in **-ati** have passive participle in **-an**:
    čitati – čitan, čitana, čitano
    pozvati – pozvan, pozvana, pozvano
Most verbs with Infinitive ending in **-iti** or **-eti/-jeti** have **-jen**:
(see Appendix 6 for rules of effect of *j* on preceding consonant)
    vidjeti – viđen, viđena, viđeno
    učiniti – učinjen, učinjena, učinjeno
Verbs with Infinitive ending in **-nuti** have **-nut**:
    prekinuti – prekinut
Verbs with Infinitive ending in **-eti** and present **-mem** or **-nem** have **-et**:
    zauzeti (zauzmem) *– zauzet*
    prokleti (prokunem) *– proklet*
These are the most common regular patterns.

    Je li ovaj kruh dobro ispečen?
    Is this bread well baked?
    Stol je prostrt, kruh je narezan, vino je ohlađeno, riža je kuhana, dođite ručati!
    The table is laid, the bread is cut, the wine chilled, the rice boiled, come and have lunch!

Verbal nouns
Many of these passive participles may be made into nouns by the addition of the suffix **-je**

osloboditi	**osloboden**	**oslobodenje**
to liberate	*liberated*	*liberation*

čitati	čitan	čitanje
promatrati	promatran	promatranje
učiti	(učen)	učenje

Intransitive verbs cannot have a passive participle, in such cases the endings *-anje* or *-enje* are added to the infinitive stem.

kupati se	kupanje
sjediti	sjedenje
putovati	putovanje

UNIT 4. 'LJUBAVNA PRIČA' (19)

Mira je sjedila u autobusu bez riječi.
–Što si tako *šutljiva*, pita *veselo* Mladen – to nije u tvom *stilu*, koliko sam mogao primijetiti.
–Pa i nije, imaš pravo.
–Što ti je onda, nešto si mi tužna?
–Nisam, zaista, ne znam što mi je ovih dana... *Pustimo* to. *Dokle* misliš ostati u Zagrebu?
–Ne znam točno. Još nekoliko dana.
–Imaš li... *obaveza*..? *počinje* Mira – Čeka li te... netko?
–Djevojka, misliš?
–Pa... *bilo tko*.
–*U neku ruku* da. Idem već dosta dugo s jednom curom ali...
–Ali...?
–Ne znam dokle će trajati. A ti, koliko dugo ste ti i Ivan *skupa*?
–Bit će *skoro* godinu dana. Ali...
–Ali?
–Bolje o tome ne govoriti. Ne *smijem*. *Pogotovu* ne s tobom.
–Zašto? Zar nismo prijatelji?
–Jesmo, Mladene. Hajde, ovo je moja stanica.

šutljiv quiet; **veselo** cheerfully; **stil** style; **tužan** sad; **pustiti** (*imp.*) to leave; **dokle** until when; **obaveza** obligation, responsibility; **počinjati** (*imp.* počinjem) to begin; **bilo tko** anyone; **u neku ruku** in a way; **ići s** to go out with; **skupa** together; **skoro** almost; **smjeti** (*imp.* smijem) to dare, to be allowed; **ne smijem** I may not; **pogotovu** particularly

UNIT 5. READING PASSAGE (*Tekst za čitanje*)

Miroslav i Katica Spajić rade u Njemačkoj već petnaest godina. Sada se spremaju za povratak i, kao mnogi drugi Jugoslaveni, grade kuću u rodnom selu. Svake godine kad dolaze na odmor, ponešto urade na kući. Dok je Miroslav dovršavao ogradu, Katica je pričala kako su odlučili poći u Njemačku.

–Znate, ja sam radila u Zagrebu a suprug je bio zaposlen u Vinkovcima. U to doba još nismo bili oženjeni, tek smo se zabavljali. I tako jednoga dana, kad je završio radno vrijeme, a izgledao je upravo kao sada, u radnom odijelu, prljav od posla, s nešto novca u džepu i bez ikakvog dokumenta, odlučio me posjetiti u Zagrebu. Kupio čovjek kartu i sjeo na vlak. No ovakav kakav je izgledao učinio se sumnjivim kondukteru i ovaj je bez mnogo razmišljanja pozvao milicionera. Miroslav ničim nije mogao dokazati svoj identitet i završio je u milicijskoj stanici na Zrinjevcu u Zagrebu. Tamo je dao telefonski broj mojeg brata, budući da ja nisam imala telefon kod kuće, a bilo je i poslijepodne, i, bogami, milicioneri njega nazovu. On opet, budući da je znao za našu vezu, dođe do mene, i kaže mi otprilike ovako: 'Onaj tvoj, eno ga, stigao je, nalazi se u miliciji, otiđi po njega, ako hoćeš.'

Odjurila sam naravno kao bez duše i kad smo pred zabezeknutim milicionerima jedno drugome pali u zagrljaj, njima je postalo jasno da Miroslav nije sumnjiv nego zaljubljen čovjek, a nama da ćemo ostatak života provesti zajedno.

Notes

rade: notice the use of the present tense to express English 'they *have been working*'.

svake godine: G used for 'times when' an action takes place.

urade: notice the use of the perfective here. It conveys the notion that the individual job is completed. It is possible to use the present because the verb does not describe current, 'on-going' activity.

dovršavao: by contrast the imperfective must be used here, with **dok**. The basic verb is **završiti** (to finish) which is perfective. An imperfective **završavati** can then be used to describe action in the process of completion. A further nuance is added in this case by the prefix **do–**: **dovršiti** (pf.) suggests that the finishing touches to completion have been or will be made, while its pair, the imperfective **dovršavati** used here, suggests that those finishing touches are in the process of being made. This would have to be conveyed by a whole phrase in English: 'While he was putting the finishing touches....'

a suprug: notice that the possessive pronoun is not used as a rule when the possessor is the subject of the verb: possession is assumed.

oženjeni: strictly speaking **oženiti** is an action that only the male partner can undertake: to 'take a wife'. The verb is used now increasingly to express 'to marry' in general (although it is never used of women).

s nešto novca: 'with a bit of money'.

kupio čovjek kartu i sjeo na vlak: notice that the auxiliary has been omitted in this rapid, dramatic narrative. Don't try to imitate this stylistic device yourself just yet!

učinio se sumnjivim: notice the use of the Instrumental. It may be used also after **postati** (to become) and **smatrati** (consider).

ničim: I of **ništa**. Notice also the double negative.

jedno drugome: 'to each other', the Neuter is used for mixed gender. If both are men, then: **jedan drugom**; if both are women, then: **jedna drugoj**.

Vocabulary

graditi (*imp.*) to build; **povratak** return: **odmor** rest, holiday; **ograda** fence; **zaposlen** employed; **zabavljati se s** to go out with; **dokazati** (*pf.*) to prove; **bogami** *colloquial interjection*, 'really', 'honestly'; **veza** connection; **otprilike** roughly; **eno** + *G cf.* **evo** (*here is/are*) there is/are (like French 'voici' *evo* and 'voilà' *eno*); **odjuriti** (*pf.*) to rush; **duša** soul, **kao bez duše** 'like a mad thing'; **zabezeknut** astounded; **zagrljaj** embrace, hug; **postati** (*pf.*) to become; **zaljubljen** in love; **ostatak** the remainder

LESSON TWENTY-ONE
(Dvadeset prva lekcija)

■ **PISMO** (*Letter*)

Draga Zdenka,

Pišem ovo pismo, sjedeći na plaži, naslonjena na jastuk u jako udobnom sjedištu. Baš mi je lijepo! Alan se igra loptom s jednim malim dečkom koji je s nama putovao ovamo. Sutra ga moramo odvesti baki u Zadar. Bit će nam žao, toliko smo se već navikli na njega. Donekle nam popunjava prazninu koju ostavlja odsutnost naše vlastite djece! Pitamo se kako si ti i tvoji? Jedva čekamo da vas vidimo. Spremamo se za Dubrovnik krajem ovog tjedna i nadamo se da ćemo vas tamo zateći. Ako budete imali vremena, bili bismo jako zahvalni kada biste se mogli raspitati za privatni smještaj. Samo za Alana i mene. Ako se bude slučajno desilo da malog vodimo sa sobom, lako ćemo moći i njega nekako smjestiti. Imamo gumeni madrac koji se za čas može napumpati ili napuhati. Kako se zvao onaj lijepi veliki hotel preko puta Lokruma s pogledom na dubrovačku luku? Je li 'Excelsior'? Čini mi se da jest. Jedne godine sam bila našla divnu sobu u tom kraju ali na žalost mi se kći razboljela pa sam se morala vratiti u Englesku...

Do sada smo putovali bez većih uzbuđenja. Jednom nam se auto pokvario ali smo ga brzo popravili. Inače smo svuda našli ugodna mjesta za noćenje i sve u svemu bilo nam je izvanredno lijepo. Sada želimo još dobro razgledati Zadar, pa provesti dan dva u Splitu. Prijatelji u Zagrebu nam rekoše da tamo svakako pogledamo neku opernu predstavu. Vidjet ćemo da li ima karata. Baš bih to voljela, iako Alan nije bogzna kakav ljubitelj opere. Njega će vjerojatno više zanimati muzeji i rimski ostaci grada.

Pretoplo mi je, moram se osvježiti u moru. Upravo gledam kako Alan i mali Ranko skaču i prskaju se vodom. Neodoljivo!

Puno pozdravi sve svoje, do skorog viđenja,

voli te tvoja Nora

VOCABULARY

bogzna (lit.: God knows) *really*
za čas *in a moment*
donekle *up to a point*
gumen *rubber*
jastuk *cushion, pillow*
jedva *hardly*
   jedva čekam *I can't wait*
kći *daughter*
kraj *area, region*
luka *harbour*
madrac *mattress*
napuhati (pf.) *to blow up*
napumpati (pf.) *to pump up*
naslonjen (past participle of
   nasloniti se, pf.) *to lean*
navikao (f. navikla) *accustomed*
neodoljiv *irresistible*
odsutnost (f.) *absence*
ostatak (G ostatka) *remainder*

osvježiti se (pf.) *to refresh oneself*
popunjavati (imp.) *to fill*
pozdraviti (pf.) *to greet*
praznina *emptiness, gap*
preko puta (+ G) *opposite*
prskati (imp.) *to splash, spray*
raspitati se (pf.) *to make enquiries*
rimski *Roman*
skakati (imp., skačem) *to jump, to*
   dive
sjedište *seat*
svuda *everywhere*
upravo *just*
vlastiti *one's own*
zahvalan (f. zahvalna) *grateful*
zanimati (imp.) *to interest*
zateći (pf., zateknem) *to find, to*
   catch

UNIT 1. OTHER TENSES

There are four tenses which you have not yet encountered: the aorist, imperfect, pluperfect and future perfect. Of these, the future perfect is the only one you are likely to use with any frequency, but you should be able to recognise the others, particularly in certain stock phrases.

(a) Aorist

You have already come across the aorist of **biti: bih**, etc. Apart from this, you are most likely to meet it in dialogue involving the verb **reći** (to say):

   Doći ću, reče   '*I shall come*,' he said

or in reported speech:

   Rekoh da ću doći   *I said I would come*

The aorist endings of **reći** are, then:
(ja) **rekoh**, (ti) **reče**, (on) **reče**, (mi) **rekosmo**, (vi) **rekoste**, (oni) **rekoše**

In the modern language, however, the past perfect tense has virtually replaced the aorist. In narration, its place is frequently taken by the *historic present*, i.e. the present tense used with past meaning to convey speed or suddenness of action.

e.g.:   Pokupiše sav novac i pobjegoše
Pokupe sav novac i pobjegnu
They collected all the money and ran away

(b) Imperfect

Again, this tense has been virtually replaced by the perfect. You may sometimes hear the imperfect of **biti**, however, so it is as well to be able to recognise it:

(ja) **bijah** or **bjeh,** (ti) **bješe,** (on) **bješe,** (mi) **bijasmo** or **bjesmo,** (vi) **bijaste, bjeste**, (oni) **bijahu, bjehu.**

(c) Pluperfect

This is a compound tense, consisting of either the Imperfect of **biti** and the active past participle (**bijah došao**) or the Perfect tense of **biti** and the past participle (**bio sam došao**). The second method is more common.

(d) Future Perfect

While still not very common, this tense is in far more general use than the others and you should therefore learn its formation and usage.
It is composed of the Present Perfective of **biti** and the active past participle:

> (ja) budem pisao/pisala
> (ti) budeš pisao/pisala
> (on) bude pisao
> (ona) bude pisala
> (mi) budemo pisali
> (vi) budete pisali
> (oni) budu pisali
> (one) budu pisale

This tense is used to express an action in the future which precedes another action in the future:

> Javit će ti se čim se bude vratio
> *He'll ring you as soon as he gets back*
> Pročitat ću tvoju knjigu kad budem imala vremena
> *I shall read your book when I have time*

The verb in the main clause need not be in the future tense in Serbo-Croat: a relatively frequent use is in expressing requests which refer to the future:

> Kupi mi novine kad se budeš vraćao
> *Buy me a newspaper on your way home*
> Ako budete našli kave, uzmite pola kile za mene
> *If you find any coffee, get me half a kilo*

K Exercise

Translate the following sentences, using the future perfect in the subordinate clause:

1. If you see him, tell him I've arrived.
2. When you leave the town, the river will be on the left-hand side.
3. Tell me what you think when you have seen the film.
4. They will see the new car outside the house as they arrive.
5. When she finishes school, she's going to Paris for a year.

UNIT 2. 'KRIMIĆ' (20)

Kad su *ispraznili čaše*, 'šef' je dao znak ostalima da ga puste samog s putnikom.

–Gospodine Johnson (jer se tako zvao naš 'putnik') – reče tiho – *Računam* na vas da ostanete mirni i da *surađujete* s nama bez uzbuđenja. U tom slučaju će sve dobro i brzo završiti.

–Ne razumijem, rekli su mi da *dođem* ovamo po pasoš. Što znači 'surađivati'? Što očekujete od mene?

–To što od vas očekujemo, to jest, *pravilnije, zahtijevamo*, nije mnogo. Za vas mislim. A za nas bi predstavljalo velika pomoć. *Radi se* o nekim *informacijama*, o nekim *podacima* s kojima vi *radite* svakim *radnim* danom...

isprazniti (*pf.*) to empty; **čaša** glass; **računati** (*imp.*) to count, reckon; **surađivati** (*imp.* **surađujem**) to co-operate; **očekivati** (*imp.* **očekujem**) to expect; **to jest** that is; **pravilan** correct; **zahtijevati** (*imp.*) to demand; **radi se** it's a question of . . .; **informacije** (*pl.*) information; **podatak** datum, fact; **radni** working

UNIT 3. REFLEXIVE PASSIVE

In Lesson 19 it was suggested that in Serbo-Croat the notion of passivity is conveyed somewhat differently from in English. One of the main methods is the use of the *reflexive* form with verbs which are otherwise transitive. The object of the transitive verb becomes the subject of its reflexive form:

> Pije li se pivo kod vas?
> *Is beer drunk in your country?*
> Ovdje se ne govori engleski.
> *English is not spoken here.*
> Gdje se kupuju karte?
> *Where does one buy tickets?* (Where are tickets bought)
> Kako se kaže . . .?
> *How do you say . . .?* (How is it said)
> Ovdje se primaju stranke
> *Clients are received here*

K̲ **Exercise**

Translate, using the reflexive passive:
1. I hear that very good cheese is made[1] here.
2. Can Radio-Zagreb be heard in London?
3. His books are read throughout[2] the world.
4. The cathedral can be clearly seen on the hill.
5. Luggage is not accepted at left-luggage[3] after 10 pm.
   ([1]**praviti** to make; [2]**širom** + G; [3]**garderoba**)

UNIT 4. EXPRESSION OF 'WHOEVER', 'WHATEVER', ETC.

The addition of the particle **bilo** to various pronouns and adverbs conveys English – **ever**:
bilo tko *whoever*; **bilo što** *whatever*; **bilo gdje** *wherever*; **bilo kad** *whenever*

Donesi mi bilo kakvu knjigu
Bring me any kind of book whatever
Uradi to na bilo koji način
Do that in any way whatever

UNIT 5. 'LJUBAVNA PRIČA' (20)

Kad su *sišli* s autobusa, Mladen je uzeo Miru za ruku i zaustavio se pod *svjetiljkom*. Naslonio se o *stup*.

–Slušaj, Miro – reče – zašto si tako *tajanstvena*? Želim znati što se dešava. Zašto si rekla 'pogotovu ne sa mnom'? Ima tu nešto što ja ne razumijem.

–Bolje ne pitati, Mladene. Bolje da se ne *izražava* riječima ... Nešto mi je *čudno otkad* si ti među nama. Želim biti stalno kraj tebe. Sada, sama s tobom u ovoj noći čini mi se da sam u *raju*. Želim da ovaj *trenutak* potraje *zauvijek*. Ali čim to kažem znam da će sve odmah završiti.

–Jesi li *normalna*? A Ivan? Dok sam *gost* u njegovoj kući? Kako ti nešto takvo može pasti na pamet!

–Nemoj, Mladene, molim te! Kažem ti, znam da je sve *gotovo* čim se izrazi riječima. Ah, tako mi je bilo lijepo večeras, i tako je kratko trajalo!

–Nemoj biti tragična. Nije se ništa desilo. Ionako se moram vratiti kući.

–Kako se zove tvoja djevojka?

–Što pitaš? Nije zbog nje.

–Nego?

–Hajde. Gdje ti je kuća? Kasno je već.

–Dakle, gotovo je.

–Nije ništa gotovo, ništa nije ni bilo. Hajde, uđi i mirno spavaj. Ujutro će ti se ovaj razgovor činiti *smiješnim*.

–Laku noć. Daj da *se rukujemo* i ne ljuti se na mene....

sići to get down, off; **svjetiljka** light; **stup** post; **tajanstven** mysterious; **izražavati** (*imp.*), **izraziti** (*pf.*) to express; **čudno** strange; **otkad** since; **raj** paradise; **trenutak** instant; **zauvijek** forever; **normalan, 'jesi li normalan?'**, 'are you crazy!'; **gost** guest; **gotovo** finished; **smiješan** funny; **rukovati se** (*imp.* **rukujem se**) to shake hands

UNIT 6. READING PASSAGE

Ovih dana se u rudniku 'Tito' priča o dvadeset šest godišnjem vlakovođi Neziru Lugaviću koji je zaustavio jedan nekontrolirani vlak i time spasio mnoge ljudske živote. Priča sam Lugavić:–Onoga dana bio sam na zadnjem, desetom vagonu. Na jednom mjestu cijela se kompozicija počela brže kretati, a trebalo je biti upravo obratno. Onda je od lokomotive došao znak za opasnost. Ti su zvižduci nama željezničarima dobro poznati i više se nisam morao pitati što je posrijedi. Bilo je očito da se lokomotiva ne može zaustaviti. Postojala je mala šansa da to uradim ja. Svaki vagon ima i svoju ručnu kočnicu a jedna od njih je bila meni na dohvat ruke. Svom snagom sam ukočio deseti vagon, ali se ostalih devet i dalje kretalo sve većom brzinom.

Umjesto uobičajenih dvadeset, vlak je postigao brzinu od preko šezdeset kilometara na sat. Na jednom mjestu je iskočio strojovođa i pao na cestu. Stotinjak metara dalje na isto se odlučio i ložač. Ovaj je, teže povrijeđen, ostao ležati pored pruge. Priču nastavlja jedan svjedok:

–Moj se vrt nalazi neposredno uz prugu. Radio sam u njemu kad sam začuo zvižduk lokomotive koji upozorava na opasnost. Malo zatim pojavila se i kompozicija, koja je jurila neuobičajeno velikom brzinom. Uz pomoć jednog kolege prebacio sam povrijeđenog ložača do bolnice a zatim zaustavio prvi automobil koji je naišao i krenuo prema rudniku na koji je trebao naletjeti vlak. Bio sam uvjeren da je teška nesreća neizbježna. Vlastitim očima nisam mogao povjerovati kad sam vidio kako vlak stoji na ravnom dijelu pruge ...

Već su i stotine stanovnika grada gledale kako se Nezir Lugavić prebacuje iz vagona u vagon i na svakom od njih aktivira ručnu kočnicu. Pri brzini od preko šezdeset kilometara na sat morao je trčati po neravnom tovaru ugljena, a zatim napeti svu snagu mišića kako bi se blokirali već gotovo usijani kotači. Pri tome su se svakog časa vagoni s tovarom od po dvadeset tona ugljena mogli prevrnuti.

Notes

se ... priča: notice the use of the reflexive form as an impersonal passive expressing a general statement: 'people are talking'; notice also the separation of the reflexive particle from the verb.

godišnji: the adjective from **godina**: 26 godišnji – the 26 year-old ...
    The adjective also means 'annual' (cf. **mjesečni, tjedni**, etc.)

vlakovođa: several nouns, particularly those describing occupations, are feminine in form, but logically masculine. They may take a feminine adjective in the plural, when they describe a type rather than an individual. In the singular, the adjective is usually masculine, as here. (cf. **vođa**: leader)

mnoge: there is an adverb **mnogo** + G in very common use ('a lot of...'), but where the sentence demands a particular case, and especially with respect to *persons*, the adjective **mnogi** is preferred.

sâm: take care with the pronunciation of this adjective, which has a long falling accent and should be readily differentiated from the unstressed verbal **sam**. The sentence **sâm sam**: 'I am alone' should consist of two distinct qualities of sound.

poznat: passive past participle of **poznati**: 'known'.

više se nisam morao pitati: notice the word order.

što je posrijedi: notice the absence of sequence of tense. The guard wondered: 'What *is* the matter?' and that is the tense used in reported speech.

da to uradim ja: notice the position of the very emphatic personal pronoun: the final position in any sentence tends to carry particular stress.

ali se ostalih devet kretalo: remember: G pl. with 9 + neuter sing. verb.

kad sam vidio kako vlak stoji: 'When I saw the train *STANDING*'

gledali su kako se prebacuje: 'They saw him *CROSSING*.....'

Exercise

1. Make two lists of the verbs in the text: imperfective and perfective and find adequate translations for each, observing the reason for the use of each aspect.
2. Underline all the enclitics in each sentence and observe their placing.

Vocabulary

rudnik mine; **vlakovođa** guard; **spasiti** (*pf.*) to save; **zadnji** last; **kompozicija** collection of wagons making up a train; **kretati se** (*imp.* **krećem**) to move; **obratno** the other way round, opposite; **opasnost** danger; **zvižduk** whistle; **željezničar** railway worker; **ručni** hand; **kočnica** brake; **na dohvat** + G within reach; **ukočiti** (*pf.*) to brake; **umjesto** (+ G) instead of; **uobičajen** usual; **postići** (*pf.*) attain; **brzina**

speed; **preko** (+ G) more than, over; **iskočiti** (pf.) to jump out; **strojovođa** engine driver; **stotinjak** a hundred or so; **isto** the same; **vrt** garden; **uz** (+ A) beside; **upozoravati** (imp.) to warn; **juriti** (imp.) to rush; **povrijeđen** injured; **ložač** fireman (on a train); **uvjeren** convinced; **neizbježan** unavoidable; **vlastit** one's own; **tovar** load; **ugljen** coal; **napeti** (pf. **napnem**) to strain; **mišić** muscle; **usijan** red-hot; **kotač** wheel; **prevrnuti se** (pf.) to overturn

UNIT. 7. SOME COLLOQUIAL EXPRESSIONS

biti dosadan: navaljivati kao mutav na telefon
'to bore like a stutterer on the phone'

biti dvoličan: misliti duplo
'to think double', be dishonest

biti stalno zaposlen: imati kuvertu
'to have an envelope', be employed

biti mrtav: mirisati travu iz korena
'to smell the grass from the roots', be dead

biti naivan: veslo sisati sisati ćošak od stola
'to suck an oar/the corner of the table', to be naive

biti pijan: ne vidjeti ni bijelu mačku
'not to see even a white cat', to be drunk

biti posljednji: izigravati fenjer
'to play the lamp-post', to be last

biti sam: solirati
to be alone

biti istog ukusa: biti iste krvne grupe
'to be of the same blood group', to have the same tastes

biti dobro raspoložen: biti u fazonu
'to be in fashion', to be in a good mood

LESSON TWENTY-TWO
(Dvadeset druga lekcija)

■ **U MILICIJI** (*At the police station*)

(A) Uzeli su sve svoje pakete i krenuli iz apoteke prema kući u kojoj su spavali. Kad su stigli do vrata, Nora je ustanovila da nema svoje taške.

NORA: Mora da sam je ostavila na podu. Sjećam se da sam je bila metnula na pod s jednim paketom dok sam razgledala neki zgodan nakit koji je tamo bio izložen. Onda si ti zvao i uzela sam paket. Zaboravila sam na tašku.

ALAN: Je li bilo mnogo toga u njoj?

NORA: Nešto sitniša u novčaniku, ključevi, takve stvari. Hodi, Ranko, trčimo!

U radnji su pitali prodavačicu je li slučajno netko našao i predao crnu žensku tašku.

PRODAVAČICA: Žao mi je, ali ništa nismo primili. Jeste li sigurni da ste je ostavili baš u ovom dućanu?

NORA: Jesam, i to prije možda desetak minuta.

PRODAVAČICA: Najbolje je da idete odmah na miliciju prijaviti izgubljeno. Može biti da je taška nađena. Milicijska stanica vam je iza prvog ugla desno.

(B)

MILICIONAR: Treba popuniti ovaj formular. Točno u koliko sati ste izgubili tašku? Jeste li primijetili još nekoga osim vas dvoje u dućanu u to doba?

ALAN: Bila su dvojica mladića koji su kupovali žilete.

MILICIONAR: Biste li ih mogli opisati?

ALAN: Donekle. Jedan je bio plav, jedan crn s dugom kosom, može biti stranac. Nosili su traperice i jedan je bio u plavoj majici, drugi čini mi se u bijeloj košulji.

MILICIONAR: A što ste imali u taški, gospođo?

NORA: Ništa od velike vrijednosti – nešto sitnog novca, ključeve, šminku, maramicu. Meni su najdragocjenije stvari u njoj fotografije naše djece i notes s adresama.

MILICIONAR: Sačekajte ovdje jedan moment.

Milicionar se vratio poslije nekoliko minuta, s najlon vrećicom u ruci. Izgleda da imate sreće, gospođo. Dvoje djece je našlo ovu tašku na ulici prije nekoliko minuta i predalo je. Razumije se da nema novca, ali je sve ostalo unutra.

VOCABULARY

desetak *roughly ten, ten or so*
dragocjen *precious*
dućan *shop*
izgubiti (pf.) *to lose*
izgubljen (passive participle) *lost*
izložen *laid out, displayed*
kosa *hair*
maramica *handkerchief*
nađen (passive participle of naći) *found*
nakit *jewellery*
notes *notebook*
opisati (pf., opišem) *to describe*

ostaviti (pf.) *to leave, to abandon*
plav *blond* (of hair, otherwise *blue*)
pod *floor, ground*
razgledavati (imp.) *to examine*
sitniš *small change, loose coins*
stranac (G stranca) *foreigner*
šminka *make-up*
taška *handbag*
traperice (f pl.) *jeans*
ustanoviti (pf.) *to ascertain*
vrećica *bag*
   najlon vrećica *plastic bag*
vrijednost (f.) *value*

UNIT 1. COLLECTIVE NUMERALS

(a) Neuter collective numerals

Where English has a limited number of collective numerals – 'pair', 'trio', 'quartet', 'quintet', etc. – it is possible to make a collective neuter form of virtually any number in Serbo-Croat:

dvoje, troje, četvoro/četvero, petoro, šestero, sedmero . . . jedanaestero, dvanaestero, etc.

As in English ('a pair of . . .') these numerals take the Genitive:

Desetero putnika je došlo na izlet
Ten passengers came on the outing

They are used in two main situations:

(i) When the numeral refers to a group of mixed gender:

Troje nas je sjedilo na terasi
Three of us were sitting on the terrace
Ima šestero gostiju za večeru
There are six guests for dinner

(ii) With collective nouns, whether or not they refer to the same gender: **djeca** (which may be mixed or not), **braća** (which is obviously all male):

>Imamo troje djece: dva sina i kćer
>
>*We have 3 children: 2 sons and a daughter*
>
>Karte za četvero odraslih i dvoje djece, molim
>
>*Tickets for 4 adults and 2 children, please*

(in this case the children could be two boys or two girls or mixed)

>Zamisli, ona ima sedmero braće!
>
>*Imagine, she's got 7 brothers!*

There are declensions for these numerals, but they are virtually obsolete:

>G.: dvoga, troga, četvorga, etc.
>
>D/P/I: dvomu/dvoma, tromu/troma, četvormu/četvorma, etc.

These forms are never used in the modern language after a preposition, but you will find them occasionally in oblique cases when there is no preposition:

>Putovat ću s dvoje prijatelja
>
>*I shall travel with five friends*

BUT
>Nama dvoma je govorio
>
>*He spoke to the two of us*

(b) Masculine collective numerals

These are used to refer to a group of males. They have a feminine singular form, but are followed by a plural verb. If the verb is in the past tense, the participle may be either masculine plural or feminine singular:

>Dvojica su došla (*or* došli)
>
>*Two men came*

They are formed by the addition of the suffix: **-ica** to the collective stem:

>*dvojica, trojica, četvorica, petorica, šestorica*, etc.

They are generally used when the men they refer to have already been mentioned:

>Ona ima sedmero braće, trojica su liječnici, dvojica su inzenjeri, a dvojica su još uvijek na fakultetu
>
>*She has 7 brothers, 3 are doctors, 2 engineers and 2 are still at university*

(c) 'Both'

English 'both' may be expressed in each of these ways:
oboje

Imam sina i kćerku, oboje su kod bake

I have a son and a daughter, they are both at their grandmother's
obojica

Poznajem njena dva brata, obojica su zgodna

I know her two brothers, both are good-looking

UNIT 2. DISTRIBUTIVE NUMERALS

There are adjectival forms of the neuter collective numerals, which agree in all respects with the noun they qualify. They must be used

(i) with those nouns which have only plural forms:

dvoja vrata   *two doors*

troje novine   *three newspapers*

and (ii) with nouns denoting pairs of things:

Kupila sam dvoje cipele   *I bought 2 pairs of shoes*

On treba troje nove čarape   *He needs 3 new pairs of socks*

Morate otvoriti četvore oči 'You must have your eyes wide open'

	M.	N.	F.
N	dvoji	dvoja	dvoje
G	dvojih	dvojih	dvojih
D	dvojim	dvojim	dvojim
A	dvoje	dvoja	dvoje
P/I	dvojim	dvojim	dvojim

M.	N.	F.
petori	petora	petore
petorih	petorih	petorih
petorim	petorim	petorim
petore	petora	petore
petorim	petorim	petorim

Čitali smo istu vijest u trojim novinama

We read the same piece of news in 3 papers

Brava na dvojim vratima se slomila
The lock on two doors is broken

UNIT 3. 'KRIMIĆ' (21)

Gospodin Johnson je bio *zaprepašten*. Ništa nije mogao reći, samo je gledao *široko* otvorenih očiju u 'šefa'.

–Sad ću vam objasniti o čemu se radi. Vi ste šef jednog važnog *odjeljenja* u *poduzeću* u Velikoj Britaniji. *Saznali* smo da to odjeljenje *proizvodi* nešto što bi nam bilo od velike *koristi*.

Obaviješteni smo da ste na putu za Jugoslaviju da biste organizirali *zajednički pothvat*. Ne želimo da naši *suparnici* u Jugoslaviji *raspolažu* podacima o ovom *proizvodu*. Svi su *podaci* u ovoj koverti. Želim da dobro *proučite sadržaj* ove koverte. Ako vas ostavimo na miru, vjerujem da ćete se moći sjetiti svih *pojedinosti* koje nas zanimaju.

–Tko ste vi?!

–To *se* vas ne *tiče*. Dajte nam samo podatke. Razumije se da vas moramo zamoliti da ostanete ovdje dok naši *stručnjaci* ne naprave prototip. Poslije toga ćete moći slobodno poći u Jugoslaviju ili se vratiti u Veliku Britaniju.

zaprepašten astounded; **široko** wide; **otvorenih očiju** with wide open eyes; **odjeljenje** department; **poduzeće** enterprise, firm; **saznati** (*pf.*) to get to know; **proizvoditi** (*imp.*) to produce; **korist** use; **podatak** fact; **obaviješten** informed; **zajednički pothvat** joint venture; **suparnik** rival; **raspolagati** (*imp.*) to have access to; **proizvod** product: **proučiti** (*pf.*) to study; **sadržaj** content; **pojedinost** detail; **ticati se** (*imp.* **tičem**) to concern; **stručnjak** expert

UNIT 4. ASPECT (II)

We touched on the question of aspect in Lesson 2. Now we should consider it in more detail. You have come across many examples of the use of aspect in the lessons and the reading passages. When you have worked through the next two lessons, it would be advisable to look back over all the earlier material, observing the use of aspect.

Examples of aspect pairs:
  (i) Već šest mjeseci kupuju novu kuću, sad su je konačno kupili.
      *They have been buying a new house for 6 months, now they've finally
      bought one*
 (ii) Pijete li uvijek hladan čaj? Svoj sam već odavno popila!
      Do you always drink cold tea? I drank mine long ago!
(iii) Putuje se tri sata do Sarajeva, kad namjeravate otputovati?
      One travels three hours to Sarajevo, when do you intend to leave?
 (iv) Rado vam dajem te tri knjige, ali ovu ne bih nikome dala!
      *I gladly give you those three books, but I wouldn't give this one to
      anybody!*
  (v) Ovo dijete strašno polako jede, bit će dovoljno ako pojede meso.
      *This child is eating terribly slowly, it will be enough if he eats up the
      meat*

Notice that in each pair the first verb describes an open-ended action,
while the second denotes an action conceived as finite, whether in the
past, present or future.

K **Exercise**

Translate the following pairs of sentences, selecting the verbs from the
list below. (The Imperfective is given first in each case.)
kasniti, zakasniti; silaziti, sići; pisati, napisati; sjećati se (+ G)*;
sjetiti se; čitati, pročitati; prolaziti, proći; kriti* (krijem)*, sakriti; otvarati se,
otvoriti se; jesti* (jedem)*, pojesti; piti, popiti.*
  1. The train is thirty minutes late.
  2. He was late for dinner again.
  3. I'm coming down by lift, wait for me at the door.
  4. Excuse me, are you going to get off at the next stop?
  5. I wrote this letter last week and it's still on my desk!
  6. She's writing to her brother in the living room.
  7. I don't remember this crossroads, are you sure this is the right
     way?
  8. At last he has remembered where he parked the car!
  9. Your daughter reads very well, how old is she?
 10. Leave[1] him to read his letter in peace.
 11. My friend passes by that shop every day.
 12. He passed by me in the street, but he didn't see me.
 13. I'm sure she's hiding something from us.
 14. My aunt hid her jewellery somewhere and now she can't find it.
 15. The post office opens at 8 o'clock, you can buy the stamps then.

16. That new shop will open on the fifth of October.
17. We never eat before 8.30 in the evening, so come when you can.
18. Will he be able to eat this whole portion?
19. Drink up that red wine, then you can try this white.
20. We're drinking homemade brandy, will you (have some) too?
    (¹pustiti . . . na miru)

UNIT 5. 'LJUBAVNA PRIČA' (21)

Slijedećeg dana, Mira *ustaje* kasno. Mladen joj je stalno na pameti. *Vrti se* oko telefona. Na kraju izlazi u dugu šetnju sa *psom*. Roditelji je sumnjivo gledaju.

–Što ti je, dijete? Da nisi bolesna?

–Nisam. Ništa mi nije. Želim malo prošetati. Pustite me na miru.

Kad se vrati poslije podne, odmah sjedne da telefonira Vesni.

–Ah, Miro, gdje si bila? Ivan te je *više puta tražio*. Nije bilo nikoga kod tebe a nije znao gdje da te nađe.

–Izašla sam. Je li ti Ivan nešto rekao?

–*U vezi* s čime?

–S Mladenom. Možda će uskoro otići.

–Kako ti je bilo s njim? Dobro je *ispalo* što te je mogao *otpratiti*, zar ne?

–Ne znam, možda baš nije bilo dobro.

–Zašto?

–Previše sam mu rekla. Zato tako brzo odlazi.

–A možda nije, *daj* pozovi Ivana pa vidi.

–Hoću. *Svratit* ću kasnije do tebe, *može*?

–*Dakako.* Zdravo.

ustajati (*imp.*) to get up; **vrtjeti se** to turn, fidget; **pas** dog; **više puta** several times; **tražiti** to look for, seek; **u vezi** in connection with; **ispasti** to turn out (*lit.* to fall out, **ispadnem**); **otpratiti** (*pf.*) to accompany, see home; **daj** imperative of **dati**, 'go on, give him a ring'; **svratiti** (*pf.*) to call on; **može** okay; **dakako** of course

UNIT 6. READING PASSAGE

N.B. This text is written in the Eastern, ekavian variant of Serbo-Croat.

Kupovina nameštaja

Nameštaj se ne kupuje svakog dana, zato pazite. Najbolje je da u kupovinu nameštaja ili samo nekog posebnog komada koji vam je potreban, pođete pripremljeni. Nameštaj je skup i zato mora da ima sledeća svojstva: da lepo izgleda, da je funkcionalan i da traje godinama. Samo vrlo naivan kupac kupovaće nameštaj na osnovu preporuka prodavača, ili privlačnih reklamnih tekstova u prospektima koje nude proizvođači. Iskusniji potrošač zna da pre kupovine mora dobro da razmotri sve elemente: osim izgleda nameštaja i cene, veoma su važni i kvalitet upotrebljenog materijala, kvalitet izrade, presvlaka, laka, završne obrade...

Ukoliko ne znate na šta sve treba da obratite pažnju evo nekoliko praktičnih uputstava i saveta stručnjaka za nameštaj. Verujemo da će vam koristiti kada pođete u kupovinu.

–Jezik prospekata primamljiv je i lep. Ali, ako ga bolje proučite, videćete da često ništa ne kaže, ili da vas dovodi u zabludu. Često se prikazuje slika kreveta, vrlo povoljne cene; međutim, kada se odlučite za kupovinu, saznaćete da se cena odnosi samo na prazan krevet bez madraca. Zato se uvek najpre informišite koji su delovi nameštaja uključeni u cenu, a koji nisu.

–Klasična površina nameštaja je furnir, to jest tanki sloj od drveta. Znajte: ukoliko je furnir tanji, utoliko se teže uklanjaju ogrebotine koje mogu da nastanu, jer ako pokušate da ih otklonite poliranjem – probićete tanki furnir.

–Još pre deset godina bila je prava umetnost dobiti tako poliranu površinu da bude glatka kao ogledalo. Sada industrija u tu svrhu koristi poliester-lak koji leži na površini kao tanki sloj stakla. Tako obrađene površine otporne su na ogrebotine, vodu, alkohol, sredstva za čišćenje, pa čak i na lak za nokte.

–Pažljivo pregledajte okove, posebno sa zadnje strane. Najbolji su okovi sa ekscentričnim šrafom koji se može dobro pričvrstiti. Zato je dobro prilikom kupovine da nameštaj nekoliko puta pomerate i klatite da biste videli da li su okovi čvrsti.

–Posebnu pažnju zaslužuju šipke za vešanje u ormaru. Te šipke moraju da izdrže teret nekoliko mantila, zimskih kaputa, pet-šest odela i kostima. Pre kupovine ih zato isprobajte, vukući ih nadole. Ako se šipke upadljivo saviju, znajte da nisu kvalitetne.

–Ko neće da doživi da mu se krevet noću sruši, neka pre kupovine dobro pogleda okove. Ako vam se učini da su slabi, bolje je da ne kupite.

−Prilikom kupovine nameštaja za kuhinju treba imati u vidu da mora da izdrži velike promene vlažnosti vazduha, promene u temperaturi, prskanje masti, jaka sredstva za čišćenje... Dobro bi bilo da prokontrolišete da li prilikom kuckanja po vratima ili stranama nameštaja, dobijate šuplji zvuk (jer to znači da takav deo kuhinjskog nameštaja ima punjenje od kartona, što ukazuje na loš kvalitet).

Ako poslušate ovih nekoliko saveta, sigurno je da sa nameštajem koji ste kupili nećete imati problema. Zato, otvorite četvoro očiju...

Notes

nameštaj se ne kupuje reflexive passive.

godinama notice the Instrumental: 'for years'.

kupovaće the Eastern variant writes the infinitive and future auxiliary together when this follows the infinitive.

na šta sve 'to everything'.

vukući present gerund 'pulling'.

noću I of **noć**: 'at night'.

prilikom kupovine lit. 'on the occasion of buying' – 'when buying'.

problema notice the use of the Genitive after the negative verb, which also has a partitive sense: 'any problems'.

Vocabulary

nameštaj furniture (*W* **namještaj**); **pripremljen** prepared (*past passive participle of* **pripremiti**); **svojstvo** quality, attribute; **kupac** buyer; **osnova** basis; **preporuka** recommendation; **prodavac** seller; **reklama** advertisement; **prospekt** brochure; **nuditi** (*imp.*) to offer; **proizvođač** producer; **potrošač** consumer; **razmotriti** (*pf.*) consider; **upotrebljen** used (*p.p.p. of* **upotrebiti**); **izrada** workmanship; **presvlaka** upholstery; **lak** varnish; **završna obrada** finishing; **ukoliko** insomuch as; **obratiti pažnju** to pay attention; **uputstvo** instruction; **stručnjak** expert; **koristiti** (*imp.*) to use; **primamljiv** alluring; **proučiti** (*pf.*) study; **dovoditi u zabludu** (*imp.*) to lead one to make a mistake, to mislead; **prikazivati** (*imp.*) to show; **povoljan** advantageous; **odnositi se** to refer; **madrac** mattress; **deo** part (*W* **dio**); **uključen** included; **površina** surface; **furnir** veneer; **tanak** thin; **sloj** layer; **drvo** wood; **uklanjati** (*imp.*) to remove; **ogrebotina** scratch; **poliranje** polishing; **probiti** (*pf.*) to pierce; **umetnost** art; **gladak** smooth; **ogledalo** mirror; **u tu svrhu** to that end; **staklo** glass; **otporan** resistant; **sredstvo** means; **čistiti** (*imp.*) to clean; **nokat** nail (finger); **okov** plate; **šraf** screw; **pričvrstiti** to tighten; **pomerati** to shift; **klatiti** to rock;

zasluživati (*imp.*) deserve; **šipka**: rod; **vešanje** hanging; **teret** load; **vući** pull; **nadole** downwards; **upadljivo** strikingly; **savijati** bend; **srušiti** collapse; **slab** weak; **imati u vidu** bear in mind; **izdržati** (*pf.*) to bear, support; **promena** change; **vlažnost** damp; **vazduh** air (*W* zrak); **prskanje** splashing; **mast** (*f.*) fat; **kuckanje** tapping; **šuplji** hollow; **zvuk** sound; **punjenje** filling; **karton** cardboard; **poslušati** (*imp.*) obey; **četvoro očiju** (lit.) 'four sets of eyes', 'with your eyes open.'

UNIT 7. SOME IDIOMATIC EXPRESSIONS INVOLVING THE WORD ŽIVCI (NERVES)

trošiti živce
to become very nervous, irritated
gubiti živce
to lose control
pogoditi nekoga u živac
to cut to the quick
ići nekome na živce
to get on someone's nerves
imate željezne živce
to have nerves of steel (*lit.: iron*)

LESSON TWENTY-THREE
(Dvadeset treća lekcija)

■ **KOD LIJEČNIKA** (*At the doctor's*)

(A) U Zadru su najprije pronašli kuću Rankove bake. To je bila vitka gospođa u šezdesetim godinama, s gustom sijedom kosom koju je nosila u pundži, živim crnim očima i veselim izrazom lica. Zagrlila je dečka, a zatim pozvala Cameronove u kuću.

BAKA: Jako je ljubazno od vas što ste Ranka doveli k meni. To nam je velika usluga.

NORA: Kako vam je sada kći?

BAKA: Hvala na pitanju. Sad joj je bolje. Morali su je operirati i sada mora ležati u bolnici još tjedan dana. Poslije toga bi trebala otići na petnaest dana u planine na oporavak.

ALAN: Dugo to traje, dakle.

BAKA: Da, ali, hvala Bogu, nije više opasno. Sada mora samo biti malo opreznija, i kažu liječnici da će uskoro moći živjeti potpuno normalnim životom.

NORA: To nam je jako drago čuti. A Ranko je bio savršen putnik. Uvijek veseo, ništa mu nije bilo teško niti neprijatno.

BAKA: Mali je lijepo odgojen, a ima i sretnu narav.

ALAN: Kad smo već kod zdravlja, mislim da bi bilo pametno da mi svratimo do liječnika. Na početku našeg puta ovamo, povrijedio sam lakat i nikako ne ide na bolje. Boli me kad vozim i postaje dosta neugodno. Volio bih da ga liječnik pregleda.

BAKA: To neće biti nikakav problem. Vjerujem da će moj liječnik biti večeras u ambulanti. Sad ću se javiti bolničarki da provjerim.

NORA: Bih li ja mogla poći u isto vrijeme? Mene glava prilično gadno zaboli ako sam predugo na suncu i ne znam koji bi mi lijek protiv glavobolje najviše pomogao.

BAKA: Vratit ću se odmah. Vi se odmorite od puta i poslužite se ovim kolačima, molim vas. Jutros sam ih umijesila. Valjda su dobri!

(B) LIJEČNIK: Dobar večer, gospođo Cameron. Pregledao sam vam supruga i dao sam mu mast za lakat. Treba ga dobro namazati kremom ujutro i prije spavanja. Počet će odmah djelovati. A vama treba neki prašak za glavobolju, je li tako? Dat ću vam nešto jako, a preporučujem vam da pijete što više mineralne vode i po mogućnosti izbjegavate najjače sunce.

VOCABULARY

ambulanta *clinic*
bolničarka *nurse*
boljeti (imp., bolim) *to hurt*
djelovati (imp., djelujem) *to act*
glava *head*
glavobolja *headache*
izbjegavati (imp.) *to avoid*
izraz *expression*
lakat (G lakta) *elbow*
lice *face*
liječnik *doctor*
lijek *medicine*
mast (f.) *ointment*
narav (f.) *nature, disposition*
odgojen *brought up*
opasan (f. opasna) *dangerous*
operirati (imp.) *to operate*
  (+ dir.obj.)

oporavak (G oporavka)
  recuperation
oprezan (f. oprezna) *careful*
planina *mountain*
poslužiti se (pf.) *to help oneself*
povrijediti (pf.) *to injure*
provjeriti (pf.) *to confirm*
prašak (G praška) *powder*
pundža *bun* (hair)
savršen *perfect*
sijed *grey* (of hair)
sretan (f. sretna) *happy, fortunate*
svratiti (pf.) *to call on*
umijesiti (pf.) *to mix, to bake*
usluga *favour, service*
vitak (f. vitka) *slender*
zagrliti (pf.) *to embrace*
zdravlje *health*

UNIT 1. ASPECT (III)

This is a large and complex subject and we can do no more than touch on one or two features in these lessons.

We have already looked at many examples of the practice, we should now consider some features of the theory.

(a) In attempting to formulate a useful description of aspect it is best to start with the more clearly marked quality of *perfective* verbs. Their function is to express a single, finite action which cannot be divided into phases:

> **Pojeo sam sladoled.**

This sentence does not refer to the beginning, middle or end of the action or the process of eating the ice-cream. It describes the totality of the action.

Došli smo da te vidimo.

Again, there is no reference here to the business of arriving, the speaker's concern is entirely with the fact of having arrived. This is the clearest use of the perfective.

The function of imperfective verbs is vaguer, they express an action which may have various different qualities – it may be

gradual: **Jedem sladoled i gledam more**

repeated: **Dolazimo često na ovu plažu**

general: **Vole čitati stripove**   (*They like to read comic strips*)

We have described this function earlier as 'open-ended' and 'on-going'. All of these terms are impressionistic and vague. The closest we can get is perhaps to say that the imperfective describes an action which is *not* conceived as an indivisible total.

Another example of this 'open-endedness' is the use of the imperfective to describe an action which was not actually brought to completion:

Nekoliko dana se odlučivao da otputuje

He had been deciding to leave for several days

or   *He spent several days trying to make up his mind to leave*

If this is contrasted with the perfective

Već se nekoliko puta odlučio da otputuje

He has already decided to leave several times

it should be clear that in the first instance the subject did not actually make the decision, in the second he did but something evidently prevented him carrying it out.

Again:

Cijeli dan je gledala izloge i kupovala nove haljine, ali nijedna joj nije odgovarala.

She spent the whole day looking in shop-windows and buying new dresses, but she did not like a single one

In this case she bought the dresses in her imagination only.

Tog dana je kupila tri nove haljine

That day she bought three new dresses

In this case it might have taken her all day, but she did buy the dresses in the end.

Since the perfective is conceived as an indivisible totality, it will be obvious that verbs such as **početi** (to begin), **produžiti** (to continue),

završiti (to finish), etc., which refer specifically to the phases of a process (the beginning, middle and end, respectively) – such verbs *must* be followed by the *imperfective*:

Počela sam učiti vaš jezik, tko zna hoću li ga ikad naučiti!
I have begun to study your language, who knows if I'll ever learn it!
Probudit ćemo susjede, ako produžimo ovako glasno pjevati!
We'll wake the neighbours, if we carry on singing so loudly!
Kad budete završili čitati, posudite mi tu knjigu, molim vas.
When you've finished reading, please lend me that book.

UNIT 2. 'KRIMIĆ' (22)

Šef je *dotaknuo* malo *zvonce* na stolu i lijepa žena *se pojavila* na vratima. Dao joj je znak i zamolio gospodina Johnsona da je slijedi. Šef se ljubazno *pozdravio* s njim i preporučio mu da dobro razmisli pa će se opet vidjeti ujutru. Lijepa žena je odvela gospodina Johnsona u jednu drugu sobu. Bila je to *prostrana prostorija*, ugodno *namještena* ali bez ijednog prozora. Lijepa žena je pokazala rukom na stol koji je bio *pokriven* bijelim *stolnjakom*. Na njemu je bilo svakojakih *ukusnih* hladnih *jela*, salata, voća. Bila je čak i boca crnog vina. Sa širokim smiješkom, lijepa žena mu je rekla da samo *pozvoni* ako mu još nešto zatreba. *Inače* mu želi da se lijepo odmori. Vidjet će se ujutru.

dotaći (*pf.*, dotaknem) to touch; **zvonce** bell (*diminutive of* **zvono**); **pojaviti se** (*pf.*) to appear; **pozdraviti se** (*pf.*) to greet, say goodbye; **prostran** spacious; **prostorija** room; **namješten** furnished; **pokriven** covered; **stolnjak** tablecloth; **jelo** dish; **pozvoniti** (*pf.*) to ring; **inače** otherwise

UNIT 3. ASPECT (IV)

(b) *Features of English as a guide to choosing aspect*
1. (i) The meaning of a given verb: the nature of some types of action suggests a particular aspect.
    (a) *Imperfective*. Verbs such as: to rest, to sleep, to listen, to watch, to study, to walk, to talk, etc.
    (b) *Perfective*. to say, to learn (as opposed to 'to study'), to switch on or off, to glance, to catch sight of, etc.

(ii) Verbs expressing sense impressions such as 'to see' and 'to hear' may be followed by either an infinitive or a participle in English. We have seen that for the participle construction Serbo-Croat requires **kako** + *present*:

Čuo sam ga kako prilazi
I heard him approaching
Vidjeli su ih kako se igraju loptom
They saw them playing ball
These constructions require the IMPERFECTIVE.

Infinitive constructions, on the other hand, tend to indicate the PERFECTIVE:
Čini mi se da sam čuo kako je ušao
I think I heard him come in
Vidio je kako je predsjednik predao dokumente
He saw the president hand over the documents

(iii) Progressive tenses in English *must* be translated by the *imperfective* in Serbo-Croat:

    I am sitting by the window thinking
    Sjedim kraj prozora i razmišljam
    He was reading a newspaper
    Čitao je novine
    She will be waiting on the platform
    Čekat će na peronu

N.B. This does *not* mean that simple tenses in English denote the perfective!

2. Adverbs and conjunctions as determining factors
  (i) Adverbs
  Some adverbs clearly indicate one or other aspect:
  Imperfective: constantly (**neprestano**); all the time (**stalno**); regularly (**redovito**), a long time (**dugo**), all day long (**cijeli dan**), some time (**neko vrijeme**), etc.
  Perfective: at last (**konačno**); all at once (**odjednom**); suddenly (**iznenada**); immediately (**odmah**); abruptly (**naglo**), etc.
  (Of course some flexibility will be required according to context: e.g. *At last they are on their way* obviously refers to an 'on-going' action.)

  (ii) Conjunctions
  Some may denote either aspect, depending on context:

> *You ought to nibble something **when** you drink strong drinks*
> Morate nešto grickati kad pijete žestoka pića (imp.)
> *They took off their shoes **when** they entered the mosque*
> Izuli su cipele kad su ušli u džamiju (pf.)

Others indicate the imperfective:

> *She knitted this jumper **while** she was (lying) in hospital*
> Isplela je ovaj džemper dok je ležala u bolnici
> *As we came I noticed your new car*
> Dok smo dolazili primijetila sam tvoj novi auto

Others the perfective:

> *I shall telephone **as soon as** I arrive*
> Telefonirat ću čim stignem

(iii) Phrases introduced by 'for' and 'in'

Time phrases introduced by 'for' tend to lay emphasis on the *process* of the action:

> *We wrote letters **for** three hours*
> Pisali smo pisma tri sata

The imperfective is used to express this emphasis.

On the other hand, phrases introduced by 'in' emphasise the totality of the action:

> *We wrote the letters **in** three hours*
> Napisali smo pisma za tri sata

K UNIT 4. EXERCISE

Translate the following passage, selecting from the aspect pairs below. They are given in the order in which they occur in the text and the first verb in each pair is the imperfective.

The last passengers got out[1] in the suburbs and Tina was left[2] alone in the compartment. She got up[3] and went over[4] to the window. Her blue eyes watched[5] the neon advertisements which reminded[6] her of her home town. She had stood[7] at that window a few hours earlier and said goodbye to[8] (*greeted*) Zagreb. The main station had been the only acquaintance who saw her off.[9]

With a sigh she put on[10] her fur coat, took[11] her bag and went out[12] into the corridor. The passengers were waving[13] and greeting[14] relations and acquaintances. A strange feeling of loneliness overwhelmed[15] Tina. The train stopped[16] and she jumped[17] onto the platform among the first.

Vocabulary

suburbs **predgrađe** (*sg.*); neon **neonski**; advertisement **reklama**; home town **rodni grad**; acquaintance **znanac**; sigh **uzdah**; fur coat **bunda**; feeling **osjećaj**; loneliness **osamljenost**; platform **peron**

Verb list

[1]**silaziti, sići**; [2]**ostajati, ostati**; [3]**ustajati, ustati**; [4]**prilaziti, prići**; [5]**promatrati, promotriti**; [6]**podsjećati, podsjetiti**; [7]**stajati, stati**; [8]**pozdravljati, pozdraviti**; [9]**ispraćati, ispratiti**; [10]**oblačiti, obući (obučem, obukao)**; [11]**uzimati, uzeti**; [12]**izlaziti, izaći**; [13]**mahati, mahnuti**; [14]**pozdravljati, pozdraviti**; [15]**obuzimati, obuzeti**; [16]**zaustavljati se, zaustaviti se**; [17]**skakati (skačem), skočiti**

UNIT 5. 'LJUBAVNA PRIČA' (22)

—Halo, molim vas, je li Ivan kod kuće?
—Je, samo trenutak. Tko ga treba?
—Mira.
—Ah, Miro, traži te cijeli dan. Kako si, dušo?
—Hvala, teta Dragice, dobro sam. Žao mi je što me je Ivan tako dugo tražio.
—Evo, sad ću ga pozvati. Bit će mu milo.
—Zdravo, Miro.
—Zdravo, Ivane. Kako ti je bilo na utakmici?
—Dobro. A kako tebi na *tajnom sastanku*?
—Kakav tajni sastanak? Kod Vesne misliš?
—Nego što?
—Pa, Ivane, ništa nije bilo tajno, zašto ne bi Vesna mogla k sebi pozvati koga hoće?
—Ne treba tu mnogo objašnjavati. Ti dobro znaš o čemu se radi. Mladen odlazi još večeras. I to zbog tebe. Nadam se da si *ponosna*!
—Zašto bih bila ponosna? Oh, Ivane, daj da se vidimo da ti kažem!
—*Nema smisla*. Ja ti ne bih imao što reći. Zato sam te tražio, tek da ti

kažem da me više ne trebaš čekati. Ajde, zbogom.
–Ivane... Ivane...!?

tajni secret; **sastanak** meeting; **ponosan** proud; **nema smisla** there's no point

UNIT 6. READING PASSAGE

Savjeti za neiskusne kuhare i kuharice

Ako je jelo toliko prigorjelo da je poprimilo neugodan okus, ne preostaje drugo no da ga bacite. Ali ako se meso samo prilijepilo za dno posude u kojoj se peklo, onda treba odmah da promijenite posudu i dodate takve namirnice ili začine jakog okusa koji će prevladati i najmanji trag okusa po pregorjelom. U tu svrhu upotrijebite, na primjer, kapare, limun, malo vina, vrhnja ili slično.

Kolač koji se prilijepio za dno tepsije pažljivo nožem odvojite od dna, a onu stranu kolača koja je bila na dnu opet dobro zamastite maslacem, prekrijte šećerom i samljevenim bademima i stavite na neko vrijeme u vruću pećnicu. Ako imate vremena, i ako to odgovara vrsti kolača, stavite samljevene bademe i šećer u čvrsto tučen snijeg od bjelanjaka, prekrijte time kolač i tako iznenadite ukućane.

Ako dizano tijesto ne naraste, onda ga na brašnom posipanoj dasci ponovo dobro promijesite uz dodatak praška za pecivo, a zatim postupajte kako ste predvidjeli. Punite po želji nadjevom, oprezno pecite i bit će dobro i ukusno.

Preostali kruh ili drugi proizvodi od dizanog tijesta postaju opet svježi ako ih poškropljene vodom prije posluživanja stavite u vruću pećnicu. Tako treba postupati i s proizvodima od tijesta s maslacem i s kolačima od sira.

Narezan limun će dulje ostati svjež ako u tanjurić stavite malo soli i octene vode, a u to limun s narezanom stranom prema dolje.

Kobasice neće pucati ako ih stavite u hladnu masnoću i pečete polagano na slaboj vatri. Također neće popucati ako ih na trenutak stavite u vruću vodu.

Da biste spriječili prebrzo raskuhavanje korjenastog povrća, stavite u vodu malo octa.

Presoljenu juhu popraviti ćete tako da joj dodate nekoliko debelih komadića sirova krumpira. Krumpir za kratko vrijeme upije dosta soli, pa je juha, nakon što se krumpir izvadi, opet upotrebljiva.

Peršun ćete lakše kosati ako ga prije kosanja zamočite na trenutak u vrelu vodu.

Da je rostbif kako valja, uvjerite se tako da dugom iglom duboko ubodete u meso koje se peče i u mesu zadržite iglu 3–4 sekunde. Zatim je odmah prislonite na donju usnu. Ako je igla jednoliko topla, rostbif je ispravno "engleski" pečen, i možete ga poslužiti. Ako je igla djelomično hladna, morate rostbif i dalje peći.

Notes

ne preostaje drugo no... 'there's nothing for it but...' **no** is a contraction of **nego.**

treba da this impersonal usage of **trebati** is particularly common in the Eastern variant.

samljeven passive past participle. You have come across quite a few adjectives formed from verbs in this way. It is simple to deduce the infinitive from most of them. Some are not so obvious. The infinitive in this case is **samljeti**: to mill.

onda ga na brašnom posipanoj daski promijesite in this sentence and in several others in this text, the word order is strikingly different from English. This is partly because this is 'recipe bookese' but always when trying to understand or translate a Serbo-Croatian text, first analyse each sentence and start by finding the *verb* and its subject.

preostali kruh notice this active past participle used as an adjective. The dictionary entry will be under the *infinitive* of the verb from which it is taken: **preostati**, to be left over. The prefix **pre-** has the meaning 'over' as in **pretopao** –'overhot', 'too hot'; (**prebrzo**: 'overfast').

raskuhavanje notice this verbal noun, formed by the addition of **-je** to the passive past participle. Notice also the prefix **ras-** or **raz-** which has the connotation of 'dispersal'. This noun then means 'the action of overcooking to the point of falling apart'! It will be seen that the addition of prefixes in this way leads to great economy in Serbo-Croatian and other Slavonic verb systems.

upotrebljiv the suffix **-ljiv** added to the verb stem has the meaning *-able, -ible*: here *usable* (cf. **čitljiv**, readable; **neodoljiv**, irresistible)

Vocabulary

neiskusan inexperienced; **kuhar, kuharica** cook; **prigorjeti** (*pf.*) to burn; **poprimiti** (*pf.*) to take on, to acquire; **okus** taste; **preostajati** (*imp.*) to be left (over); **no: nego; baciti** (*pf.*) to throw; **prilijepiti** (*pf.*) to stick; **dno** bottom; **posuda** dish, pan; **peći** (*imp.* **pečem**) to bake; **promijeniti** (*pf.*) to change; **dodati** (*pf.*) to add; **namirnice** foodstuffs; **začin** seasoning, spice; **prevladati** (*pf.*) to overcome; **trag** trace; **upotrijebiti** (*pf.*) to use; **na primjer** for example; **kapar** caper; **vrhnje** cream; **tepsija** baking tin; **pažljivo** carefully; **nož** knife; **odvojiti** (*pf.*) to separate; **zamastiti** (*pf.*) smear with fat; **maslac** butter; **prekriti** (*pf.*) cover; **šećer** sugar; **samljeven** ground; **badem** almond; **vruć** hot; **pećnica** oven; **vrst** (*f.*) type; **čvrsto** firmly; **tučen** beaten; **bjelanjak** white of egg; **iznenaditi** (*pf.*) surprise; **ukućanin** member of the household; **dizano tijesto** yeast dough; **narasti** (*pf.*) to grow; **brašno** flour; **posipati** (*pf.*) pour, sprinkle; **daska** board; **promijesiti** (*pf.*) mix; **dodatak** addition; **prašak za pecivo** baking powder; **postupati** (*imp.*) to act; **predvidjeti** (*pf.*) to foresee, plan; **puniti** (*imp.*) to fill; **nadjev** filling; **postajati** (*imp.*) to become; **poškropljen** sprinkled; **posluživanje** serving; **narezan** cut; **tanjurić** saucer; **ocat** vinegar; **dolje** downwards; **pucati** (*imp.*) to burst; **polagano** slowly; **slab** weak; **trenutak** instant; **spriječiti** (*pf.*) to prevent; **korijen** root; **presoljen** over-salted; **popraviti** (*pf.*) rectify; **debeo** fat; **sirov** raw; **upiti** (*pf.*) to absorb; **so** (*f. G* **soli**) salt; **nakon što** after; **peršun** parsley; **kosati** (*imp.*) chop; **zamočiti** (*pf.*) dip; **vreo** boiling; **kako valja** good, of positive value; **uvjeriti** (*pf.*) ascertain; **igla** needle; **ubosti** (*pf.*) prick, pierce; **prisloniti** (*pf.*) lean against; **donji** lower; **usna** lip; **jednoliko** equally; **ispravno** correctly; **djelomično** partly

Exercise

Identify all the verbs in the passage, and analyse the use of the aspect in each case.

UNIT 7. SOME IDIOMATIC EXPRESSIONS INVOLVING BITI

bilo kako bilo ⎫ bilo kako mu drago ⎬	*be that as it may*
bilo pa prošlo	*it's over and done with*
biti izvan sebe	*to be beside oneself*
biti načisto s kim, s čim	*to understand*
biti pri sebi	*to be in control*

LESSON TWENTY-FOUR
(Dvadeset četvrta lekcija)

■ **RAZGOVOR O SVAKODNEVNOM ŽIVOTU**
(*Conversation about everyday life*)

Cameronovi su stigli u Dubrovnik i pronašli svoje prijatelje. Bilo im je svima drago što su zajedno. Alan i Nora su upoznali Ankicu i Nikolu i njihovo dvoje djece u Engleskoj prethodne godine. Izvrsno su se slagali i dogovorili se da nađu u Dubrovniku.

ALAN: Eto, mislim da smo vam ispričali sve u vezi s putovanjem ovamo. Uglavnom je bilo jako uspješno.

NIKOLA: Za mene je na odmoru uvijek glavno da izađem iz kolotečine, da ne moram ustati u stanovito vrijeme, da mogu raditi što želim i kada želim ...

NORA: Imaš li jako strogo radno vrijeme?

NIKOLA: Prilično. Radnim danom ustajem rano, u pola šest, a onda mi postaje teško promijeniti naviku.

ALAN: Tako rano ti počinje posao?

NIKOLA: U uredu sam u sedam. Čovjek se navikava. Može biti čak i ugodno, pogotovu ljeti kad ustaješ sa zorom i pticama. A još je ugodnije što posao završava rano popodne. Tada si slobodan da na miru ručaš, da odspavaš, da radiš što ti je volja.

NORA: Idu li djeca u školu tako rano ujutru?

NIKOLA: Većina naših škola radi na smjenu. To znači da dijete ide u školu jedan tjedan prije, a jednog poslije podne. To je ponekad komplicirano ako je oboje roditelja zaposleno i ako ta obitelj nema 'baka-servis'!

ANKICA: Meni je pak najdraže na odmoru to što ne moram misliti na kupovinu i kuhanje, niti na račune – za plin, za struju, za telefon.

ALAN: Jesu li te stvari kod vas skupe?

ANKICA: Pa znaš kako je, sve ti se čini mnogo kad ti je plaća mala a inflacija raste tako reći svakim danom ...

NORA: Nije drugačije ni kod nas, otplaćujemo kredite za razne stvari. Priznajem da smo navikli na priličan standard.

ALAN: Da, da, teška su vremena u cijelom svijetu. Valjda ćemo se morati priviknuti na nešto drugačiji sistem vrijednosti u kojem bi nam materijalna zadovoljstva bila manje važna...

VOCABULARY

drugačiji *different*
ispričati (pf.) *to relate*
kolotečina *routine*
na miru *in peace*
navika *habit*
navikavati se (imp.) *to become used*
nešto (here) *somewhat*
odmor *rest*
odspavati (pf.) *to take a nap*
otplaćivati (imp., otplaćujem) *to repay, to pay back*
plaća *pay, salary*
plin *gas*
pogotovu *especially*
postajati (imp.) *to become*
prethodan (f. prethodna) *former, preceding*

priznavati (imp.) *to confess*
promijeniti (pf.) *to change*
ptica *bird*
račun *bill, account*
rasti (imp., rastem) *to grow*
smjena *shift*
standard *standard of living* (sometimes used on its own for 'high standard')
strog *strict, severe*
struja *current, electricity*
svakodnevni *everyday*
tako reći *so to speak*
većina *majority*
volja *will*
zadovoljstvo *satisfaction*
zaposlen *employed*
zora *dawn*

UNIT 1. WORD ORDER (V)

This is another area which can cause some difficulties for English speakers of Serbo-Croat. Some of these are basic to correct grammar, and some are subtler and largely stylistic. It is important to be aware of differences in word order between the two languages, both in composing correct and informative utterances in Serbo-Croat and in translating from Serbo-Croat into English.

Difficulties arise for two main reasons: (i) the presence of *enclitics* in Serbo-Croat, for which there is no equivalent in English; (ii) the fact that English speakers are used to a system in which word order indicates syntactic relations between the main elements of a sentence and only secondary elements (adverbs, preposition phrases) normally vary in position.

We shall look at these two areas of difficulty in turn.

(i) Enclitics

We are already quite familiar with the basic rules governing the placing of enclitics and with the order in which they come when there are several of them. Where there is a group of enclitics they must all come together in that order:

Interrogative particle **li**; *VERBAL; D, A/G (of pronouns);* **se; je**

The enclitic group is normally placed after the first element in the sentence or clause.

This may be *a single word*:

> **Ivan** mi je kupio kartu
> *Ivan bought me a ticket*

−N.B. **ne** + verb count as a single word:

> Ona je zauzeta i **ne može** nas vidjeti
> *She is busy and she can't see us*

Remember also that the linking conjunctions **i, a** and **ni** do not count as separate words in this context.

The first element may also be a phrase:

> **Jedan moj prijatelj** mi je rekao da imate stan
> *A friend of mine told me you had a flat*
> **Prošlog tjedna** su nas pozvali na večeru.
> *Last week they invited us to dinner*

In general, it is considered 'literary', 'pedantic' to break up a phrase by putting the enclitics strictly after the first word. But notice the following interrogative words which do not form a phrase with the words they govern:

> Koliko je sati?
> *What's the time?*
> Koliko ima godina?
> *How old is he/she?*
> Koje je boje tvoj novi auto?
> *What colour is your new car?*

The conjunctions **ali, ili, jer** may be treated as the first word in the sentence or simply as linking words.

But some other conjunctions never count as first word because they are followed by a pause, sometimes an actual comma:

> **Dakle** nisam mu ga dao
> *So I didn't give it to him*
> **Prema tome**, javit će ti se sutra
> *Consequently he'll ring you tomorrow*

The most important thing to remember is that if a sentence or clause starts with a 'clause introducer' – the enclitics must follow immediately after it. Consequently, when you are composing a clause in Serbo-Croat and come to such a word you must immediately work out which enclitics will be required later in the sentence and put them in. All the other elements in the sentence must then be fitted in. This necessity is the cause of frequent mistakes for English speakers.

Such 'clause introducers' are: **da, što, ako, relatives, interrogatives.**

> Rekao je **da** će mi ga odmah vratiti
> *He said he would give it straight back to me*
> Drago mi je **što** ste nam opet došli
> *I'm glad you've come to us again*
> **Prije nego što** smo mu objasnili o čemu se radi, izašao je
> *Before we had explained to him what it was about, he went out*
> **Ako** mi je vrati, dat ću ti knjigu
> *If he returns it to me, I'll give you the book*
> To je prijatelj **koji** mi je pričao o tebi
> *That's the friend who told me about you*
> To je prijatelj **o kojemu** sam ti pričala
> *That's the friend I told you about*
> Više ne znam ni **kako** se je zvao
> *I no longer even know what he was called*
> Moram znati **kad** ćeš mi ga dati
> *I must know when you're going to give it to me*

Care must be taken with subordinate clauses which behave like independent units. Enclitics from the main clause are not usually placed immediately after them and never inside them. This presents no difficulty if the main clause comes first:

> Jasno mi je da si ga tajno viđala,
> *I realise that you've been seeing him secretly*

When the subordinate clause comes first the enclitics from the main clause follow the first word in the main clause:

> Da si ga tajno viđala, jasno mi je.

This construction can be awkward, so often the pronoun 'to' is added to take over the role of the subordinate clause:

> Da si ga tajno viđala, to mi je jasno.

Such constructions are far more frequent in Serbo-Croat than their equivalent would be in English.

Infinitives can behave either as separate clauses or as parts of the main clause:

Mira te želi vidjeti.

Mira wants to see you

If the main clause contains enclitics, they are all put together:

Mira te je željela vidjeti

Mira wanted to see you

Pokušat ću ga sutra naći

I shall try to find him tomorrow

Zašto se ne bi Bogdan mogao javiti danas?

Why shouldn't Bogdan ring today?

UNIT 2. 'KRIMIĆ' (23)

Gospodin Johnson je prosjedio cijelu tu noć u naslonjaču. Nije htio ni *okusiti* jela *iako* su izgledala privlačna. Prvi put u životu se nalazio iza *zaključanih* vrata, kao u *zatvoru*. Bilo mu je strašno. Stalno se pitao kako mu se moglo desiti da se nađe u tom nevjerojatnom položaju. Prije tri dana krenuo je mirno i *nevino* na poslovni put, i sada se odjednom nalazi u zatvoru! U zoru je čuo tiho kucanje na vrata.

–Gospodine, jeste li *budni?* – Bio je to glas lijepe žene.

–Jesam – odgovorio je.

–Onda, izvolite k 'šefu'.

U šefovom uredu, gospodin Johnson je uljudno ali *odlučno* objasnio da ni u kom slučaju ne može pomoći ovoj grupi kriminalaca.

–Jako mi je žao što je to vaš stav. Moram vam objasniti da to znači da ćete morati ostati ovdje *do daljnjega.*

–Do daljnjega?

–Dok se ne *predomislite*, gospodine.

–To neću nikad.

–Vidjet ćemo. *Žalim* što će vam možda *postati* neprijatno.

okusiti (*pf.*) to taste; **iako** although; **zaključan** locked; **zatvor** prison; **krenuti** (*pf.*, **krenem**) to set off; **nevin** innocent; **budan** awake; **odlučan** decisive; **stav** attitude; **do daljnjega** until further notice; **predomisliti se** (*pf.*) to change one's mind; **žaliti** (*imp.*) to regret; **postati** (*pf.* **postanem**) become

UNIT 3. WORD ORDER (VI)

Apart from the strict rules governing the placing of enclitics, word order in Serbo-Croat is relatively free. The existence of cases makes it possible to place subject, verb and object in any order:

>Dala sam nosaču prtljagu
>
>*I gave the porter the luggage*
>
>Prtljagu sam dala nosaču
>
>Nosaču sam dala prtljagu

All of these sentences are equally acceptable. Their order is not random, however: each sentence conveys a slightly different emphasis. It is important to distinguish first of all between basic, *grammatical* word order in Serbo-Croat and order which is determined by *context* and which conveys meaning in itself.

(a) *Basic word order*, independent of context, is on the whole similar to English: subject – verb – object.

(b) In *word order conditioned by context*, however, there are various differences.

These seem to stem from the fact that in Serbo-Croat as a rule the less informative part of the sentence comes before the more informative part. (This is related to the question of enclitics, in that stress tends to build up over the sentence with increasing emphasis on the end. Consequently the enclitics must be placed as far as possible from this inherent emphasis.)

>e.g.:   Prošlog tjedna nismo uopće izašli
>
>>*We didn't go out at all last week*

This order emphasises the fact that the speaker stayed at home.

>Nismo uopće izašli prošlog tjedna

This order, on the other hand, stresses the fact that the speaker usually goes out a lot in any given week but did not this particular week.

This means that in Serbo-Croat if the object is of less informational value (perhaps because it has already been mentioned) it may be placed first in the sentence:

>Tu kuću je sagradio poznati arhitekt
>
>*A famous architect built that house*

It is possible for English to preserve the Serbo-Croat order by using a passive construction:

>*This house was built by a famous architect*

This is a very important device which works both ways:

Serbo-Croat generally avoids the passive, but English passive constructions can usually be rendered by placing the object first in the sentence, as in the example above.

The principle is, then, that new information or the more informative part of the sentence tends to follow other elements in the sentence:

> Ovi stanovi su sagrađeni prije deset godina. U stanovima žive uglavnom mladi ljudi
> *These flats were built ten years ago. On the whole young people live in the flats*

Adverbial phrases 'setting scene'

In a neutral sentence in Serbo-Croat, these phrases are placed at the beginning of the sentence: their function is to 'set the scene' for the main information. In English, on the other hand, they are normally at the end:

> **Na plaži** je bilo mnogo meduza
> *There were a lot of jelly-fish **on the beach***
> **Po povratku** smo bili jako zauzeti
> *We were very busy **after we got back***
> **Za vrijeme odmora na otoku**, nismo mnogo čitali
> *We didn't read much **during our holiday on the island***

In general, in Serbo-Croat adverbs which qualify or quantify the action of the verb *precede* it:

> **Jako** lijepo svira klavir
> *She plays the piano very well*
> **Prebrzo** govore, ništa ne razumijem!
> *They speak too fast, I don't understand a thing!*

So, English speakers should take care over the placing of adverbs and adverbial phrases: make a note of instances you come across in your reading.

Adverbs and pronouns with low informational value

In general, objects, pronouns and adverbs which carry little information *precede* the verb. To put them after the verb would give them special emphasis, altering the meaning of the sentence:

> Daj da ti **nešto** pokažem
> *Let me show you something*

Daj da ti pokažem **nešto.**
Let me show you at least something, even if you don't want to see everything
Negdje smo ga vidjeli
We saw him somewhere
Vidjeli smo ga **negdje.**
We saw him somewhere, I'm just trying to think where it was

Such 'low prominence' words include:

nešto, negdje, nekako, nekud, tu, ovdje, jučer, danas, sutra, ovo, to, sad, često, stalno

Phrases with fixed word order

There are a few more or less fixed patterns which should be learned:
Vocative phrases
In these the neutral order of adjective-noun is often reversed:

Budalo jedna!	*You fool!*
Bože dragi!	*Dear God!*
Mili moj!	*My darling!*
Zlato moje!	*My treasure (gold)!*

Possessive phrases

Taj moj prijatelj	*That friend of mine*
Ovi njegovi prijatelji	*These friends of his*
Jedan moj znanac	*An acquaintance of mine*
Dva naša znanca	*Two acquaintances of ours*

K UNIT 4. EXERCISES

Translate the following sentences into Serbo-Croat, paying particular attention to word order.

1. Novels about Tarzan have been translated into some eighty languages up to now, and printed in altogether seventy million copies. Two hundred million people have seen films about him, and thousands of newspapers publish cartoons about him every day. What is the reason for Tarzan's popularity? Although he is quite old-fashioned in comparison with the heroes of contemporary adventure stories, he has succeeded for seventy years already in attracting an audience to himself because he is a symbol in all the media of an increasingly frequent rejection of civilisation and return to nature.

2. The Zagreb soloists were founded by Antonio Janigro nearly thirty years ago. They have been well known to the public for years already for the quality of their interpretations. Quite a lot is known about their successes as well, but not how they actually work, what kind of problems they meet.

UNIT 5. 'LJUBAVNA PRIČA' (*kraj*)

Tjedan dana poslije razgovora s Ivanom, stiglo je za Miru pismo. Nije prepoznala rukopis. Žurno je otvorila omotnicu i vidjela što je potajno čekala: pisao je Mladen.

Draga moja luda mala Miro,

Imam dojam da ti ipak dugujem pismo i nekakvo objašnjenje. Bojim se da si ostala sama jer se Ivan strašno naljutio. Nisam mu ništa rekao osim da mi je bilo neugodno one večeri kod Vesne jer mi se činilo da se sa mnom manipulira. Onda sam spomenuo da sam te otpratio doma. Valjda je nešto naslutio i postavio je neka izravna pitanja, na koja sam mu morao odgovoriti otvoreno kao prijatelj. Za ovo kratko vrijeme koje sam proveo u Zagrebu Ivan mi je postao blizak. Bratić mi je i stalo mi je do njega.

Ima još jedan razlog zbog kojega sam morao odmah napustiti Zagreb. Možda si već pogodila. Ustanovio sam da ni nisam ja ravnodušan prema tebi. Tvoje društvo mi je bilo neobično privlačno i počeo sam se malo bojati. Situacija nemoguća! A ipak zaslužuješ da to znaš. Jednog dana ćemo se svi moći vidjeti i opet se družiti, siguran sam. Moći ćemo se slatko smijati ludostima svoje mladosti. Za sada je bolje da se stane na kraj nečemu što nije ni počelo a što je svima nama moglo nanijeti štetu i bol. Budi sretna i strpljiva. Ne ljuti se na Ivana ni na mene. Sve će to proći.

Volim te, da znaš,

Mladen

Mira je pritisnula pismo na grudi i briznula u neutješni plač. Negdje duboko u sebi divila se Mladenovoj razumnoj odlučnosti ali u isto vrijeme joj se činilo nelogično što je ona, pored ta dva draga mladića, morala ostati sama.

prepoznati (*pf.*) to recognize; **rukopis** handwriting; **potajno** secretly; **lud** crazy; **dojam** impression; **dugovati** (*imp.*) to owe; **objašnjenje** explanation; **bojati se** (**bojim se**, *imp.*) to be afraid; **naljutiti se** (*pf.*) to be angry; **spomenuti** (*pf.*) to mention; **naslutiti** (*pf.*) to sense; **postaviti pitanja** to put questions; **neposredan** direct; **razlog** reason; **napustiti** (*pf.*) leave, abandon; **pogoditi** (*pf.*) to guess; **ustanoviti** (*pf.*) to establish, realize; **ravnodušan** indifferent; **zasluživati** (*imp.*) to deserve; **družiti se** (*imp.*) to be friends; **smijati se** (*imp.*) to laugh; **ludost** madness; **stati nečemu na kraj** to put an end to something; **šteta** harm; **bol** pain; **strpljiv** patient; **pritisnuti** (*pf.*) to press; **grudi** (*f. pl.*) breast; **briznuti u plač** burst into tears; **neutješan** inconsolable

UNIT 6. READING PASSAGE

Niko nikada, koliko znamo, nije proučavao profesiju zvanu 'Kelner' na naučnoj ili bilo kakvoj osnovi, sem možda rutiniranih kafanskih gostiju. Njihov život, rad i organizaciju posla. Njihove poslovne radosti i muke. O rudarima se zna sve, svaka čast. I o pilotima. Ali, niko ne zna, na primer, a mi smo merili i računali kako smo znali i umeli, da kelner u najobičnijoj kafani, da ne pominjemo velike čuvene bašte, pretrči, tako reći, sa opterećenjem na ispruženim rukama, dnevno dvadeset do trideset kilometara, često i preko nekoliko stepenica u oba pravca, brzinom od sedam kilometara na čas, što je gotovo približno olimpijskim rezultatima takmičara u brzom hodanju. I to svakoga dana, sem jednog slobodnog – noću, danju, praznikom, leti i zimi!

'Kelner prodaje kafanu' kažu stručnjaci. Gost ide "Kod Kelnera" ne "kod direktora!" Gosta u kafani može samo kelner da naljuti, ili oduševi. Ni kuvar, ni devojka za šankom, ni spoljni momak, iako i od njih zavisi ugled kafane. Na udaru je samo kelner. On pripada udarnom odredu ugostiteljstva i turizma. On je glavni domaćin, slika kafane, degustator, stručnjak za sve što se jede i pije, higijeničar, šarmer, "vatrogasac", sluga i blagajnik. Od njega gostu u kafani zavisi sve. Ponekad i goli život, ako ga ne hrani dobro ili ga služi lošim pićem. Da ne govorimo o raspoloženju, ili čak budućnosti gostiju. Koliko je ljubavnih, ili poslovnih udvaranja propalo, ili uspelo u kafani zahvaljujući kelneru! Koliko prijatnih ili ogavnih provoda!

A, kada se na kraju plaća, kelner je kriv za sve. U većini slučajeva. Zbog visokih cena, glasne muzike, lošeg vina. I, naravno, "krađe". Kakva omiljena tema za ogovaranje kelnera, kakvo opravdanje za trošak! Kelner trpi sve. On, valjda, jedini javno važi za lopova, a da nikome zbog toga ne zafali dlaka s glave. Znam jednog Budu, možda najpoznatijeg, najpopularnijeg, i, valjda, najogovaranijeg kelnera u zemlji. Munjevito računa sve napamet i na kraju kazuje zbir. Niko mu nikada nije verovao. Kad god ga je neko proveravao, račun je bio ispravan! Ipak, "Buda naplaćuje koliko hoće". Svi hrle kod njega i svi mu to kažu. On se smeje, istina, kiselo, ali to je njegova jedina odbrana. Njegova sudbina, kao i svih šezdeset hiljada jugoslovenskih kelnera . . . .

This passage is in the Eastern variant, so look out for words which you know but may appear unfamiliar. Pay particular attention to word order as you read and translate.

kelner waiter; **svaka čast!** all credit to them!; **'Kod Kelnera'**: cafés are often called by the name of the proprietor, or director: **'Kod Steve'**, **'Kod tetke Jele'**, etc.; **goli život** life itself; **nikome na fali dlaka s glave** without the slightest harm to anyone

LESSON TWENTY-FIVE
(Dvadeset peta lekcija)

You have now covered all the main points of the grammar and some essential vocabulary. You need to consolidate your knowledge and expand your vocabulary by further reading. This lesson does not introduce anything new: it consists of reading passages. The first section gives a brief historical survey of the Yugoslav lands. The second describes some of the main features of the various republics which make up present-day Yugoslavia. A short third section lists some of the many colourful slang expressions in colloquial use.

■ **UNIT 1. GLAVNE CRTE POVIJESTI JUGOSLAVENSKIH ZEMALJA**

ALAN: Došli smo do kraja svog boravka u Jugoslaviji, a tako malo znamo o njenoj povijesti...

NORA: Barem znamo da je prilično komplicirana i jako burna!

NIKOLA: To je istina. Reći ću vam neke osnovne podatke. Različita slavenska plemena su počela naseljavati Balkanski poluotok početkom šestog stoljeća. Hrvati su osnovali samostalnu državu u drugoj polovici IX stoljeća; njihov najpoznatiji i najuspješniji vladar bio je kralj Tomislav. Ova država je ostala samostalna sve do 1102 godine, kad je stupila u personalnu uniju s Ugarskom. Srpska država, Raška, osnovana je u XII stoljeću pod dinastijom Nemanjića, a svoju najveću snagu dostigla je u XIV stoljeću pod carem Dušanom, da bi konačno propala poslije bitke na Kosovu s Turcima 1389 g. Raspadanjem južnoslavenskih srednjovjekovnih država, narodi su potpali pod vlast različitih većih sila. Tu sudbinu je donekle izbjegla jedino Crna gora, čije se stanovništvo povlačilo duboko u šume i planine. Slaveni koji su živjeli na zapadu i sjeveru bili su podijeljeni između mletačke, austrijske i ugarske vlasti. Slaveni južno od rijeke Save, osim Crne gore i Dubrovačke republike, poslije Kosovske bitke postupno su padali pod tursku vlast. Dubrovačka republika je osnovana početkom XV stoljeća, i dostigla je svoj vrhunac u XVI stoljeću kao bogati trgovački grad s plodnim književnim, umjetničkim i naučnim životom. Tek u toku XIX stoljeća, došlo je do nacionalnog preporoda južnoslavenskih naroda. Srbija je dobila djelomičnu samostalnost poslije niza ustanaka, a krajem stoljeća uspjela se osloboditi od Turaka. U okviru Austro-Ugarske, Hrvati su konačno stekli pravo na hrvatski jezik kao službeni. Sve češće se čuju glasni zahtjevi za stvaranjem jedinstvene države južnoslavenskih naroda, i poslije završetka Prvog svjetskog rata osnovana je Kraljevina Srba, Hrvata i Slovenaca, koja je dobila naziv 'Jugoslavija' 1929 g.

NORA: Zaista su južnoslavenski narodi imali tešku sudbinu. A poslije svega toga doživjeli su i taj strašni Drugi svjetski rat.

ANKICA: Da, u ratu je zemlja izgubila oko 2 milijuna stanovnika.

ALAN: Taj će se rat teško zaboraviti.

ANKICA: Ne smijemo ga zaboraviti, moramo svi raditi na tome da se tako nešto nikad ne ponovi.

NORA: Slažemo se.

NIKOLA: Dajte da popijemo po jednu čašu vina u znak našeg prijateljstva i prijateljstva među ljudima u cijelom svijetu.

ALAN: Hajde! Teško je vjerovati da se moramo sutra vratiti u Englesku...

ANKICA: Dođite nam opet uskoro!

NORA: Najljepša hvala, hoćemo! A u međuvremenu ćemo što više naučiti o povijesti i kulturi naroda Jugoslavije.

NIKOLA: Živjeli! Do skorog viđenja!

SVI: Živjeli!

UNIT 2. 'KRIMIĆ' (kraj)

Gospodin Johnson se vratio u svoju sobu u pratnji lijepe žene. To mu je bila jedina utjeha u cijeloj toj strašnoj situaciji. Manje više isti razgovor s 'šefom' se ponavljao svakog dana slijedeća tri dana. Čitavo to vrijeme g. Johnson je lupao glavu, pokušavajući se sjetiti nekakvog izlaza. Nipošto nije htio odati najveće tajne svoga poduzeća i otkriti metod koji su bili pronašli tek poslije više godina upornog rada i koji će sada primijeniti u praksi u Jugoslaviji poslije dugih pregovaranja. A s druge strane, koliko će vremena proći prije nego se njegovi kolege počnu raspitivati za njegovu sudbinu...?

Četvrte noći je drijemao na krevetu, iscrpljen dugim noćima bez sna.

U jednom trenutku učinilo mu se da čuje korake. Trgnuo se odmah iz polusna i probudio se. Vidio je lijepu ženu kod svog uzglavlja. Dala mu je znak da šuti i šapnula mu je da ništa ne pita, nego da ima povjerenja u nju. Ona želi pobjeći odavde. 'Šefa' nema, a uspjela je dati ostalima neko sredstvo za uspavljivanje. Njegov pasoš i novčanik su kod nje. Moraju se žuriti. Jedan njen prijatelj čeka iza ugla s autom kojim će ih prebaciti preko granice. G. Johnson ju je zagrlio, jedva je uspio savladati radostan krik, i na vrhovima prstiju tiho i oprezno izašli su na ulicu.

pratnja retinue, **u pratnji** accompanied by; **utjeha** comfort; **isti** the same; **ponavljati se** (*imp.*) **ponoviti se** (*pf.*) to repeat; **lupati glavu** to rack one's brains; **sjetiti se** to think up, to work out; **nipošto** on no account; **odati** (*pf.*) to betray; **tajna** secret; **tek** only; **uporan** hard, dedicated; **raspitivati se** (*imp.*) to make enquiries; **drijemati** (*imp.*) to doze; **iscrpljen** exhausted; **san** sleep, dream; **trgnuti se** (*pf.*) to give a start; **polusan** half-sleep; **probuditi se** (*pf.*) to wake; **uzglavlje** pillow, bed head; **šapnuti** (*pf.*) to whisper; **povjerenje** faith, trust; **pobjeći** (*pf.*, **pobjegnem**) to run away; **sredstvo za uspavljivanje** sleeping tablet; **žuriti se** to hurry; **zagrliti** (*pf.*) to hug; **jedva** hardly, scarcely; **savladati** (*pf.*) to control, suppress; **radostan** joyous; **krik** cry, shout; **vrh** tip; **prst** toe (and finger); **oprezno** carefully; **primijeniti u praksi** (*pf.*) to put into practice; **pregovaranje** negotiation; **kolega** (*m.*) colleague

UNIT 3. GLAVNE KARAKTERISTIKE REPUBLIKA JUGOSLAVENSKE ZAJEDNICE

Socijalistička federativna republika Jugoslavija, koja je nešto veća od Engleske, ima površinu od 255, 804 km^2 i sastoji se od šest republika i dvije autonomne pokrajine. Sve republike i obje pokrajine imaju svoje skupštine i svoje izvršne organe vlasti.

(i) Slovenija

Ova republika je čuvena po svojim prirodnim ljepotama, visokim i šumovitim planinama i po jako razvijenoj industriji. Zauzima oko 8 posto površine SFRJ; u njoj živi oko 1,700,000 stanovnika, među kojima i manji broj pripadnika talijanske i madžarske narodnosti. Ljubljana je politički, kulturni i privredni centar republike i broji oko 500 tisuća stanovnika. Njen simfonijski orkestar jedan je od najstarijih

u Evropi, a ljubljanski Grafički bijenale već je odavno poznat.
Slovenski jezik pripada grupi južno-slavenskih jezika, i ima bogatu književnost, jednu od najstarijih na Balkanu. Najstariji sačuvani rukopis potječe iz X-XI stoljeća, a prva štampana knjiga se pojavila 1551; bilo je to jedno djelo Primoža Trubara. Ova republika je ekonomski najjača u jugoslavenskoj zajednici i važan je proizvođač električne energije. SR Slovenija također ima i izvrsne uvjete za turizam. Premda se obično, kad se spomene Slovenija, misli na vrlo razvijen planinski turizam (Bled, Triglav, Bohinj), ona ima i značajne turističke kapacitete na svom sjevernom dijelu obale Jadranskog mora. Tako je gradić Portorož postao suvremen turistički centar, koji i zimi privlači turiste svojim zabavnim životom. U ovoj republici postoji slavno uzgajalište rasnih konja lipicanera – Lipice, kao i nekoliko poznatih toplica. Postojnska jama sa svojim čudesnim stalaktitima i stalagmitima, i malim jezerom s jedinstvenim primerkom čovječje ribice već godinama predstavlja jednu od glavnih turističkih atrakcija.

(ii) Hrvatska

Hrvatska je jedna od najvećih i najnaseljenijih republika s 21 posto cjelokupnog jugoslavenskog teritorija. Ova republika se najvećim dijelom pruža uz obalu Jadranskog mora, i u njoj živi oko 4,430.000 stanovnika. Glavni i najveći grad je Zagreb s oko 800,000 stanovnika, važan centar kulturnih, znanstvenih i umjetničkih aktivnosti u SFRJ, a također i važno industrijsko i trgovačko središte. U njemu se nalazi nuklearni institut 'Ruđer Bošković' nazvan po svjetski poznatom srednjovjekovnom fizičaru iz Dubrovnika, Jugoslavenska akademija znanosti i umjetnosti, Jugoslavenski leksikografski zavod, velika privredna organizacija 'Rade Končar', uglavnom proizvođač 'bijele tehnike', čuveni Zagrebački velesajam, itd.

Ova republika ima nekoliko vrlo jakih industrijskih središta, kao što su Osijek, najveći grad u plodnoj Slavoniji, Sisak, s poznatom željezarom, Rijeka na sjeveru Kvarnerskog zaljeva s najvećom lukom na jugoslavenskom dijelu obale, Pula i Split sa svojim brodogradilištima. Hrvatska je poznata i po svojim velikim turističkim mogućnostima, pa je mnogi nazivaju i moćnom 'tvornicom deviza'. Ovu je slavu Hrvatskoj donijela zaista prekrasna obala Jadranskog mora i brojni otoci, među kojima su po svojoj ljepoti i turističkim mogućnostima najpoznatiji Krk, Rab, Brač, Hvar, Korčula i Mljet. Ova je obala izuzetno bogata povijesnim i kulturnim spomenicima: nižu se, na primjer slavna katedrala u Šibeniku, rimska palača u Splitu, prekrasni gradovi niz cijelu obalu, na čelu kojih se naravno nalazi drevni Dubrovnik, nekadašnja Raguza, grad historije, sunca, divnih palača, tvrđava i pjaca. S njegovih zidina može se čitati ponosna povijest ovoga srednjovjekovnog grada-republike, grada koji je bio most između Zapada i Istoka, i koji se ponosi umjetničkom, trgovačkom i pomorskom tradicijom.

(iii) Bosna i Hercegovina

Ova je republika posebno zanimljiva po svom kulturno-povijesnom naslijeđu i arhitekturi. Stari gradovi kao Mostar i Sarajevo, na primjer, zadržali su tragove islamsko–orijentalne civilizacije: svojim vitkim i bijelim minaretima, džamije privlače pažnju turista. U ovoj republici nalazi se i čuveni Višegrad, čiji je most postao tema poznatog romana 'Na Drini ćuprija' jugoslavenskog nobelovca Ive Andrića. Hercegovina je također poznata po brojnim starim nadgrobnim spomenicima nazvanim stećci.

U BiH, koja zauzima središnji dio Jugoslavije, živi oko 4 milijuna stanovnika; njezin teritorij obuhvaća 20 posto cjelokupnog jugoslavenskog teritorija. Glavni grad je Sarajevo, koji se smjestio pod slikovitim Trebevićem. U kulturnom životu, ovaj grad je postao poznat po festivalu eksperimentalnih scena i po odličnim muzičkim sastavima, pop-grupama. Na sjevero-zapadu republike, na divnom slapu, leži grad Jajce u kome je 29-og novembra 1943. godine, na drugom zasjedanju AVNOJ–a osnovana današnja Jugoslavija kao zajednica bratskih ravnopravnih naroda.

Ovaj dio Jugoslavije poznat je po šumskom i rudnom bogatstvu – ugljenu, željezu, boksitu i kamenoj soli. Osim toga, ova republika ima i golem vodeni potencijal, koji služi za proizvodnju električne energije. Hercegovina je poznata kao proizvođač dobrog duhana i vina. Međutim, sve se veća pažnja posvećuje prerađivačkoj industriji, pa od većih proizvođača treba spomenuti elektro-industriju 'Rudi Čajavec' u Banja Luci, industrijski kombinat 'Energo-invest' i veliku tvornicu automobila u Sarajevu. Ova su industrijska poduzeća samo mali dio jedne privrede u ekspanziji.

(iv) Srbija

Po površini i stanovništvu SR Srbija je najveća republika, jer zauzima 34,5 posto jugoslavenskog teritorija. U njoj se nalaze i dvije autonomne pokrajine – Kosovo i Metohija, i Vojvodina. U Srbiji živi preko 8,500.000 stanovnika, od kojih na Kosovu 1,5, (većinom Albanaca) a u Vojvodini preko 2 milijuna (među kojima su zastupljene različite narodnosti; madžarska je najbrojnija). Glavni gradovi su Beograd, koji je ujedno i glavni grad SFRJ, Priština i Novi Sad. Sve narodnosti, kao uostalom i drugdje u Jugoslaviji, imaju svoja sredstva informiranja na materinskom jeziku, kao i svoje škole.

Na ovom velikom prostoru ima mnogo rudnog bogatstva, najviše ugljena, bakra, olova i cinka (45 posto jugoslavenskih rezervi), magnezita (96 posto), zatim prirodnog plina i nafte. Na Dunavu, u Đerdapskoj klisuri, izgrađena je najveća hidro-elektrana u Jugoslaviji, i to u suradnji i dogovoru sa susjednom Rumunjskom. Vojvodina, dio velike i plodne Panonske nizine, poznati je proizvođač žita i hrane. Na Kosovu također postoje povoljni uvjeti za poljoprivredu; u toj pokrajini ima mnogo dobrih vinograda, posebno oko Prizrena. Voćarstvo je razvijeno u cijeloj Srbiji, a naročito uzgoj šljiva. Ova je republika poznata po brojnim manastirima, spomenicima srednjov-jekovne srpske kulture, ukrašenim zanimljivim i vrijednim freskama i ikonama.

Beograd ima vrlo razvijen kulturni život. U posljednje vrijeme okuplja kazališne i filmske radnike iz cijelog svijeta na festivalima najboljih svjetskih filmova i kazališnih predstava, i muzičare na Beogradskim muzičkim svečanostima. U ovom gradu održana je i Prva konferencija nesvrstanih zemalja.

(v) Makedonija

SR Makedonija se nalazi u južnom dijelu Jugoslavije i graniči s Grčkom, Albanijom i Bugarskom. Zauzima oko 10 posto ukupne površine SFRJ. Budući da mediteranske tople struje prodiru Vardar-skom dolinom duboko u kontinent, klima je blaga i pogodna za uzgoj ranog povrća i voća, riže, pamuka, maka i kvalitetnih vina. U ovoj republici živi oko 1,700.000 stanovnika, među kojima i priličan broj Albanaca i Turaka. Glavni grad je Skopje koji je 1963. godine razoren u strahovitom potresu, ali je danas obnovljen; može se čak reći da je izgrađen novi grad, koji broji preko 400.000 stanovnika. U ovoj republici se nalaze i dva prekrasna jezera–Ohridsko i Prespansko, koja leže na priličnoj nadmorskoj visini. Međutim, kako je klima vrlo ugodna, oba jezera su poznati turistički centri, posjećeni i ljeti i zimi. Makedonija ne oskudijeva ni rudnim nalazištima. Po kvalitetu je poznat i duhan iz ove republike, pa je Prilep (u kojemu je nekad vladao

Kraljević Marko, poznati junak narodne poezije) postao centar duhanske industrije. Pošto su Makedonci osnutkom nove Jugoslavije dobili sva nacionalna prava, kulturni i znanstveni život se veoma brzo razvijaju. Ovo područje ima jako zanimljivu historiju i mnogo značajnih spomenika, među kojima se ističu srednjovjekovni manastiri. Ljudi iz tih krajeva vole pjesmu i ples, a makedonska narodna glazba je poznata po svom neobičnom ritmu i tužnim melodijama.

(vi) Crna Gora

SR Crna Gora je najmanja republika, i po površini i po broju stanovnika. Nalazi se na granici s Albanijom i jednim dijelom je smještena uz jadransku obalu. Zbog svoje zanimljive povijesti i sačuvane narodne tradicije, uvijek je izazivala interes stranaca, te je o njoj napisano nekoliko knjiga na različitim jezicima.

Na Obodu, kraj Cetinja radila je već 1493. jedna od prvih tiskara među Južnim Slavenima. Crna gora je planinska zemlja, o čemu govori i njen naziv. U Crnoj Gori živi oko 600,000 stanovnika, ali priličan broj Crnogoraca živi i u ostalim republikama, naročito u susjednoj Srbiji u Beogradu. Glavni grad je Titograd. U ovoj republici se nalazi najveće jezero – Skadarsko, bogato ribom. Na sjeveru, pod obroncima Orjena i Lovćena, nalazi se divan zaljev – Boka Kotorska, čijoj se ljepoti divio i irski pisac B. Shaw, a pjesnik A. Šantić nazvao je ovaj zaljev 'nevjestom Jadrana'. Zato se turizmu posvećuje sve veća pažnja i novi hoteli niču na sve strane. Na jugu se nalazi stari gusarski grad Ulcinj s na kilometre dugim, ljekovitim pješčanim plažama.

UNIT 4. ŽARGON (*Some slang expressions*)

Serbo-Croat is rich in imaginative slang expressions, particularly in the speech of the young. This includes a large number of colourful oaths which are extensively used by many Serbo-Croat speakers and are consequently not as offensive as their literal translation would be in English. One group of such expressions involves a certain verb, which may be omitted, and a highly emotive noun, such as **majka** or **Bog** (God). Learners should be aware of this vocabulary, and with experience they will learn to distinguish between its use as the equivalent of punctuation marks and genuine abuse.

Some other slang expressions in common use are given below. Those marked with an asterisk are used only in the Eastern variant.

*alal ti vera! *well done, bravo!*
*bajagi, kobajagi *as if, ostensibly*
badava *free*
balavac, balavica *child*
*bale, brajan, brale, burazer *brother, friend*
banka *10 para coin, 10 dinar note*
baš me boli *I don't give a damn*
bez veze *rubbish, boring, stupid; also* bezvezan
*bre *(emphatic interjection)*, e.g. ćuti, bre! *shut up!*
brisati, kidati *to run, to get out*
*ćale, matori *dad*
dasa *fine fellow*
daviti *(lit. to smother) to bore*
dobiti šipak *to be left empty-handed*
džabe *free*
frajer *young man*
gnjaviti *to take a long time, to bore* (also reflexive)
iz cuga *immediately, all at once*
iz štosa *for fun*
iz čista mira *out of the blue*
ispravljati krivu Drinu *to try to do something unnecessarily*
Juga, Jugovina *Yugoslavia*
Jugović *Yugoslav*
kapirati, kužiti, ukopčati, upaliti se kome sijalica *to understand*
*keva, matora *mother*
kinta, lova *money*
klapa *company, group of friends*
klinac, klinka *child*
mačka, sova *(owl) girl, 'bird'*
naći se u autu *to be in a bad way*
biti u ofsajdu *to be ill*
ono mjesto, jedno mjesto *the 'smallest room'*
otkriti Ameriku *to draw attention to something familiar, obvious*
pod gasom *tipsy*
pošiziti *to go mad*

praviti se Englez *to be indifferent, cold*
sranje *crap, rubbish, stupidity* (use with care)
zafrkavati, zavitlavati *tease, ridicule*
zezati (se) *to amuse (oneself)*

bomba! famozan! fantastičan! grom! tip-top! kao zmaj! *great, terrific!*

APPENDIX 1
(Noun declensions)

MASCULINE
singular

N	prozor	prijatelj	stol	muž	čitalac
G	prozora	prijatelja	stola	muža	čitaoca
D	prozoru	prijatelju	stolu	mužu	čitaocu
A	prozor	prijatelja	stol	muža	čitaoca
V	prozore	prijatelju	stole	mužu	čitaocu
P	prozoru	prijatelju	stolu	mužu	čitaocu
I	prozorom	prijateljem	stolom	mužem	čitaocem

plural

prozori	prijatelji	stolovi	muževi	čitaoci
prozora	prijatelja	stolova	muževa	čitalaca
prozor-ima	prijatelj-ima	stolovima	muževima	čitaocima
prozore	prijatelje	stolove	muževe	čitaoce
prozori	prijatelji	stolovi	muževi	čitaoci
prozor-ima	prijatelj-ima	stolovima	muževima	čitaocima
prozor-ima	prijatelj-ima	stolovima	muževima	čitaocima

N.B. 'soft' consonants: **c, č, ć, dž, đ, j, lj, nj, š, ž**

    1. Masculine nouns with 'soft' consonant ending preceded by **e** usually have Instrumental singular **-om: Beč** (Vienna), **Bečom; padež** (case), **padežom**

–Masculine nouns ending in **-c** usually have Instrumental **-om**. But if **-c** follows mobile **a**, then Instrumental always ends **-em**:

    stranac (foreigner), **strancem; novac** (money), **novcem; otac, ocem**

    2. Masculine nouns ending in **-anin** (e.g. **građanin, Beograđanin**) have plural **-ani: građani**, etc.

NEUTER
singular

N	selo	more	vrijeme[1]	dijete[2]
G	sela	mora	vremena	djeteta
D	selu	moru	vremenu	djetetu
A	selo	more	vrijeme	dijete
V	selo	more	vrijeme	dijete
P	selu	moru	vremenu	djetetu
I	selom	morem	vremenom	djetetom

plural

sela	mora	vremena	djeca
sela	mora	vremena	djece
selima	morima	vremenima	djeci
sela	mora	vremena	djecu
sela	mora	vremena	djeco
selima	morima	vremenima	djeci
selima	morima	vremenima	djecom

N.B. 1. Most neuter nouns ending in **-me** follow this pattern.
2. Some neuter nouns have the infix **-et-**. These are usually the words for young animals and they have an irregular plural (usually a fem. sg. collective form e.g. **tele**, calf has G. sg. **teleta** and N.pl. **telad**)

FEMININE
singular

N	žena	stvar	kći
A	ženu	stvar	kćer
G	žene	stvari	kćeri
D	ženi	stvari	kćeri
V	ženo	stvari	kćeri
P	ženi	stvari	kćeri
I	ženom	stvari/ stvarju	kćeri/ kćerju

plural

žene	stvari	kćeri
žene	stvari	kćeri
žena	stvari	kćeri
ženama	stvarima	kćerima
žene	stvari	kćeri
ženama	stvarima	kćerima
ženama	stvarima	kćerima

N.B. Feminine nouns ending in **-a** preceded by two or more consonants may have G. pl. in **i**:

torba G.pl. **torbi** (see also App. 5.)

APPENDIX 2
(Adjective declensions)

singular

	Masculine (Definite)	Neuter	Feminine
N	mladi	mlado	mlada
G	mladog(a)	mladog(a)	mlade
D	mladom(e)	mladom(e)	mladoj
	mladom(u)	mladom(u)	
A (inanimate)	mladi/	mlado	mladu
(animate)	mladog(a)		
V	mladi	mlado	mlada
P	mladom(e)	mladom(e)	mladoj
	mladom(u)	mladom(u)	
I	mladim	mladim	mladom

plural

Masculine	Neuter	Feminine
mladi	mlada	mlade
mladih	mladih	mladih
mladim(a)	mladim(a)	mladim(a)
mlade	mlada	mlade
mladi	mlada	mlade
mladim(a)	mladim(a)	mladim(a)
mladim(a)	mladim(a)	mladim(a)

	Indefinite	
	Masculine	*Neuter* (sing.)
N	mlad	mlado
G	mlada	mlada
D	mladu	mladu
A	mlad/	mlado
	mlada	
V		
P	mladu	mladu
I	mladim	mladim

Soft' stem	(Definite)
Masculine	*Neuter* (sing.)
svježi	svježe
svježeg(a)	svježeg(a)
svježi	svježe
svježeg(a)	
svježi	svježe
svježem(u)	svježem(u)
svježim	svježim
svježem(u)	svježem(u)

N.B. *Alternative longer forms*

The shorter forms are normally used. There are three situations in which the longer forms should be used:

1 If the adjective is used on its own, without a noun

   Poznajem mu starijeg brata. Ne poznajem mlađega

2 If several adjectives qualify the same noun, the first will usually be long

   Sjećam se tvoga simpatičnog strica

3 If the adjective follows the noun it qualifies

   Ni imena svoga se nije više sjećao

The last example is not so much a grammatical rule as a stylistic preference, and it is on the whole for stylistic purposes that the longer forms are used.

APPENDIX 3
(Personal pronoun declensions)

singular

	ja	ti	on	ono	ona	
N	ja	ti	on	ono	ona	
G	mene, me	tebe, te	njega, ga	njega, ga	nje, je	sebe, se
D	meni, mi	tebi, ti	njemu, mu	njemu, mu	njoj, joj	sebi, si
A	mene, me	tebe, te	njega, ga[1]	njega, ga[1]	nju, ju, je	sebe, se
P	meni	tebi	njemu	njemu	njoj	sebi
I	mnom(e)	tobom	njim(e)	njim(e)	njom(e)	sobom

plural

	mi	vi	oni	ona	one
N	mi	vi	oni	ona	one
G	nas	vas	njih, ih	njih, ih	njih, ih
D	nama, nam	vama, vam	njima, im	njima, im	njima, im
A	nas	vas	njih, ih	njih, ih	njih, ih
P	nama	vama	njima	njima	njima
I	nama	vama	njima	njima	njima

N.B. [1] The alternative short form **nj** may be used after a preposition which carries stress. You may come across examples, particularly in literary texts.

APPENDIX 4
(Verb types)

Verbs are divided into several classes, with subdivisions according to their Infinitive stem. There are three main sets of endings, however, as seen in Lesson 2:

	I	II	III
1st pers. sg.:	**-am**	**-im**	**-em**
3rd pers. pl.:	**-aju**	**-e**	**-u**

It is important to be aware that some forms of the verb are based on the Infinitive stem, and some on the Present Tense stem. In many verbs these are the same, but in others they are not and the Present Tense stem of such verbs must therefore be learned. A good dictionary will supply the 1st person of the Present Tense whenever this cannot be deduced from the Infinitive. Here are a few guidelines.

A. *Infinitives ending in -ti*

The Infinitive and Present Tense stems of these verbs are usually the same:

   čitati (to read) **čitam**

Usually the vowel preceding -ti will indicate which set of endings the verb takes, but not always:

(i) *Verbs ending in -ati* take Type I endings, unless:

   (a) the last consonant of the Infinitive stem is **č**, **ž** or (sometimes) **j**, then Type **II**:

   trčati (to run) **trčim**
   držati (to hold) **držim**
   stajati (to stand) **stojim**
   bojati se (to be afraid) **bojim se**

   (b) the stem ends in **-nj, lj** or (sometimes) **j**, then Type III:

   počinjati (to begin) **počinjem**
   ostajati (to remain) **ostajem**

   N.B. Also, in some instances when the last consonant of the Infinitive stem is **s, z, t, c, k** or **ks**, the Present Tense stem may be different and Type III endings will be added:

   pisati (to write) **pišem**
   kazati (to say) **kažem**

(ii) Verbs ending in **-iti** always take Type II endings:

govoriti (to speak)   **govorim**

(iii) Verbs ending in **-uti** always take Type III:

krenuti (to move)   **krenem**

(iv) Verbs ending in **-eti** may take Type II or Type III (in this case the Present Tense stem is usually different: **uzeti** (to take) **uzmem**). The Present Tense of each of these must therefore be learned.

B. *Infinitives ending in -ivati, -ovati*

Again, the Infinitive and Present Tense stems are usually the same, but in these cases the syllable **-iv, -ov** is replaced by **-uj-** before the Type III endings:

stanovati (to reside)   **stanujem**

pokazivati (to show)   **pokazujem**

C. *Infinitives ending in -avati*

In these verbs **-j** is added to the first **a** of the suffix, before Type III endings:

davati (to give)   **dajem**

prodavati (to sell)   **prodajem**

N.B. Care should be taken with these verbs as sometimes the syllable **-av-** is part of the stem and retained in the Present Tense:

pokušavati (to try)   **pokušavam**

D. *Infinitives ending in -ći*

Verbs ending in **-ći** *never* have the same Infinitive and Present Tense stem:

reći (to say)   **reknem**

pomoći (to help)   **pomognem**

ići (to go)   **idem**

doći (to come)   **dođem**

E. Infinitives ending in *-sti*

(i) *vowel + -sti*

The Present Tense stem will be different (usually **t, d, p** or **b**):

jesti (to eat)   **jedem**

(ii) *consonant + -sti*

The Infinitive and Present stems may be the same, but if the final consonant is unvoiced it may change to its voiced equivalent (see Appendix 6):

iscrpsti (to exhaust)   **iscrpem**

but

grepsti (to scratch)   **grebem**

APPENDIX 5
(Mobile **a**)

NOUNS

(i) Masculine nouns ending in two consonants other than **st, zd, št** and **žd** have the letter **a** inserted between these consonants in the Nominative singular and Genitive plural:

momak,	G sg. **momka**,	G. pl. **momaka**	(lad)
pas	**psa**	**pasa**	(dog)
borac	**borca**	**boraca**	(warrior, soldier)

(ii) Masculine nouns ending in **l** which has become **o** in the Nominative:

ugao	**ugla**	(**uglova**)	(corner)
posao	**posla**	(**poslova**)	(work, job)

(iii) Neuter nouns with their stem ending in a consonant cluster may also have mobile **a** in the Genitive plural:

pismo	**pisma**	**pisama**	(letter)
društvo	**društva**	**društava**	(society)

(iv) Feminine nouns ending in **-a** preceded by two consonants may take mobile **a** in the Genitive plural:

djevojka	**djevojaka**	(girl)
sestra	**sestara**	(sister)

but the alternative G pl. ending in **-i** has replaced this in many such Feminine nouns:

legenda	**legendi**	(legend)

ADJECTIVES

Adjectives with their stem ending in two consonants other than **st, zd, št** and **žd**, may take mobile **a** to form the indefinite masculine singular:

def.	**dobri**	indef.	**dobar**	(good)
	kratki		**kratak**	(short)
	radosni		**radostan**	(joyous)
	topli		**topao**[1]	(warm)

[1]all adjectives with final **l** derived from **o**, including active past participles, are in this category.

the **a** in the following adjectives is also mobile:
sav, kakav, takav, nikakav, etc.

APPENDIX 6
(Consonant changes)

(A) We have seen that the combination of certain consonants and vowels leads to changes:

  (i) **k + i → -ci** (momak, momci)

    g + i → -zi (kovčeg, kovčezi)

    h + i → -si (juha, u jusi)

These changes occur in masculine plural and feminine Dative/Prepositional of nouns; and the Imperative (**pomoći – pomog-ti – pomozi, pomozite!**)

N.B. this rule does not apply to adjectives.

Exceptions include proper names and feminine nouns with stem ending in **-tk (tetka)**, **-čk (mačka)** and **-zg (tezga)**

  (ii) **k + e → če** (momak, momče!)

    g + e → že (Bog, Bože!)

    h + e → še (duh, duše!)

These changes occur in the Vocative singular of masculine nouns; and in the Present Tense of verbs with Infinitive in **-ći** derived from **k + t**, **g + t** and **h + t**:

peći (pek-ti)	**pečem**	(to roast)
strići (strig-ti)	**strižem**	(to shear)
vrći (vrh-ti)	**vršem**	(to thresh)

  (iii) consonant + **j**

These changes occur mostly in the comparison of adjectives:

p + j → plj	*skup – skuplji*	(expensive)
b + j → blj	*riba – riblji*	(fish)
v + j → vlj	*krv – krvlju*	(blood)
m + j → mlj	*razum – razumljiv*	(reason – comprehensible)
t + j → ć	*smrt – smrću*	(death)
d + j → đ	*mlad – mlađi*	(young)
s + j → š	*visok – viši*	(tall)
z + j → ž	*brz – brži*	(fast)
k + j → č	*jak – jači*	(strong)
h + j → š	*tih – tiši*	(quiet)

$g + j \rightarrow \check{z}$ *drag – draži*   (dear)
$st + j \rightarrow \check{s}\acute{c}$ *čest – češći*   (often)
$zd + j \rightarrow \check{z}\bar{d}$ *grozd – grožđe*   (grapes)

(B) *Assimilation*

As the spelling of Serbo-Croat is phonetic, any consonant assimilations that occur are recorded in writing:

(i) alternation of voiced/unvoiced consonants

the following consonants are 'paired':

unvoiced: **č, ć, (f), k, p, s, š, t**
voiced: **dž, đ, (v), g, b, z, ž, d**

If one of these consonants is placed immediately next to one of the others, it may be replaced by its pair so that they are both either voiced or unvoiced, according to the last consonant in the group:

sladak   slatko   (sweet)
težak   teško   (difficult)
Englez   engleski

(ii) alternation of **s** and **z** with **š** and **ž**

When **s, z** are placed next to a palatal or palatalized consonant, they change to their palatalized equivalent **š** and **ž**:

misliti (to think)   **mišljenje** (opinion)
paziti (to take care)   **pažnja** (attention, care)

APPENDIX 7
(Examples of cyrillic script)

ПРВА ЛЕКЦИЈА (Lesson One)
(These texts are all given in the Eastern variant)

Путници се упознају

Господин Камерон	–	Добар дан.
Господин Антић	–	Добар дан.
Г. Камерон	–	Опростите, говорите ли енглески ?
Г. Антић	–	Не, на жалост. Разумете ли ви српски ?
Г. Камерон	–	Само мало. Ви сте Југословен, зар не ?
Г. Антић	–	Јесам. А јесте ли ви Енглези ?
Г. Камерон	–	Нисмо. Ја сам Шкот, зовем се Алан Камерон.
		А моја жена је Иркиња. Она се зове Нора.
Г. Антић	–	Ја сам Мирослав Антић. Драго ми је.
Г. Камерон	–	И мени такође.

Љубавна прича   (Крај)   (Love Story) (The end)

Недељу дана после разговора с Иваном, стигло је за Миру писмо.
Није препознала рукопис. Журила је да отвори коверат и видела
је шта је потајно чекала: писао је Младен.

Драга моја луда мала Миро,

Имам утисак да ти ипак дугујем писмо и некакво објашњење.
Бојим се да си остала сама јер се Иван страшно наљутио. Нисам
му ништа рекао, осим што ми је било незгодно те вечери код
Весне јер ми се чинило да се са мном манипулира. Онда сам
спомену то што сам те одпратио кући. Ваљда је нешто наслутио
и поставио је нека непосредна питања на која сам му морао
одговорити отворено као друг. За то кратко време које сам
провео у Загребу Иван ми је постао близак. Братић ми је и
стало ми је до њега.

Има још један разлог због којег сам морао одмах напустити
Загреб. Можда си већ погодила. Установио сам да нисам ни ја
равнодушан према теби. Твоје друштво ми је било необично
привлачно и почео сам да се мало бојим. Ситуација немогућа!
А ипак заслужујеш да то знаш. Једног дана ћемо сви моћи да

се видимо и дружимо, сигуран сам. Моћи ћемо да се слатко
смејемо лудостима своје младости. За сада је боље да се стане
на крај нечему што није ни почело а што је могло свима нама да
донесе штету и бол. Буди сретна и стрпљива. Не љути се на
Ивана ни на мене. Проћи ће све ово.

Волим те, да знаш,
Младен

Мира је притиснула писмо на груди и бризнула у неутешни плач.
Негде дубоко у себи се дивила Младеновој разумној одлучности али
у исто време јој се чинило нелогично да је она, поред та два драга
младића, морала да остане сама.

LESSON TWENTY-ONE

Pismo,
Here is an example of handwritten Cyrillic.

Драга Зденка,

Пишем ово писмо, седећи на плажи, наслоњена на јастук
у јако удобном седишту. Баш ми је лепо! Алан се игра лоптом
с једним малим дечком који је с нама путовао овамо. Сутра
ти требамо одвести баки у Задар. Биће нам жао, толико смо
већ навикли на њега. Доклекле нам попуњава празнину коју
оставља одсутност наше властите деце.

Питамо се како ли сте ти и твоји? Језва чекамо да вас
видимо. Спремамо се за Дубровник крајем ове недеље и надамо се да
ћемо вас тамо затећи. Ако будете имали времена, били бисмо
јако захвални кад бисте се могли распитати за приватни
смештај. Само за Алана и мене. Ако се буде случајно десило
да малог водимо са собом, лако ћемо моћи и њега некако
сместити. Имамо пумпени мадрац који се за тие може
напухати. Како се звао онај лепи, велики хотел преко пута
Локрума с погледом на дубровачку луку? Је ли 'Excelsior'?

Чини ми се да јест. Једне године сам била нашла дивну собу
у том крају, али нажалост ми се кћи разболела па сам се
морала вратити у Енглеску...

До сада смо путовали без већих узбуђења. Једном
нам се ауто покварио, али се брзо поправио. Маиле смо свуда
нашли згодна места за ноћење и све у свему било нам је
изванредно лепо. Сада желимо још добро разгледати Задар,
па провести дан два у Сплиту. Пријатељи у Загребу нам
рекоше да морамо погледати неку оперну представу.
Видећемо да ли има карата. Ваш бих то волела, иако
Алан није баш на какав љубитељ опере. Њега ће вероватно
више занимати музеји и римски остатци града.

Претопло ми је, морам се освежити у мору.
Управо гледам како Алан и мали Ранко скачу и прескачу
се водом. Неодољиво!

Пуно поздрави све своје, до скорог виђења
воли те твоја Нора.

KEY TO MAIN TRANSLATION EXERCISES

p. 5 Je. Je. Jest. Jesi. Jesam. vi. nisam. li. je. je.

p. 9 Ja sam g. Smith. Tko ste vi? Zovem se Marko. Jeste li Englez? Ne, ja sam Jugoslaven. Govorite li engleski? Ne, na žalost. Ali vi razumijete hrvatski! Samo malo.

p. 18 1. Volite li putovati? 2. Ne volim putovati avionom. 3. Gledate li kroz prozor? 4. Često spavaju u vlaku. 5. Je li gladan? Želi li probati sendvič?

p. 28 1. Je li to jugoslavenska granica? 2. Je li Zagreb blizu? 3. Je li to carinik? 4. Jesu li šverceri? 5. Imate li nešto prijaviti? 6. Gdje su pasoši? 7. Vidite li veliki crni kovčeg? 8. Imate li mnogo stvari? 9. Je li prtljaga kod vrata? 10. Je li ovo vaša torba?

p. 38 A. Dobar dan, ja sam Vjekoslav Kovačić. B. Drago mi je. Ja sam John Green. A Jeste li iz Engleske? Dobro govorite hrvatski. B. Hvala, govorite li vi engleski? A. Samo malo. Ostajete li u Zagrebu? B. Nekoliko dana. Znate li gdje se nalazi hotel Palace? A. Mislim da je blizu kolodvora. Ovo je predgrađe Zagreba. B. Vrijeme je da se spremimo. Je li ovo vaš kovčeg? A. Jest. Hvala. Drago mi je što smo se upoznali. B. I meni. Svako dobro. Do viđenja! A. Do viđenja!

p. 47 Idem u Zagreb. Putujem vlakom. Trebam hotel blizu kolodvora. Ne nosim mnogo prtljage pa mogu ići u hotel pješice. Trebam jednokrevetnu sobu. Želim veliku sobu s pogledom na park. Volim biti na prvom katu jer ne volim lift. Trebam kupaonu s tušem, WC i lavaboom.

p. 54 1. Taj Škot je lijep. 2. Irkinje su lijepe. 3. Je li vaša soba udobna? 4. Vlak je udoban. 5. Engleski sendviči nisu dobri. 6. Je li jugoslavenska granica blizu? 7. Imate li veliki crni kovčeg? 8. Jugoslavenke su lijepe i elegantne. 9. Je li vaša torba crna? 10. Zar nije ta haljina lijepa? 11. Zagreb je ugodan mali grad. 12. Stari Zagreb je malen ali lijep. 13. Je li Palace dobar hotel? 14. Nije velik hotel, ali je udoban. 15. Hvar je lijep otok. 16. To je naš veliki sin, vidite li kroz prozor? 17. On može nositi veliki crni kovčeg. 18. Ovo je naš hotel, vidiš da je ugodan. 19. Dvokrevetna soba nije jako velika. 20. Ali soba je udobna i ima lijep pogled na park.

p. 63 1. Imate vrlo lijepu kuću. 2. Balkon je pored dnevne sobe. 3. Hodnik vodi u spavaću sobu. 4. Imamo jako malo predsoblje. 5. Volim ove lijepe zavjese. 6. Što vidite kroz velike prozore? 7. Gdje su vrata novog stana? 8. Pazite, imaju opasnog psa! 9. Ove kuće imaju lijepe vrtove. 10. Vidite li velike balkone novih stanova?

p. 76 1. Idete li k bratu? 2. Dućan se nalazi za poštom. 3. Ima lijep parkić pred hotelom. 4. Vodim prijatelja na Gornji grad. 5. Ima lijepa crkva u tom selu. 6. Idu prema kolodvoru ovom ulicom. 7. Zna li on nešto o Gornjem gradu? 8. Možete vidjeti katedralu nad tim krovovima. 9. Među kućama ima nekih vrlo starih. 10. Gledamo crvene krovove grada pod brijegom.

p. 83 (second stage) 1. Jeste li stigli na granicu jučer? 2. Je li rezervirao dvokrevetnu sobu u hotelu? 3. Jesu li vidjeli katedralu i kazalište? 4. Je li pošla da posjeti prijatelje? 5. Jesu li vidjeli mnogo zanimljivih mjesta u gradu? 6. Jesmo li sreli vaše prijatelje u Dubrovniku? 7. Jeste li pili domaću rakiju kod prijatelja? 8. Je li stavio bijelo vino u frižider jutros? 9. Jesu li se dobro odmorili u udobnom hotelu? 10. Jesi li hodao/jeste li hodali cijeli dan?

p. 92 1. Je li me vidio? 2. Pokazala mi je knjigu. 3. Idu sa mnom. 4. Dolaziš k meni večeras. 5. Bio je kod mene jučer. 6. Jesu li te posjetili? 7. Dao sam ti knjigu. 8. Sjede za vama. 9. Hodao je prema tebi. 10. To je jako lijepo od vas. 11. Kupio je tu knjigu za sebe. 12. Nosimo mnogo stvari sa sobom. 13. Treba sebi nešto kupiti. 14. Morate više misliti o sebi. 14. Mogu samo za sebe govoriti.

p. 96 John mi je rođak. Brat mi je oženjen Aninom sestrom. Je li ti bratić? Moja sestra je razvedena. Da li se dobro slažu? Imate li braće ili sestara? Udala se jako mlada. Imamo nećaka. Majka mi je bila zaljubljena u njega.

p. 97 1. Vidio/vidjela sam ga. 2. Jesi li je poznavao/poznavala? 3. Pozvali su nas. 4. Čuli smo ih. 5. Molim te/vas. 6. Govorim ti istinu. 7. Jeste li mu dali knjigu? 8. Idemo s njima. 9. Često govorim o njoj. 10. Roditelji su mi kod nas sada.

p. 107 Moram praviti planove za ljetovanje/odmor. Želim putovati u Jugoslaviju početkom juna. Posjetit ću prijatelje u Zagrebu. Ostat ću nekoliko dana s njima. Onda ću poći u Split. Mislim da ću putovati vlakom. Volim vlak i možete mnogo vidjeti kroz prozor. Bit će vruće, ali to neće biti teško za mene. Volim vrućinu. Nosit ću stalno šešir. Onda ću poći na Hvar. Rezervirat ću privatnu sobu blizu mora. Hvar je jako lijep otok. Već sam bio/bila tamo više puta i znam da mi se mnogo sviđa.

p. 115 Dva putnika su izašla iz hotela. Željeli su poslati neka pisma i javiti se telefonom prijateljima u Beogradu. – Oprostite, rekli su mladoj ženi na ulici – znate li gdje se nalazi pošta? – Glavna pošta je kod kolodvora. Nije daleko odavde. Skrenite desno i idite pravo. – Hvala lijepa na pomoći. – Nema na čemu. – Do viđenja.

p. 119 1. Soba je na drugom katu. 2. Pošta je iza prvog ugla lijevo. 3. Ovo mu je peta knjiga. 4. Kupaona je treća vrata desno. 5. Je li vam ovo prva večera u Jugoslaviji?

p. 121 1. Doći će u ponedjeljak. 2. Ostat ćeš do subote, zar ne? 3. Srijedom igram fudbal. 4. Idemo u kino u petak. 5. Što radiš u nedjelju? 6. Uvijek se javljam mami subotom. 7. Nedjeljom idemo u šetnju. 8. Dolaze na večeru u srijedu. 9. Stigla je rano u četvrtak. 10. Pozvao te je u kazalište u subotu.

p. 130 1. kraćim. 2. bližoj. 3. dubljem. 4. višim. 5. daljih. 6. jačim. 7. tišem. 8. većoj. 9. skupljem. 10. gorča.

p. 131 1. Više volim putovati avionom, iako je skuplje. 2. Želi poslati ovo pismo najkraćim putem. 3. Dajte mi manju porciju za dijete, molim vas. 4. Spavat će bolje u tišoj sobi. 5. Imate li veće džempere?

p. 133 Idemo na odmor u subotu, prekosutra! Ne želimo nositi mnogo, pa ćemo uzeti samo najpotrebnije stvari. Imam jedan mali kovčeg i jednu veliku torbu. Uzet ću hlače i džemper, jer je ponekad svježe navečer, tri haljine, suknju, dvije majice, dvije bluze, cipele, čarape i donje rublje. Muž će uzeti hlače, pet košulja, tri majice, šorc i dva džempera. On može nositi kupaće kostime i ručnike.

p. 138 1. Je li to Jasnin muž? 2. Gdje su putnikove rukavice? 3. Upoznao sam ženu kod Slavkove sestre. 4. Putujemo Ivanovim novim autom. 5. Hoćeš li vidjeti Aninu majku? 6. Karte su u Norinoj torbi. 7. Ideš li u kino s Tomovim bratom? 8. Želi upoznati ženinog nećaka. 9. Jeste li vidjeli profesorov šešir? 10. Ostavili su prtljagu u Markovom autu.

p. 144 1. Spremit ćemo svoje stvari. 2. Nisu bili u svojoj sobi kad sam ušao. 3. Vidio sam tvoju sestru u pošti. 4. Putujete li svojim autom? 5. Moja ćerka je pošla u Englesku s nekim svojim prijateljima. 6. Je li vaš sin kod svog prijatelja? 7. Posjetit će moje roditelje. 8. Stanujem kod svoje majke u Londonu. 9. Bili smo u vašoj kući jučer. 10. Mora pisati svojoj sestri! 11. Tražite li svoju torbu? 12. Njen otac slavi svoj osamdeseti rođendan. 13. Putuje li mojim autom? 14. Treba dati ovu knjigu svojoj majci. 15. Hoće li spavati u vašoj sobi?

p. 148 –Halo, je li to Marko? Javljam se da kažem da polazimo na obalu u subotu. – Blago vama! Nadam se da će biti lijepo vrijeme. Ima li koga da vam čuva mačku? Rado ću navratiti s vremena na vrijeme. – Hvala, to je lijepo od tebe. Zoranov nećak će biti ovdje i on će vjerojatno dovesti neke svoje prijatelje. – Kuda idete? Jeste li rezervirali negdje sobu? – Nismo. Valjda ćemo naći privatni smještaj bez problema. Ne znamo točno gdje ćemo biti. – A kad se vraćate? – Možemo ostati samo pet dana. Hoćeš li biti u Zagrebu kad se vratimo? – Hoću. Poći ću kasnije u Italiju. – Dobro, vidjet ćemo se uskoro dakle. – Sretan put!

p. 153 1. Pismo koje je jutros došlo nalazi se na stolu. 2. Gdje je knjiga koju ste mi dali? 3. Prijatelji s kojima smo putovali su sada u Engleskoj. 4. To je prvo pismo koje mi je napisao! 5. Mislim da smo izgubili adresu koju nam je dala. 6. Je li ovo hotel u kojem radi tvoja sestra? 7. Tko je ta djevojka s kojom si bio sinoć u kinu? 8. Prijatelj kojem sam dala tvoju adresu dolazi sutra. 9. Auto kojim su putovali je jako malen i star. 10. Zar to nije vaš bratić s kojim smo se upoznali prošle godine?

p. 156 1. Netko je došao da te vidi. 2. Ne želim ni s kim da se vidim! 3. Je li bilo koga kod kuće? 4. Ne, nije bilo nikoga. 5. O čemu ste razgovarali? 6. Kome će dati knjigu? 7. Govorio mi je o nekome u hotelu. 8. S kim si bio na moru? 9. Čija je ta lijepa kuća? 10. Čime ću pisati? Nemam olovke.

p. 164 Teško je biti dijete. Tvoji roditelji, nastavnici, bilo tko koji je stariji, svi ti stalno govore što moraš raditi: –Ustani, obuci se, operi zube, namjesti krevet, ne zaboravi očetkati kosu, nemoj zakasniti na autobus, pojedi sve, budi kod kuće u sedam sati, javi se čim stigneš, dođi ovamo, nemoj biti bezobrazan, nemoj mi govoriti na takav način! – Pitam se, hoću li ja govoriti svojoj djeci na takav način?

p. 169 1. Ne bih htio/htjela izaći danas. 2. Biste li htjeli putovati s njima. 3. Bismo li mogli pomoći? 4. Pozvao bih je, ali ne bi došla. 5. Bilo bi bolje da ručamo ovdje. 6. Ne bi željela sjediti s njim. 7. Bi li mi ti pisao/pisala? 8. Bi li to vjerovao? 9. Ne bi prepoznao djecu. 10. Bi li mogli doći sutra?

p. 171 1. Ako ih želiš vidjeti, dođi odmah. 2. Da znaš što mi je rekla, ne bi se smijao. 3. Ako idemo ovim putem, brže ćemo stići na obalu. 4. Ako si ga želio vidjeti, zašto nisi rekao? 5. Da sam pročitala pismo, znala bih da dolaziš. 6. Film bi vam se svidio, da ste ga gledali. 7. Bi li oni putovali s nama da smo išli vlakom? 8. Da je stigla na vrijeme, upoznala bi našeg sina. 9. Recite mi ako avion kasni, molim vas. 10. Ako si gladna, možeš večerati s nama.

p. 172 A. Kako je danas vrijeme? Lijepo izgleda. B. Zašto pitaš? A. Mislio sam da možemo nekamo izaći, ako ne pada kiša. B. Hladno je, više bih voljela ostati kod kuće. A. Ne možeš ostati cijeli dan unutra! B. Zašto? A. Hajde, sunce sja. Mogli bismo na Sljeme. B. Vjetar uvijek puše na brijegovima. A. Gluposti! B. Idi ti onda. A. Bilo bi ljepše da smo skupa. B. Slažem se. Kako bi bilo da se skupa prošetamo do Gradske kavane . . .? *p. 177* 1. Mislim da sam čuo kako dolaze. 2. Jesi li čuo kako pjeva? 3. Našli smo ih kako se igraju u parku. 4. Nije primijetio kako izlazim. 5. Stajala je kod prozora i gledala kako ljudi prolaze.

p. 185 1. Ako ga budeš vidio, reci mu da sam stigla. 2. Kada budete izašli iz grada, rijeka će vam biti na lijevoj strani. 3. Reci mu što misliš kada budeš gledala film. 4. Vidjet će novi auto pred kućom kada budu dolazili. 5. Kad bude završila školu, ići će godinu dana u Pariz.

p. 186 1. Čujem da se ovdje pravi jako dobar sir. 2. Može li se Radio Zagreb slušati u Londonu? 3. Njegove knjige se čitaju širom svijeta. 4. Katedrala se jasno vidi na brijegu. 5. Prtljaga se ne prima poslije dvadeset dva sati.

p. 196 1. Vlak kasni trideset minuta. 2. Zakasnio je opet na večeru. 3. Silazim liftom, sačekajte me kod vrata. 4. Oprostite, hoćete li sići na slijedećoj stanici? 5. Napisala sam ovo pismo prošlog tjedna i još uvijek mi je na stolu! 6. Piše svome bratu u dnevnoj sobi. 7. Ne sjećam se ove raskrsnice, jeste li sigurni da je ovo pravi put? 8. Konačno se sjetio gdje je parkirao auto! 9. Vaša kći jako lijepo čita, koliko ima godina? 10. Pustite ga da pročita pismo na miru. 11. Moja prijateljica prolazi svaki dan pokraj tog dućana. 12. Prošao je pokraj mene na ulici, ali me nije primijetio. 13. Siguran sam da nešto krije od nas. 14. Moja tetka je negdje sakrila svoj nakit, a sad ga ne može naći. 15. Pošta se otvara u osam sati, možete onda kupiti marke. 16. Taj novi dućan će se otvoriti petog listopada. 17. Nikad ne večeramo prije osam i trideset pa dođite kad možete. 18. Hoće li moći pojesti cijelu ovu porciju? 19. Popij to crno vino, pa ćeš moći probati ovo bijelo. 20. Pijemo domaću rakiju, hoćete i vi?

p. 206 Posljednji putnici su sišli u predgrađu i Tina je ostala sama u kupeu. Ustala je i prišla prozoru. Plave oči su promatrale neonske reklame koje su je podsjećale na njezin rodni grad. Stajala je uz taj prozor nekoliko sati ranije i pozdravljala Zagreb. Glavni kolodvor je bio jedini znanac koji ju je ispratio.

S uzdahom je obukla bundu, uzela torbu i izišla na hodnik. Putnici su mahali i pozdravljali rođake i znance. Tinu je obuzeo čudan osjećaj osamljenosti. Vlak se zaustavio i ona je među prvima skočila na peron.

Svijet, 2.xi.1983, p. 57.

p. 218 1. Romani o Tarzanu do danas su prevedeni na osamdesetak jezika i tiskani u ukupno 70 milijuna primjeraka. Filmove o njemu gledalo je 200 milijuna ljudi, a stripove svakodnevno objavljuju tisuće listova. Što je razlog Tarzanovoj popularnosti? Premda je u usporedbi sa suvremenim avanturističkim junacima prilično staromodan, on uspijeva već sedamdeset godina za sebe vezati publiku zbog toga što je u svim medijumima simbol sve učestalijeg odbacivanja civilizacije i vraćanja prirodi.

Danas, 19.10.82, p. 69

2. *Zagrebački solisti*. Zagrebačke soliste osnovao je prije gotovo trideset godina Antonio Janigro. Javnosti su već godinama poznati kvalitetom interpretacija. Dosta se zna i o njihovim uspjesima, ali ne i kako oni zapravo žive, rade, s kakvim se problemima susreću.

Ibid., p. 64

TRANSLATION OF 'KIDNAP AT THE YUGOSLAV FRONTIER'

1. A suspicious-looking character enters the train. He has a big black hat and white gloves. He does not say anything. He sits and looks out of the window. Sometimes he gets up and goes out into the corridor to smoke a cigarette. When he comes back into the compartment he looks carefully at all the suitcases and bags. He is silent.

2. The suspicious-looking character is looking through the window again. He sees the passport control approaching. He does not say anything, but pushes his hat down over his eyes and slowly gets up. He opens the door and goes out into the corridor. The other passengers look at one another. One man gets up to take out his passport. He looks and looks – but, where is his passport? Where is his wallet?

3. The traveller is confused. He feels every pocket, opens (his) suitcase and each bag. Nothing. What can he do? The passport control is coming, and he has not got a passport. Or any money. He looks at the other passengers in despair. No one can help him. The man sits down again. He takes out his handkerchief and wipes his face.

4. The official enters the compartment. All the passengers show (their) passports. The customs officer comes in too. No one has anything to declare. The man without the passport waits until the official comes up to him. He explains what is going on and then he has to collect his things and get off the train. They all shake hands with the unfortunate man and sadly shake their heads, while he slowly gets off and goes into an office with the official.

5. In the office, the official asks many questions and notes all the answers slowly. The traveller is impatient: he wants to contact the British Embassy in Belgrade. At last the official finishes and says that the traveller is free. The unfortunate traveller explains that he cannot do anything without money or papers and that he must contact the Embassy urgently. The official replies that he is sorry but that it is now too late. He should come in the morning and until then he can walk through the town.

6. The traveller goes out of the building and looks sadly at the empty streets of the town, where darkness is slowly falling. He leans his back against a wall and thinks. Suddenly he hears footsteps approaching. It is already dark but one can see that it is a man with a hat. As he walks, the unknown man takes his hands out of his pockets, and, to his great surprise, the traveller notices that he is wearing – white gloves . . . .

7. The traveller looks left and right. The street is empty: he is alone. The unknown man does not hurry, but he comes gradually closer. It seems that he is coming straight towards the surprised traveller. As he approaches, that man with the black hat and the white gloves seems familiar to the traveller from somewhere . . . It is not possible that he is the mysterious man from the train . . . ? And if he is, is it not possible that he knows something about the lost wallet and passport? . . . .

8. The unknown man came right up to the frightened traveller. He looked carefully left and right. When he saw that there was no one, he raised his hat politely and said: 'Forgive me, sir, for the fact that you have had to be placed in such a disagreeable situation. I believe that you wish to know where your wallet and passport are? I ask you not to say anything. I have here a piece of paper with an address (on it). Please memorise the address. I cannot give you the paper. Now I ask you to get into the car which is just round the corner. You must return to Austria. Come calmly with me.'

9. The traveller looked at the man with the hat in surprise. Then he carefully took the piece of paper and read the address on it. 'What does this mean?' he asked. 'I can't say anything now,' the unknown man replied. 'You have only to remember the address and follow me to the car. But I must warn you not to say a word to anyone if you want to continue your journey in one piece. Do you understand? If anything is not clear, tell me straight away, otherwise – be quiet.' Everything the man in the hat had said was clear to the traveller, although he did not understand anything. The traveller had no choice. They walked to a large black car which rushed off through the black night, back the way the traveller had just come by train.

10. The car drove through several small villages and at last stopped in a dark street.

   The man in the hat turned to the traveller once more: 'I shall not go into the building with you. You've remembered the address, so you'll be able to find the house yourself. When you enter, you'll go to the first floor and knock at the second door on the left. Someone will ask you who you are and you will reply that you are the passenger from the train. Then they will let you in and there you will find your passport and wallet.' 'Why is this whole comedy necessary for me to reach them?' 'Please, sir, this is no comedy. It's deadly serious. You'll see. And now, I'm leaving. Wait here for a few minutes and then follow me. Farewell.'

11. As soon as the man in the hat had disappeared round the corner, the traveller thought that he must immediately look for a policeman and explain the whole story. However, he very much wanted his passport and wallet, and the thought that he would soon have them in his hands drove him on. He looked left and right along the road. There was no one (around) in any case, so he set off slowly and cautiously after the man. When he reached the corner, he noticed him stopping on the opposite side of the road to light a cigarette. He was obviously waiting for him although he gave no sign that he had noticed the traveller at all.

12. The man in the hat set off again. He stopped for a moment to inhale once, as though thinking about some difficult problem. Then he took a notebook out of his pocket, glanced at his watch, made a note of something and put the notebook back into his pocket. Meanwhile, the traveller had arrived at the door of the house whose number – 25 – he had remembered. He looked down the road once more and, as there was no one, he prepared to go in, with an unpleasant sense of uncertainty and fear. When the man in the hat noticed that, he put out his cigarette and set off again at the same calm pace.

13. The traveller hesitated. Should he really go into this strange, dark house where who knows what fate awaited him? Then he heard a door open somewhere upstairs and someone come down towards him. He could not stand here long, he must make up his mind, once and for all: either up, or back. He heard footsteps in the street. With an effort, he decided. He walked towards the staircase. On the first step he came face to face with the person who was coming down. It was a beautiful woman with long blond hair.

14. 'Oh, I beg your pardon, sir,' said the beautiful woman. She spoke with a foreign accent of some kind. She asked him whether she could help. The traveller was embarrassed, he thanked her and said that he did not need any help. He explained that he was

looking for the flat on the first floor, did she perhaps know whether there was anyone in? The traveller hoped that she would not ask him what the owner of the flat was called, because there had been no name on the paper on which he had read the address. Before she was able to question him further, he asked her to confirm that this was number 25. With a friendly smile she replied that it was.

15. The traveller thanked her and set off upstairs. He was surprised when the woman went to the front door of the building and looked left and right along the road. Then it seemed to the traveller that she was making a signal to someone in the street. Perhaps to the unknown man in the hat! Suddenly he felt cold. He stopped on the staircase and waited. Soon the woman began coming up (the stairs) behind him. The traveller was surprised when he heard his stern voice: 'Excuse me, were you waiting for me?'

16. The woman came up to him and answered in a changed (tone of) voice that this was correct, that she was the assistant of the man he was now going to meet. When the traveller asked what this man was called, she replied that there was no point in asking his name, as he would never know it. Everyone called him 'Boss'. She asked him to be calm, not to be afraid and to go in with her now to the 'Boss' who would explain everything.

17. 'Please come in,' she said when they reached the door. 'Don't be afraid, be patient and everything will be all right.' She knocked at the door which opened at once. A deep voice ordered them to go in. When he entered the flat, the traveller was finally seized by real fear. He wondered what he was going into and thought that he was mad not to have called the police at the very beginning. Now it was too late. He caught sight of two well-built men at the door, who were obviously standing guard. They both held their hands in their pockets in a very suspicious manner.

18. They went in and the door closed behind them. The traveller heard the door being locked behind him. They were in some kind of vestibule. The woman went up to another door, knocked and opened it immediately. At the end of a large room there was a big desk, behind which, in an enormous armchair, sat a man who was evidently the 'boss'. He did not say anything. He just watched the traveller come in and approach the desk. When he reached it, the traveller did not know what to do. He stood and waited, to see whether the 'boss' would say anything.

19. It seemed to the traveller that the silence lasted endlessly long. He

felt very uncomfortable. Then, after looking at him carefully for perhaps two minutes, the 'boss' straightened himself in his chair, leaned his elbows on the desk and told the traveller that he was glad to have the opportunity to meet him at last. He asked him to forgive them for holding him up for so long and so unexpectedly. Everything would be clear to him in time and in the meantime he would be glad if the traveller would agree to drink a glass of Austrian wine with him.

20. When they had emptied their glasses, the 'boss' made a sign to the others to leave him alone with the traveller. 'Mr Johnson (for that was the traveller's name),' he said quietly, 'I am counting on you to keep calm and co-operate with us without any fuss. Then this will all be over quickly and easily.' 'I don't understand, they told me to come here to get my passport. What does co-operate mean? What do you expect of me?' 'What we expect, or rather – demand – of you isn't much. For you, I mean. For us, it would mean the greatest assistance. It's a question of some information, some data which you deal with every working day ...'

21. Mr Johnson was astonished. He could not say anything, he just looked at the 'boss' with wide open eyes. 'Now I'll explain what it's all about. You are the head of an important department in a firm in Great Britain. We have found out that that department produces something which would be of great benefit to us. We are informed that you are on your way to Yugoslavia to arrange a joint venture. We do not wish our rivals in Yugoslavia to have access to information about this product. All the details are in this envelope. I want you to study the contents of this envelope thoroughly. If we leave you in peace, I believe that you will be able to remember all the details which interest us.' 'Who are you?' 'That does not concern you. Just give us the data. Of course we shall have to ask you to remain here until our experts have made a prototype. Then you may go freely to Yugoslavia or return to Great Britain.'

22. The 'boss' touched a little bell on the desk and the beautiful woman appeared at the door. He gave her a signal and asked Mr Johnson to follow her. The 'boss' said goodbye pleasantly and advised him to think carefully and they would meet again in the morning. The beautiful woman led Mr Johnson into another room. It was a spacious room, pleasantly furnished but without a

single window. The beautiful woman pointed to a table covered with a white cloth. On it were all kinds of delicious cold foods, salads and fruit. There was even a bottle of red wine. With a broad smile, the beautiful woman told him just to ring if he wanted anything else. Otherwise she hoped he would have a good rest. They would see each other in the morning.

23. Mr Johnson spent the whole night sitting in the armchair. He did not want even to taste the food, although it looked enticing. For the first time in his life he was behind a locked door, as if in a prison. He felt terrible. He kept wondering how it could have happened that he was in this unbelievable position. Three days before he had set out calmly and innocently on a business trip, and now he was suddenly in prison! At dawn he heard a soft knock at the door. 'Are you awake, sir?'. It was the beautiful woman's voice. 'Yes,' he replied. 'Then, please come to (see) the 'boss'.' In the boss's office Mr Johnson explained politely but firmly that under no circumstances could he help this group of criminals. 'I am very sorry that that is your attitude. I must explain that that means that you will have to stay here until further notice.' 'Until further notice?' 'Until you change your mind, sir.' 'I shall never do that.' 'We shall see. I regret that things may become unpleasant for you.'

24. Mr Johnson returned to his room accompanied by the beautiful woman. That was his only consolation in this whole terrible situation. More or less the same conversation with the 'boss' was repeated each day for the next three days. For the whole of that time Mr Johnson racked his brains, trying to think of some way out. He did not want on any account to betray his firm's greatest secrets, by disclosing a method which they had discovered only after several years of hard work and which they were about to put into practice in Yugoslavia after lengthy negotiations. But on the other hand, how long would it take his colleagues to start making enquiries about his fate ...?

On the fourth night he was dozing on the bed, exhausted by long nights without sleep. All at once he thought he heard footsteps. He jumped out of his half-sleep immediately and woke up. He saw the beautiful woman by his pillow. She made a signal for him to be quiet and whispered to him not to ask her anything but to trust her. She wanted to run away from here. The 'boss' was not there and she had succeeded in giving the others some sleeping tablets. She had his passport and wallet. They must hurry. A friend of hers was waiting round the corner with a car in which he would take them over the border. Mr. Johnson hugged her, he was barely able to suppress a joyful cry and they tiptoed quietly and carefully out into the street.

TRANSLATION OF 'LOVE STORY'

1. Ivan and Mira love each other. They are sitting in a café and looking into each other's eyes. 'How beautiful you are! I love you very much!' says Ivan. 'You are beautiful too. How happy I am!' says Mira. 'Come over here so that I can kiss you!' 'But not here, Ivan! Are you crazy?'

2. Ivan and Mira are walking through the town. 'Let's go to my place. It's not far,' suggests Ivan. 'Perhaps,' replies Mira. 'Are your parents at home?' 'No. They're somewhere in town.' 'And your sister?' 'She's not at home either.' 'So there's no-one?' 'No, there's no-one.' 'Then it's out of the question! You really are crazy!'

3. 'Do you want to go to the cinema, Mira?' asks Ivan. 'We could. What's on?' 'There's a new Italian film on. It's supposed to be excellent (people say).' 'O.K. then. Have you got any money?' 'Hang on, I'll have a look. But, where's my wallet? It's not here, imagine. I must have left it at home.' 'Ivan,' says Mira in a serious tone, 'what sort of a game is this?' 'It's not a game, honestly! Believe me! Come on, let's just nip over to my place for my wallet, it'll only take a moment.'

4. 'Mira, but where are you going? What's the matter with you? Don't be like that, please.' 'And you be reasonable, Ivan. What do you expect of me? I've had enough. I won't go on. I'm going home, you come if you like, we can listen to records.' 'Why are you putting on airs all of a sudden? You really are complicated! I'm not going to sit with your mummy and daddy. You go if you like. I'm going to the cinema.' ''Bye then.' 'Goodbye.'

5. 'Hello, Mira Petrić here. Who is it?' 'Ivan speaking.' 'Hello, Ivan.' 'Listen, Mira, I have to see you. What are you doing?' 'Nothing. I've got (some) friends (here). We're listening to records.' Pause. 'You can't come out?' 'No.' 'Who's there?' 'Why do you ask?' 'No reason.' Pause. 'So, you're not coming out?' 'No.' 'O.K then, if that's how it is. 'Bye.' ''Bye.'

6. A few days later. The phone rings at Ivan's. 'Hello.' 'Is that you,

Ivan?' 'Yes.' 'Mira here.' 'Hi.' 'How are you?' 'O.K. You?' 'All right. What's new?' 'Nothing special. I'm sitting around, reading something.' 'Oh?' Pause. 'Why are you ringing, Mira? What do you want?' 'Listen, Ivan, don't be so angry!' 'I'm not angry.' 'You don't phone.' 'Do you want me to?' 'Well, we're friends, aren't we?' 'Of course we're friends.' 'You're cross again?' 'No I'm not. But someone's calling. I've got to go.' 'Goodbye, then.' ''Bye, Mira.'

7. Ivan and Mira meet in the street. 'Oh, hello, Mira! How are you? What are you up to?' 'I'm O.K. I'm going to Nada's. What's new?' 'You've got a pretty dress (on). Something new?' 'Why no! I've been wearing it for years!' 'It suits you. May I see you to Nada's?' 'If you like. Where are you going?' 'I'm going to the library to study, but it doesn't matter.' 'So, you're studying a lot?' 'Well, yes, as I'm hanging around at home. I've got nothing else to do.' 'Why don't you go out?' 'You know I'm not interested in going out without you.' 'Oh, Ivan ...'

8. Ivan carefully took hold of Mira's hand. She did not say anything. They walked like that for some time without a word. 'Hey, Mira, where are we going? This isn't the way to Nada's!' 'Oh, you're right! I hadn't noticed!' 'Is she waiting for you?' 'Well, I said I was coming in the morning, I didn't say exactly when.' 'O.K. then. Can we walk a bit?' 'Yes.' Pause. Ivan stops and looks Mira in the eyes. 'How simple everything is all of a sudden. I'm glad that we're here, together.' 'Me too.' The young people kissed and set off again for a peaceful walk through the park.

9. 'What are you doing tonight, Mira?' Ivan asked suddenly. 'Nothing special. I've arranged with Nada to meet some of her friends in town. Why do you ask?' 'My cousin's coming. He's older than me, he's just come back from the army. He's never been in Zagreb, so I wanted to show him the town.' 'Well then, join us. We've got a nice crowd and we always enjoy new acquaintances.' 'Agreed. I have to meet him at the station this afternoon and take him home. Come to the City Café at six pm.' 'O.K. Now I really must go to Nada's. See you!' ''Bye!' Bye!'

10. In the evening, the young people met in town. Ivan's cousin, Mladen, was a tall young man with black hair and blue eyes, handsome, cheerful and witty. He made an exceptional impression on all the girls. 'Come on, tell (us) how it was in the army,' suggested Ivan, when they had all sat down at a table and ordered

coffee and cake. 'I could tell you all kinds of things, but most of it isn't (fit) for women's ears. The main thing is that it's over now and I'm a normal person again and not a number on some list.' 'What are your plans?' asked Mira. 'Well, I've got a degree in medicine, you know. Now I have to go abroad somewhere to specialise.' All the girls looked at him, a bit sad and disappointed, when they heard that he would soon be leaving.

11. The young people went to Cmrok for a walk. The summer evening was exceptional, calm and warm. Soon the moon would be full. 'How lovely it is here in the moonlight,' said Maja, one of the girls in the group. She was walking quite close to Mladen, and thinking how strong his shoulders were. 'Yes, lovely, especially for sleepwalkers!' Mladen went on without looking at her. 'Where do you come from, Mladen?' asked Mira. 'From the sea, I'm a real Dalmatian. I was born in Makarska.' 'Oh, how lovely it is there!' sighed Maja. 'Did you graduate in Split?' 'Yes. It's not a bad place to study!' 'I can imagine! Lucky you!' laughed Mira. 'But, even so, how do you like the capital city of Croatia?' asked Ivan. 'I like what I've seen very much, but I must say that I've been looking at it over these lovely women's heads, and that makes the landscape even more beautiful.' Each of the girls smiled secretly to herself, for each thought that these words referred to her.

12. 'I say, Mira,' said Ivan a few days later, 'Mladen has fitted into our group really well from the first day, don't you think?' 'Fantastically, really. He's an exceptional young man in every way.' Ivan looked at her seriously, 'Well, don't exaggerate. But he's fun to be with.' 'How much longer is he staying in Zagreb?' 'I don't know exactly. He said he'd come for ten days and a whole week has gone already.' 'What shall we do tonight?' 'You know I always play basket-ball on Tuesdays. We have a match tonight. Mladen will probably come with me.' 'If he hasn't any plans of his own ... I get the impression that he likes Vesna.' 'Do you think so, seriously? I hadn't noticed. Well, she's a good-looking bird.' Ivan obviously felt better. 'Come on, it's time I went. They're waiting for me for lunch. I hope your team wins this evening. See you tomorrow.' ''Bye, Mira.'

13. Mira was at Vesna's in the afternoon. 'Vesna, please, if you're my friend, invite Mladen to come over or go out with us this evening.' 'How can I suggest such a thing?' 'Easily. You surely see that *I* can't. Because of Ivan, I mean.' Vesna looked at her carefully,

'You like Mladen a lot, don't you?' 'I don't know, Vesna, I'm confused and worried. I don't know what's happening to me. One minute I think I truly love Ivan, but as soon as I look at Mladen, my head starts spinning.' 'You're not the only one, it seems!' 'Perhaps. It doesn't matter. Will you ring? Please. We'll bake a cake, so tell him he must come and see what (good) housewives we are!' 'All right, Mira, calm down. I'll ring. Only it's not my fault if you complicate your life!' 'Of course not, thanks, Vesna, you're a real pal!'

14. 'Hello, is Mladen there, please?' 'No. Who's speaking?' 'This is Vesna.' 'Vesna! Ivan here.' 'Oh, hello, Ivan.' 'So you're looking for Mladen?' 'Yes . . .' Vesna was embarrassed. 'Will he be back soon?' 'I'm expecting him any minute. Is there a message?' '. . . No. . ., shall I ring later?' 'I don't know, he may come with me to the match. If you tell me what it's about I'll tell him, then he'll ring you.' 'All right, thanks . . . I just wanted to invite him to my place, I know you're going out, so, so that he's not bored . . . But if he's going to the match . . . never mind. Tell him there'll be a few friends round at my place, so if he feels like it he'll be welcome . . .' 'I will. Thanks, Vesna. 'Bye.' 'Thank you, Ivan' Vesna put the receiver down and wiped her forehead. She felt very uncomfortable.

15. 'Heavens, Mira, that's the last time I do you a favour!' 'You don't mean it. Was it really so very awkward?' 'Not very, terribly! What will Mladen think of me now?' 'I'll explain that it's my fault. Not immediately, of course. But one day. Did Ivan ask whether I would be at your place?' 'No, I don't think it occurred to him.' 'Better.' 'Hey, Mira, you're not going to hide it from him?' 'Of course not. You don't seem to have much faith in me.' 'That's not true. Only I don't know what you intend to do.' 'I don't know either, to tell you the truth. But I can tell you that I want Mladen to come tonight with all my heart.'

16. The girls were sitting and listening to records. It was already getting late and Mladen was not there. 'I know he won't come,' said Mira in a dejected tone. 'Perhaps it's better.' 'Goodness, Vesna,' said their friend Ankica, 'you never undertake anything, you don't risk anything. What kind of life is that, without any danger, without any uncertainty?' 'All right, I admit it can be boring, but when other people's feelings are involved, I certainly

won't take any risks.' The bell. Ankica glanced at Mira. 'You're quite pale, Mira! Something serious is happening to you!' Vesna went to the door. Soon Mladen's voice was heard. 'It's nice of you to invite me. I'm flattered that you thought of me.' 'Well it's quite natural when you're otherwise on your own and we're sitting here. Please go in. I'll bring the cake Mira and I baked.'

17. As soon as Mladen went in there was an awkward silence among the girls. 'O.K., young ladies, offer me a seat!' 'Sorry, Mladen, we really are rude! Please come over here and sit next to Ankica on the sofa. It'll be more comfortable than on that chair.' Mira got up from the sofa to offer him her place. 'Don't get up, there's room for (us) all.' Mladen sat down, right next to Mira, who was still unusually pale. 'Come on,' said Ankica gaily, 'tell us what you've been doing today. Do you still like Zagreb?' 'Of course,' Mladen began, with the intention of making a joke as usual. Then he changed his mind and fell silent. The whole evening passed pleasantly, but in a somewhat quiet and subdued manner. They listened to records, drank beer and in the end they even sang. But mainly mournful Bosnian love songs.

18. At eleven o'clock, Mira looked at her watch. 'Heavens, folks, I must go at once. My old man will kill me if I'm late.' 'You're right, it's time,' said Ankica. 'I must go too.' 'Which way are you going?' asked Mladen, 'I could see you home.' 'You're very kind. Well, I live three houses from here! So that wouldn't take much of your time. But Mira has more than half an hour's journey.' 'Oh, thanks. I'm used to it. There's a bus more or less outside the house. I don't need anything,' said Mira decisively. 'Perhaps, but that's how I've been brought up. What can I do. I wouldn't sleep properly if I thought you had been left alone in the dark.' 'Thanks then. I'll just get my mac then we can go if you're so insistent.' 'Not another word. Thanks again, Vesna, it was very nice.' 'Thanks for coming. Goodbye. 'Bye, Mira.' ''Bye, Vesna, till tomorrow. And ... thanks.'

19. Mira sat in the bus without a word. 'Why are you so quiet?' asked Mladen cheerfully, 'it's not your style, as far as I've been able to judge.' 'No, it's not, you're right.' 'What is it then, you seem sad.' 'I'm not, really, I don't know what's got into me lately.... Forget it. How long do you intend to stay in Zagreb?' 'I'm not quite sure. A few more days.' 'Have you... any obligations?' began Mira,

'is ... anyone waiting for you?' 'A girl, you mean?' 'Well, ... anyone.' 'In a way, yes. I've been going out with a girl for some time, but ....' 'But?' 'I don't know how long it will last. And you, how long have you and Ivan been together?' 'Nearly a year. But ....' 'But?' 'We'd better not talk about it. I daren't. Specially not to you'. 'Why? Aren't we friends?' 'Yes, Mladen. Come on, this is my stop.'

20. When they got off the bus, Mladen took Mira by the hand and stopped her under a street-light. He leaned against the post. 'Listen, Mira,' he said, 'why are you so mysterious? I want to know what's going on. Why did you say "specially not to me"? There's something I don't understand going on.' 'It's better not to ask, honestly, Mladen, it's better not to put it into words ... I've been feeling strange ever since you came. I want to be with you all the time. Now, alone with you tonight, I think I'm in heaven. I want this moment to last forever. But as soon as I say it, I know it will all be over immediately.' 'Are you crazy? What about Ivan? While I'm a guest in his house? How could you think of such a thing!' 'Don't, Mladen, please! I tell you, I know it's all over as soon as it's put into words..Oh, how happy I was this evening, and how short a time it lasted!' 'Don't be tragic. Nothing has happened. I have to go home in any case.' 'What's your girl friend called?' 'Why do you ask? It's not because of her.' 'Why then?' 'Come on, where's your house? It's late.' 'So, it's over.' 'Nothing's over, there wasn't anything anyway. Come on, go inside and sleep peacefully. This conversation will seem comic in the morning.' 'Good night. Let's shake hands and don't be angry with me ....'

21. The next day, Mira got up late. Mladen was constantly in her mind. She kept hanging round the telephone. Finally she went out for a long walk with the dog. Her parents watched her suspiciously. 'What's the matter, dear? Are you ill?' 'No. There's nothing wrong with me. I want to go for a walk. Leave me alone.' When she came back in the afternoon, she sat down straight away to phone Vesna. 'Ah, Mira, where have you been? Ivan has rung several times, looking for you. There was no one at your place and he didn't known where to find you.' 'I went out. Did Ivan say anything?' 'About what?' 'Mladen. He may be leaving soon.' 'How did you get on with him? It was good that he was able to see you home, wasn't it?' 'I don't know, perhaps it wasn't so good.' 'Why not?' 'I said too much. That's why he's going so soon.'

'Maybe it isn't that, go on, give Ivan a ring and see.' 'I will, I'll call round later, O.K.?' 'Of course, 'bye.'

22. 'Hello, is Ivan at home please?' 'Yes, just a moment. Who is it?' 'Mira.' 'Ah, Mira, he's been looking for you all day. How are you, dear?' 'Fine, thanks, Auntie Dragica. I'm sorry Ivan's been trying to find me for so long.' 'I'll go and call him now. He'll be pleased.' 'Hello, Mira.' 'Hello, Ivan. How was it at the match?' 'Fine. And how was your secret meeting?' 'What secret meeting? At Vesna's you mean?' 'What else?' 'Why, Ivan, there wasn't anything secret about it, why shouldn't Vesna invite whoever she likes to her place?' 'There's no need for any explanation. You know perfectly well what I mean. Mladen is leaving this evening. Because of you. I hope you're proud of yourself!' 'Why should I be proud? Oh, Ivan, let's meet so that I can explain!' 'There's no point. I wouldn't have anything to say to you. That's why I was looking for you, just to say that you shouldn't expect me any more. Goodbye.' 'Ivan . . . Ivan . . . ?!'

23. A week after her conversation with Ivan, a letter arrived for Mira. She did not recognise the handwriting. She hurried to open the envelope and saw what she had been secretly waiting for: it was a letter from Mladen.

My dear, crazy little Mira,

I have the impression that after all I owe you a letter and some kind of explanation. I'm afraid you've ended up on your own because Ivan was terribly angry. I didn't tell him anything, except that I had felt uncomfortable that evening at Vesna's because I felt someone was playing games with me. Then I mentioned the fact that I had taken you home. He must have guessed something and he asked me some direct questions which I had to answer straight, as a friend. I had grown very close to Ivan in the short time I spent in Zagreb. He is my cousin and I care about him.

There's another reason why I had to leave Zagreb straight away. Perhaps you've already guessed. I realised that I wasn't indifferent to you either. I found your company unusually attractive, and I had begun to be a bit afraid. An impossible situation! But still, you deserve to know. One day we'll all be able to meet and be friends again, I'm sure. We'll be able to have a good laugh at the foolishness of our youth. For the moment it's better to put an end to something which hasn't even begun, but which could have caused all of us harm and pain. Be happy and patient. Don't be angry with Ivan or me. It will all pass.

I love you, you know.

Mladen.

Mira pressed the letter to her breast and burst into inconsolable tears. Somewhere deep within her she admired Mladen's sensible decisiveness but at the same time it seemed illogical that, with both these dear boys, she had to be left on her own.

SERBO-CROAT – ENGLISH GLOSSARY

(The brackets enable you to see both Western – W – and Eastern – E – variants)

A but, and (1)

ako if (4)

ambulanta clinic (23)

apoteka chemist (20)

auto(mobil) car (2)

avion aeroplane (2)

baka grandmother (10)

balkon balcony (6)

barem at least (15)

besplatan (besplatna) free (19)

bijeli (E *beo, bela*) white (7)

bilježnica (E *beležnica*) notebook (20)

blagajna till

bl(ij)ed pale (18)

blizu near (3)
    u blizini nearby

bluza blouse (14)

boja colour (19)

bol(j)eti (imp., used only in 3rd pers.–*boli me*, etc.) to hurt (23)

bolnica hospital (15)

bolničarka nurse (23)

bombon sweet (17)

bor pine tree (18)

boravak stay, sojourn (4)

brak marriage (10)

brat brother (10) (pl. *braća* f.sg.)

bratić nephew (10)

breskva peach (17)

br(ij)eg hill (15)

brinuti se (imp., *brinem*) *zabrinuti se* (pf.) to worry

buk cascade

bura north wind, storm (19)

carinik customs officer (3)

cestarina (road) toll (15)

cigareta cigarette (2)

c(ij)eli (E *ceo, cela*) whole (9)

c(ij)ena price (19)

crn black (3)
    crno vino red wine

crven red

cv(ij)eće (collective) flowers (6)
    (*cv(ij)et* – a flower)

čas moment (5)

čarapa stocking, sock (14)

čaša glass (9)

čekati (imp.) to wait (6)

čestitati (imp. and pf.) to congratulate (12) (+ D)

često often (2)

čim as soon as (18)

čitati (imp) *pročitati* (pf.) to read (2)

čov(j)ek man, person (2)

čudan (čudna) strange (16)

čuditi se (imp.) to be surprised

čuti (imp. and pf., *čujem*) to hear (16)

čuvati (imp.) *sačuvati* (pf.)

to keep, preserve
čuvati se to take care (11)

da yes
da that (1), in order to (2)
dabome of course (20)
dalek distant (comp.: *dalji*, 11)
dama lady (6)
dan day (1)
danas today (9)
datum date (13)
dekagram decagram (17)
desni right (hand) (8)
desiti se (pf.) *dešavati se* (imp.)
  to happen (18)
dinja melon (17)
dio (G *dijela*) part (16) (E *deo*, *dela*)
dirati (imp.) *dirnuti* (pf.) to
  touch (18)
diviti se (imp.) to be amazed,
  admire (19)
d(j)eca (coll.) children (6)
d(ij)ete (G *d(ij)eteta*) child
d(j)ečak boy (15)
d(j)ed grandfather (10)
d(j)elo work, opus
d(j)elovati (imp., *djelujem*) to
  act, work (23)
d(j)evojka girl
dnevni daily (adj. from *dan*) (6)
dno bottom (14)
doba (n., incomplete declension)
  time, period, season
  u ovo doba –at such a time
  (12)
  godišnja doba – the seasons
dobar (*dobra*) good (1) comp.:
  bolji
dobiti (pf., *dobijem*) *dobivati*
  dobijati (imp.) to receive, ac-
  quire (9)

dobro došao welcome (6)
doći (pf., *dođem*) (imp.) *dolaziti*
  to arrive, come (6)
dok while (2)
  dok ... ne – until
dokaz proof
dolazak arrival (3) (G *dolaska*)
dolina valley
domaći local, homemade (6)
donekle up to a point (21)
don(ij)eti (pf., *donesem*) *donositi*
  (imp.) to bring, carry (7)
dosta enough (15)
dovoljan (*dovoljna*) sufficient
  (6)
doživjeti (pf., *doživim*)
  doživljavati (imp.) to
  experience (18)
drag dear (3)
drago mi je I am delighted (1)
  (past: *drago mi je bilo*)
dragocen precious, valuable (22)
drugačiji and *drukčiji*
  different (24)
drugi second, other (3) (13)
društvo company, society (16)
  (*praviti nekome društvo*)
dućan shop (22)
dug long (16) (comp. *duži* (4))
duša soul, darling (3)
dvokrevetna soba double room
  (5)
džemper jumper, jersey (14)

Engleska England (*Engleski*
  English)
Englez, *Engleskinja* Englishman,
  English woman
eventualno perhaps (15)
evo here! (+G) (4)

formular form (12)
frižider refrigerator (9)

gd(j)e where (6)
gladan (*gladna*) hungry (2)
glava head (23)
  glavobolja headache (23)
gledati (imp.) to look (2)
godina year (11)
gore up, above, upstairs (8)
gospodin Mr, gentleman (1)
  gospođa Mrs
  gospođica Miss
gost guest, visitor (7)
govor speech, talk (7)
  ni govora! out of the
  question!
govoriti (imp.) to speak (1)
grad town (4)
  gradić small town
granica border, limit (3)
grmljavina thunder (19)
grožđe (coll.) grapes (17)
gubiti (imp.) *izgubiti* (pf.) to
  lose (24)
gumen rubber (21)
gust thick, dense (18)
gužvati (imp.) *izgužvati* (pf.) to
  crease, crumple (14)

hala hall (12)
haljina dress, frock (3)
hauba car bonnet (16)
hlače slacks, trousers (14)
hlad shade (11)
hladan (*hladna*) cold
  hladno mi je
  I am cold
hodati (imp.) to walk (9)
hodnik corridor (2)
Hrvatska Croatia

hrvatski Croatian (1)
  hrvatskosrpski Serbo-Croat
hvala thank you (3)
  hvala lijepa (E *lepo*)–
  thanks very much

i and, too (2)
ići (*idem*) to go (4)
igračka toy (16)
igrati se (imp.) to play (20)
imati (imp.) (neg. *nemati*) to
  have (7)
imati pravo to be right (2)
inače otherwise (13)
interesirati (imp.) to interest
  (13), *interesirati se za + A* to
  be interested in... (E
  interesovati)
isplatiti se to be worthwhile (15)
ispričati (pf.) *ispričavati* (imp.)
  to narrate (24); to excuse
istok East (8)
izaći (pf., *izađem*) *izlaziti* (imp.)
  to go out (also *izići*)
izb(j)eći (pf., *izb(j)egnem*)
  izb(j)egavati (imp.) to avoid,
  escape (16)
izb(j)egavati (imp.)(see *izb(j)eći*)
  (23)
izbor choice (14)
izgubiti (pf.) *gubiti* (imp.) to
  lose (22) *izgubljeno* past
  passive part.
izlaziti (imp.) see *izaći*
izlog shop window, display
izložiti (pf.) *izlagati* (imp.) to
  display; *izložen* displayed (22)
iznajmiti (pf.) *iznajmljivati*
  (imp.) to rent out (14)
izraz expression (23)
izvjestan (*izvjesna*) certain (19)

izvoli, izvolite please, help
yourself (5)
izvrstan (*izvrsna*) excellent (7)

jak strong
jako very (2)
jakna jacket (14)
jastuk pillow (21)
jedva hardly (21)
jelovnik menu (7)
jer because (5)
jesen (f.) autumn (19)
jesti (imp., *jedem*) to eat (17)
jezero lake (15)
jezik tongue, language
još still, again, more (5)
jučer yesterday (9)
jug South (8)
Jugoslaven Yugoslav (E
Jugosloven)
juha soup (7)
jutros this morning (9)
južni southern (15)

kabina booth (12)
kad(*a*) when (2)
kad god whenever (7)
kakav (*kakva*) what kind of (3)
kaka how
kako da ne of course (7)
kamion lorry
kamo where (with movement)
(4)
kao as
karta ticket, map (13)
kasa till (17)
kasni late (11)
kat floor, storey (5) (E
sprat)
kavana (E *kafana*) café (8)
kazalište (E *pozorište*) theatre (8)

kćer (f.) and *kći* (E *ćerka*)
daughter (21) (for declension,
see Appendix 1)
kesa bag
najlon kesa plastic
bag (22)
kiša rain (19)
kišovit rainy
ključ (*ključevi*) key (5)
knjiga book
kod (+ G) at, near, at the house
of (5)
koji which, what, who (7)
kolač cake (17)
koliko how much, how many
(7)
kolodvor (E *stanica*) station (4)
kolotečina routine, track (24)
komad piece, play (theatre) (13)
komotan (*komotna*) comfortable
(24)
konzerva tin (17)
koštati (imp.) to cost (12)
kosa hair (22)
košulja shirt (14)
kovčeg (E *kofer*) suitcase (3)
koža skin, leather (11)
kraj end (7); area, region (21)
krasan (*krasna*) beautiful (8)
krastavac (G *krastavca*)
cucumber (17)
krcat full, packed (14)
krevet bed (5)
kroz (+ A) through (2)
kruh (E *hleb*) bread
kuća house
kod kuće at home
kuhati (imp.) *skuhati* (pf.) to
cook (17)
kuhinja kitchen (6)
kupaona bathroom (5) (E. *kupa-*

tilo)

kupati (*se*) (imp.) *okupati* (pf.)
to bath, bathe (19)
kupanje bathing (20)

kupiti (pf.) *kupovati* (imp.) to
buy (17)

kupovina shopping (17)

lak easy (4) (comp. *lakši*)

lakat elbow (23)

lavabo washbasin (5)

lekcija lesson

ležati (imp., *ležim*) to lie, recline
(20)

li interrogative particle (1)

lice face (23)

l iječnik doctor (23) (also E
lekar)

l(ij)ek medicine (23)

l(ij)ep beautiful, nice (comp.
l(j)epši) (6)

l(ij)evi left (5)

liker liqueur (7)

lopta ball (20)

lozovača grape brandy (9)

lubenica water melon (17)

lupati (imp.) *lupiti, lupnuti* (pf.)
to bang, knock (16)

luka harbour (21)

l(j)epota beauty

l(j)eto summer
l(j)eti in summer (19)

l(j)etovanje summer holiday (3)

ljubazan (*ljubazna*) pleasant,
kind (2)

ljut angry (18)

madrac mattress (21)

majica undershirt, T shirt (14)

majka mother

malen small (10)

mali small (6)

malo a little, a bit (1)

manji comp. of *mali* (12)

maramica handkerchief, scarf
(22)

marelica apricot (17) (also
kajsija)

marka stamp (12)

mast (f.) fat; *masni* (adj.) (23)

međunarodni international (12)

međutim however (15)

meso meat (7)

metnuti (pf.) *metati, mećem*
(imp.) to put, place (14)

m(ij)ešan mixed (7)

milo see *mio; milo mi je* I am
glad (1)

mio (*mila*) dear, sweet

mir peace

misliti (imp.) *pomisliti* (pf.) to
think (3)

m(j)esto place (7)

mlad young (6)

mladić young man (6)

mnogi much, many
mnogo a lot (+ G) (3)

moći (imp. and pf.; *mogu,
možeš, oni mogu; mogao,
mogla*) to be able (2)

modrica bruise (18)

mogućnost (f.) possibility
po mogućnosti if possible
(13)

moj, moja, moji, etc. my (1)

molba request, favour (15)

molim please (5)

moliti (imp.) *zamoliti* (pf.) to
pray, ask (a favour) (7)

momak (G *momka*) boy, young
man (5)

morati (imp.) to have to, must
(2)

more sea (4)
motor engine (16)
možda perhaps (2)
mrtav (*mrtva*) dead (16)
muž husband (10)

na on
nabaviti (pf.) *nabavljati* (imp.)
    to acquire, purchase (20)
način way, means (18)
    na taj način in that way
naći (pf., *nađem*) *nalaziti* (imp.)
    to find (17)
nadati se (imp.) to hope (8)
nakit jewellery, ornaments (22)
nalaziti se see *naći*, to be
    situated (8)
nam(j)eravati (imp.) *nam(j)eriti*
    (pf.) to intend, plan (4)
napraviti (pf.) *praviti* (imp.) to
    make (14)
naraštaj generation (20)
narav (f.) disposition, character
    (23)
naravno of course (9)
naročito particularly
nasloniti (*se*) (pf.) *naslanjati se*
    (imp.) to lean (21)
naš, naša, naši, etc. our (4)
navika habit (24)
navikao (p. part. of *navikati*)
    accustomed (f. *navikla*) (21)
ne no; (neg. part.) (2)
nebo sky (20)
nećak nephew (10)
nedaleko not far (4) (+ od + G)
negd(j)e somewhere (8)
neki some (6)
nekoliko several, a few (4)
nemati (neg. of *imati* (imp.)) (3)
neodoljiv irresistible (21)

neposredan (*neposredna*) direct,
    immediate
neprijatan (*neprijatna*)
    unpleasant
nesreća misfortune, accident
    (18)
nestrpljiv impatient (12)
nešto something (2)
netko someone (3)
nikad(a) never (4)
    nikad se ne zna you
    never know
nositi (imp.) to carry, wear (3)
njegov his
njen, njezin her(s)
n(j)ežan (*n(j)ežna*) tender, soft
    (11)
njihov their(s)
noćenje spending the night (14)
noć night
novine (f. pl.) newspaper (13)

obala shore, coast, bank (19)
obaviti (pf.) *obavljati* (imp.) to
    carry out, perform (12)
obično usually (12)
obilazak (from *obilaziti*: to go
    round) visit (15)
obitelj (f.) family (10) (E
    porodica)
objasniti (pf.) *objašnjavati* (imp.)
    to explain (10)
oblak cloud (19)
    oblačno cloudy
od (+ G) from, away from (4)
odavde from here (8)
odavno a long time ago, for a
    long time (9)
od(ij)elo clothing, suit (14)
odgovarati (imp.) *odgovoriti*
    (pf.) to answer (19)

odlučiti (se) (pf.) *odlučivati*
(imp.) to decide (11)
odgojen brought up (23)
odmah immediately (12)
odmor rest
  godišnji odmor annual
  holiday (24)
odmoriti se (pf.) *odmarati se*
(imp.) to rest (9)
odnos relationship, attitude (10)
odrasti (pf., *odrastem*) *odrastati*
(imp.) to grow up (10)
  odrastao, odrasla past
  participle
određen (from *odrediti*) definite
(15)
odspavati (pf.) to take a nap
(24)
odsutnost (f.) absence (21)
odvesti (pf., *odvezem*) *odvoziti*
(imp.) to drive, take (15)
odvojak fork (road)
odvojiti (pf.) *odvajati* (imp.) to
separate, divide (14)
ogledati se (imp.) to be reflected
okrugao (*okrugla*) round (17)
oluja storm (19)
omogućavati (imp.) *omogućiti*
(pf.) to enable, make possible
omotnica envelope (20)
on he
ona she (1)
ondje over there (6)
opasan (*opasna*) dangerous (23)
operirati (imp. and pf.) to
operate on (23)
opisati (pf.) *opisivati* (imp.) to
describe (22)
oporavak recovery,
convalescence (G *opora-
vka*) (23)

oprezan (*oprezna*) careful (23)
oprostiti (pf.) *opraštati* (imp.) to
forgive (3)
orah walnut (7)
ormar wardrobe, cupboard (5)
osim + G apart from
  osim toga – apart from
  that, besides (2)
ostajati (imp.) *ostati* (pf.) to
remain (4)
ostali remaining; others (17)
ostatak remainder (21)
ostaviti (pf.) *ostavljati* (imp.) to
leave, abandon (22)
osv(j)ežiti se (pf.) *osv(j)ežavati
se* (imp.) to refresh oneself
(21)
otac father (G *oca*) (10)
otok island (4)
otplaćivati (imp.) *otplatiti* (pf.)
to pay back, off (24)
otputovati (pf.) to set off (11)
otraga behind (18) (E *pozadi*)
otvoren open (12)
ovaj, ova, ovo this (3)
ovamo over here (7)
ovd(j)e here (2)
ozbiljan (*ozbiljna*) serious
oženiti se (pf.) *ženiti se* (imp.) to
get married (10)

padati (imp.) *pasti, padnem* (pf.)
to fall (19)
pakovanje packing (14)
palačinka pancake (7)
papirnica stationer's (20)
paprika capsicum, pepper (17)
par pair, couple
  bračni par married couple (11)
  par kilometara a few km.
  (16)

parkirati (*se*) to park (9)

pas dog

pasoš passport

pasta paste
  pasta za zube
  toothpaste (20)

pašteta paté (17)

paziti (imp.) to watch, take care (16)

peglati (imp.) *ispeglati* (pf.) to iron (14)

pejzaž landscape (16)

p(j)ena foam
  p(j)ena za brijanje shaving cream (20)

piće drink (6)

pisac writer (G *pisca*) (13)

piti (imp., *pijem*) *popiti* (pf.) to drink

p(j)esma poem, song (20)

p(j)esnik poet (20)

p(j)ešice on foot (5)

plaća pay, salary (24)

plaćati (imp.) *platiti* (pf.) to pay (15)

planina mountain (23)

plav blue, blond (22)

plin gas (24)

plodan (*plodna*) fertile

početak (G *početka*) beginning (13)

poći (pf., *pođem*) *polaziti* (imp.) to go, set off (9)

pod (+ I) under (22)

podići (pf., *podignem*) *podizati* (imp.) to lift, raise (16)

podnositi (imp.) *podnijeti* (pf.) to bear, support (11)

područje region

pogled look, view (5)

pogotovu especially (24)

pojesti (pf.) *jesti, jedem* (imp.) to eat (up) (19)

pokazati (pf.) *pokazivati* (imp.) to show (6)

pokušati (pf.) *pokušavati* (imp.) to attempt, try (13)

polazak departure (15)

položaj position (10)

pomalo a little, now and then (2)

pomoć (f.) help (12)

pomoći (pf., *pomognem*) *pomagati* (imp.) to help (5)

ponekad sometimes (2)

pon(ij)eti (pf., *ponesem*) to take (along), carry off (14)

ponovo again (16)

popeti (pf., *popnem*) *peti, penjati* (imp.) to climb, lift (8)

popiti (pf.) see *piti*

popraviti (pf.) *popravljati* (imp.) to mend, correct (17)

popunjavati (imp.) *popuniti* (pf.) to fill up (21)

posao (G *posla*) work (12)

poslovno on business (2)

poseban (*posebna*) special (13)

pos(j)editi (pf.) see *s(j)editi*

posjet visit (9) (E *poseta*)

pos(j)etilac (G *pos(j)etioca*) visitor

pos(j)etiti (pf.) *pos(j)ećivati* (imp.) to visit (4)

poslati (pf., *pošaljem*) *slati* (imp.) to send (12)

posl(ij)e later (9) +G: after

poslužiti (*se*) (pf.) *posluživati* (*se*) (imp.) to serve (oneself) 23; see also *služiti* (*nekoga nečim*) *postajati* (imp.) *postati* (pf.) to become (24)

posuditi (pf.) *posuđivati* (imp.) to lend (*nekome*) (16)
od nekoga to borrow

pošta post, post office (12)

potpuno completely (16)

potreban (*potrebna*) necessary (16)

povrće (coll.) vegetables (17)

povr(ij)editi (pf.) *povr(ij)eđivati* (imp.) to injure, wound (23)
povr(ij)eđen injured (18)

pozdraviti (pf.) *pozdravljati* (imp.) to greet (21); (*se*): to say goodbye

pozivati (imp.) *pozvati* (pf.) to invite (6)

poznavati (imp.) *poznati* (pf.) to know, be acquainted with (10)

prašak powder, medicine (23) (G *praška*)

prašina dust (18)

prati (imp., *perem*) *oprati* (pf.) to wash

pratiti (imp.) *ispratiti* (pf.) to accompany

pravac (G *pravca*) direction

prav straight

pravi real, right (9)

praviti (imp.) *napraviti* (pf.) to make (11)

pravo right, correctly
imati pravo to be right (2)

prazan (*prazna*) empty

praznina emptiness (21)

prebaciti (pf.) *prebacivati* (imp.) to throw over, give a lift (16)

predaleko too far (2)

predati (pf.) *predavati* (imp.) to hand over (12)

predgrađe suburbs

predjelo hors d'oeuvre (7)

predlagati (imp.) *predložiti* (pf.) to suggest (7)

predstava performance (13)

predstaviti (pf.) *predstavljati* (imp.) to present, introduce (9)

pregledati (imp. and pf.), also *pregledavati* (imp.) to examine (3)

prekjuče(r) the day before yesterday (9)

prekosutra the day after tomorrow (11)

prekrasan (*prekrasna*) beautiful (6)

prelazak (G *prelaska*) crossing

prema (+ D) towards (8)

prenoćiti (pf.) *noćiti* (imp.) to spend the night (15)

preporučen recommended, registered (12)

preporučivati (imp.) *preporučiti* (pf.) to recommend (7)

prethodan (*prethodna*) preceding, previous (24)

pret(j)ecati (imp., *pret(j)ečem*) *preteći* (pf.) to overtake (18)

previše too much, excessively

prevruć too hot (16)

preživjeti (pf.) *preživljavati* (imp.) to survive (11)

prijatelj friend

prijaviti (pf.) *prijavljivati* (imp.) to announce, declare (3)

pr(ij)e earlier; + G before (9)

pr(ij)edlog proposal, suggestion (13)

prilično quite, considerably (8)

prilika opportunity, circumstance (13)

priroda nature

privikavati se (imp.) *priviknuti se* (pf.) to become accustomed (24)

privlačan (*privlačna*) attractive (19)

priznavati (imp.) *priznati* (pf.) to admit, confess (24)

prljav dirty (14)

probati (imp. and pf.) to try (2)

prodati (pf.) *prodavati* (imp.) to sell

prodavačica salesgirl (20)

prolaziti (imp.) *proći* (pf.) to pass by

prol(j)eće spring (19)

proplanak clearing

prospekt brochure

prostran spacious (6)

prov(j)eriti (pf.) *prov(j)eravati* (imp.) to confirm, check (23)

prozor window (2)

prskati (imp.) *poprskati* (pf.) to sprinkle, splash (21)

pršut smoked ham (prosciutto) (17)

prtljaga luggage (3)

prvi first (8)

ptica bird (24)

puhati (imp., *pušem*) *puhnuti* (pf.) to blow (19)

pun full (6)

puno much, many (9)

pušiti (imp.) *popušiti* (pf.) to smoke (2)

put journey (9); time (17)

putanja track

putnik traveller (1)

putovati (imp., *putujem*) to travel (2)

račun account, bill (24)

raditi (imp.) to work, do

radnja shop (22)

radostan (*radosna*) joyous (18)

rajčica tomato (7)

rakija brandy (9)

rani early (11)

raspitati se (pf.) *raspitivati se* (imp.) to enquire (21)

rasti (imp., *rastem*) *porasti* (pf.) to grow (24)

razan, usu. pl. *razni*, various (7)

razbol(j)eti se (pf.) *razbol(ij)evati se* (imp.) to fall ill (15)

razgledavati (imp.) *razgledati* (pf.) to view, visit (22)

razglednica picture postcard (20)

razmisliti (pf.) *razmišljati* (imp.) to reflect, think over (11)

razum(j)eti (imp. and pf.) also *razum(ij)evati* (imp.) to understand (1)

razuman (*razumna*) sensible (15)

razvedriti (pf.) *razvedravati* (imp.) to clear up (20)

razvesti se (pf.) *razvoditi se* (imp.) to divorce (10) (*od nekoga*)

recepcija (hotel) lobby, desk (6)

reći (pf., *reknem*; part. *rekao*) to say, tell (6)

red order

  u redu all right (5)

riba fish; *riblji* (adj.) (7)

r(ij)eka river

r(ij)edak (*r(ij)etka*) rare (10)
r(j)ečnik dictionary (20)
rod kin (10)
roditi (pf.) *rađati* (imp.) to bear;
  roditi se to be born (13)
rođak relation; *rođakinja* (10)
rođendan birthday (*rođen*: past
  part. passive of *roditi*) (12)
roman novel (20)
roštilj grill (19)
rub edge (16)
rublje (coll.) linen, clothes
  donje rublje underwear (14)
ručak (G *ručka*) lunch (17)
ružičast pink (14)

s, sa + G from (8) + I with (8)
sačuvati (pf.) *čuvati* (imp.) to
  preserve
sad, sada now (3)
  sad ću...I'll just... (16)
salama salami (17)
salata salad, lettuce (7)
sam alone (1)
  samo čas just a minute (5)
samoposluga self-service (17)
sav (*sva*) all, whole
  pr(ij)e svega above all (16)
sav(j)et advice, counsel (11)
savršen perfect (23)
se (reflexive particle)
sendvič sandwich (2)
servis service station, garage
  (16)
sestra sister (10)
sestričina niece (daughter of
  sister)
sići (pf., *siđem*) *silaziti* (imp.)
  to come down, get off (6)
siguran (*sigurna*) certain (12)

s(ij)ed grey-haired (23)
sin son (4)
sitniš small coins, change (22)
s(j)ećati se (imp.) *s(j)etiti se*
  (pf.) + G, to remember (7)
s(j)editi (imp.) to sit, be sitting
s(j)esti (pf., *s(j)ednem*)
  s(j)edati (imp.) to sit down
  (7)
s(j)ever north (8)
skakati (imp., *skačem*) *skočiti*
  (pf.) to jump, dive (21)
skrenuti (pf.) *skretati, skrećem*
  (imp.) to turn (8)
skup expensive (12)
slagati se (imp. *slažem se*)
  složiti se (pf.) to agree (7);
  to get on (10)
slamnat straw (11)
sladak (*slatka*) sweet (7)
sladoled ice cream (*led* ice) (17)
slap waterfall
slaviti (imp.) *proslaviti* (pf.) to
  celebrate (7)
sličan (*slična*) similar (16)
sl(ij)edeći following (16)
slika picture (6)
slikovit picturesque
slivati (imp.) *sliti* (imp.) to
  pour
slobodan (*slobodna*) free (7)
slomiti (pf.) *slamati* (imp.) to
  break (18)
slučaj chance
  slučajno by chance (17)
  ni slučajno not on your life!
služiti (imp.) *odslužiti* (pf.) to
  serve (6)
smatrati (imp.) to consider,
  believe (6)

sm(j)enjivati se (imp.) *smenjiti se* (pf.) to change places, replace

smetati (imp.) to disturb, bother (11)

smiriti (se) (pf.) *smirivati (se)* (imp.) to soothe, calm (3)

sm(j)ena shift (24)

sm(j)eštaj lodging (11)

smokva fig (17)

snaga strength, energy (16)

sn(ij)eg snow (19)

soba room

sopstven one's own (21)

spajati (imp., *spajem*) *spojiti* (pf.) to link

spavaća soba bedroom (6)

spavati (imp.) to sleep (2)

spreman (f. *spremna*) ready (6)

spremati (se) (imp.) *spremiti (se)* (pf.) to get ready, prepare (4)

sreća fortune, luck, happiness (13)

stajati (imp., *stojim*) to stand (8)

staklen glass (*staklo, n.*) (12)

stalno constantly (11)

stan flat, apartment (6)

stanovati (imp., *stanujem*) to reside, dwell (4)

stati (pf., *stanem*) *stajati (stajem* imp.) to stand up, get up; to stop; to cost (16)

staviti (pf.) *stavljati* (imp.) to place, put (9)

staza path

stepenica step (15)

stići (pf., *stignem*) *stizati, stižem* (imp.) to arrive, manage (4)

stol table (7) (E *sto*)

stolica chair

strana side (5)

stranac foreigner (22) (G *stranca*)

stric uncle (10)

strm steep (8)

strog stern, severe (24)

struja current, electricity (24)

stupanj (E *stepen*) degree (19)

stvar (f.) thing (3)

sudariti se (pf.) *sudarati se* (imp.) to collide, crash (18)

suh dry (17)

suknja skirt (14)

sunčan sunny (16)

suprug husband
    supruga wife (5)

sus(j)ed neighbour
    sus(j)edstvo neighbourhood (17)

svakako certainly (4)

svaki every (3)
    svako dobro all the best (4)

svakodnevni everyday (24)

svatko (G *svakoga*) everyone, each (4)

svejedno all the same (7)

sve everything (see *sav*) (5)

sviđati se (imp.) *svid(j)eti se* (pf.) to please; *sviđa mi se film*: I like the film (7)

sv(ij)etao (f *sv(ij)etla*) light, bright (6)
    sv(j)etlost light

sv(j)edok witness (18)

sv(j)ež fresh, cool (14)

svoj one's own (4)

svratiti (pf.) *svraćati* (imp.) to drop in (23)

svuda, svugd(j)e everywhere (21)

šaliti se (imp.) *našaliti se* (pf.) to joke (10)

šalter counter, window (12)

šetati (*se*) (imp.) *prošetati* (pf.) to (go for a) walk (8)

škoditi (imp.) *naškoditi* (pf.) to harm (+ D) (19)

škola school

šljivovica plum brandy (2)

šminka make-up (22)

štampati (imp.) *naštampati* (pf.) to print, see also *tiskati* (20)

što what (for decl, see 17) (3)

šuma forest, wood (18)

švercer smuggler (3)

tad(*a*) then, at that time (5)

taj, ta, to that (6)

tako so, in such a way (3)

takođe(*r*) likewise (1)

tamo there (6)

taška (E *tašna*) handbag (22)

tek just (13)

teško see *težak*

tetka aunt (17)

težak (*teška*) difficult, heavy (11)

ticati se (imp.) to concern
što se mene tiče as far as I am concerned (9)

tiskati (imp.) *tisnuti* (pf.) to press, to print

tko who (for decl. see 17) (3)

to that (see *taj*) (3)

toliko so much, so many

topao (*topla*) warm (7)

torba bag (3)

trajati to last, continue (17)

traperice jeans (also *farmerke*) (22)

tražiti (imp.) *potražiti* (pf.) to seek, look for (17)

trčati (imp., *trčim*) to run (18)

trebati (imp.) *zatrebati* (pf.) to need (5); also used impersonally (partic. in E variant) (3)

trg square (8)

tr(*ij*)*esak* bang (18)

trokut triangle (17)

tu here (6)

tuš shower (5)

tvoj your(s)

tvrd hard (17)

u in (+ P; + A if motion) (2)

učiti (imp.) *naučiti* (pf.) to learn; to teach

ući (pf., *uđem*) *ulaziti* (imp.) to enter + u + A (9)

udariti (*se*) (pf.) *udarati* (imp.) to strike, knock (18)

udati se (pf.) *udavati se* (imp.) to marry (of women) (10)
udata (p. passive part.)

udoban (*udobna*) comfortable (6)

ugao (G. *ugla*) corner (7)

uglavnom on the whole (11)

ugodan (*ugodna*) pleasant (4)

ukupno altogether (12)

ukus taste

ukusan (*ukusna*) tasty (7)

ulica street (8)

ulje oil (also *zejtin*) (20)

um(*ij*)*ešati se* (imp.) *um*(*ij*)*ešiti se* (pf.) to involve oneself (16)

um(*j*)*eren* moderate, modest (19)

umoran (*umorna*) tired (9)

umrijeti (pf.) *umirati* (*umirem*
imp.) to die (p.p. *umro*,
umrla) (13)
unutra inside (16)
unutrašnjost interior, inland
uopće (E *uopšte*) in general, at
all (7)
upaliti (pf.) *upaljivati* (imp.) to
ignite (16)
uplašiti (*se*) (pf.) *plašiti* (*se*)
(imp.) to frighten, be
frightened (18)
upoznati (pf.) *upoznavati* (imp.)
to meet, get to know (1)
upravo just, exactly (21)
uskliknuti (pf.) to exclaim, also
uzviknuti (18)
uskoro soon (5)
usluga favour (23)
uspinjača cable car (8)
usp(j)ešan (*usp(j)ešna*)
successful (13) (*usp(j)eh*
success)
usp(j)eti (pf.) *usp(ij)evati* (imp.)
to succeed (9)
usporiti (pf.) *usporavati* (imp.)
to slow down (16)
ustanoviti (pf.) *ustanovljivati*
(imp.) to establish, ascertain
(22)
uv(ij)ek always (3)
uz +A up, alongside (7)
uzak (*uska*) narrow (14)
uzbuđen excited (*uzbuditi*) (15)
uzbuđenje excitement (16)
uzeti (pf., *uzmem*) *uzimati* (imp.)
to take (7)
uživati (imp.) to enjoy oneself (*u*
nečemu to enjoy something)
(16)

vaditi (imp.) *izvaditi* (pf.) to
take out, remove (14)
valjda presumably (11)
vani outside (19)
vanredan (*vanredna*) out of the
ordinary, special (13)
vaspitan brought up; see
odgojen (23)
vaš your(s) (3)
važan (*važna*) important (12)
večer (f., G *večeri*) evening, also
m., esp. in greeting: *dobar*
večer. (E *veče* n.)
večera dinner, evening meal (6)
večeras this evening (7)
već already (9)
većina majority (24)
veličanstven magnificent
veliki large (3)
(def. form is usually used)
vi you (formal and plural) (1)
vid(j)eti (imp. and pf., *vidim*)
to see (3)
viđati (imp.) to see regularly,
repeatedly (10)
vino wine (7)
vinska karta wine list (7)
više more (comp. of *mnogo*) (6)
vitak (*vitka*) slender (23)
vjerojatno (E *verovatno*)
probably (15)
v(j)erovati (imp.) *pov(j)erovati*
(pf.) to believe (*nekome*) (11)
v(j)etar (G *v(j)etra*) wind (19)
vlak (E *voz*) train (2)
voće (coll.) fruit (17)
voditi (imp.) *povesti* (pf.) to
take, lead (13)
vodopad waterfall
vol (also *vo*) ox (19)

volan steering wheel (18)

volja will (24)

vol(j)eti (imp., *volim*) to love (2)

vozilo vehicle (18)

voziti (*se*) (imp.) *povesti, povezem* (pf.) to drive (2)

vožnja driving

vraćati (*se*) (imp.) *vratiti* (*se*) (pf.) to return (11)

vrat neck

vrata (n. pl.) door (3)

vr(ij)editi (imp.) to be worth (11)

vr(ij)ednost value (22)

vr(ij)eme (G *vremena*) time; weather (4)
   na vr(ij)eme on time (9)
   s vremena na vr(ij)eme from time to time (9)

vrlo very (2)

vruć hot (11)
   vrućina heat (11)

zabilježiti (E *zabeležiti*) (pf.) *bilježiti* (imp.) to make a note (15)

zabraniti (pf.) *zabranjivati* (imp.) to forbid

zadovoljan (*zadovoljna*) pleased, satisfied (6)

zadovoljstvo pleasure (24)

zadržati (*se*) (pf.) *zadržavati* (*se*) (imp.) to keep, hold up (11)

zagrliti (pf.) *grliti* (imp.) to embrace, hug (23)

zagrljaj (n.) embrace

zahvalan (*zahvalna*) grateful (21)

zaista really (19)

zaljubiti se (pf.) *zaljubljivati se* (imp.) to fall in love
   zaljubljen in love (10)

zamisliti (pf.) *zamišljati* (imp.) to imagine (6)

zam(j)esiti (pf.) *m(j)esiti* (imp.) to mix, knead (23)

zanimljiv interesting (8)

zapad west (8)

zaposlen employed (24)

zapravo in fact, really (17)

zašto why

zateći (pf.) *zaticati* (imp.) to find, catch (21)

zatim then, next (4)

zato što because

zaustavljati (*se*) (imp.) *zaustaviti* (*se*) (pf.) to stop, hold up (14)
   zaustavna traka hard shoulder (road)

zauzet occupied, busy (7)

zavoj bend (18)

završiti (pf.) *završavati* (imp.) to finish, complete (17)

zbilja truly, honestly (10)

zbirka collection (20)

zdravlje health (23)

zdravo hello (also goodbye) (6)

zelen green (7)

zgodan (*zgodna*) suitable, pretty, attractive (7)

zima winter; *zimi* in winter (15)

značiti to mean (imp.) (10)

znak sign (16)

znamenitost sight, thing of interest (8)

znati (imp.) to know (3)

zora dawn (24); *u zoru* at dawn

zvati (*se*) (imp., *zovem*) *pozvati*

(pf.) to call, invite; (*se*) be
  called (1)
zvoniti (imp.) *pozvoniti* (pf.) to
  ring (6); *zvono* bell
zvuk sound (16)

žalost regret; *na žalost*
  unfortunately (1)
žao mi je: I am sorry (20)
žar embers; *na žaru* grilled (7)
žel(j)eti (imp., *želim*) *požel(j)eti*
  (pf.) to want, desire (2)

žena woman, wife (1)
žestok severe, strong (9)
žileta razor blade (20)
živ alive, lively (13)
živ(j)eti (imp., *živim*) to live
  (10)
živopisan picturesque
životinja animal
život life
žuriti (*se*) (imp.) *požuriti* (pf.) to
  hurry (15)
žut yellow (14)

ENGLISH – SERBO-CROAT GLOSSARY

to be able moći (imp. and pf.;
 mogu, možeš, oni mogu;
 mogao, mogla)
to accept primati (imp.), primiti
accident nesreća
aeroplane avion
after posl(ij)e (+ G)
afternoon posl(ij)e podne
although mada, iako
always uv(ij)ek
and i (sometimes 'a' if there is a
 slight element of contrast)
arrival dolazak
to arrive dolaziti (imp.), doći
 (dođem; došao)
to ask (*a question*) pitati (imp.);
 (*a favour*) moliti (imp.),
 zamoliti

bag torba, taška (handbag)
to bathe kupati se (imp.),
 okupati se
bathroom kupaona (E kupatilo)
beautiful l(ij)ep, prekrasan
because zato što, jer
bed krevet
beer pivo
before pr(ij)e (+ G)
to begin počinjati (imp.,
 počinjem), početi (pf.,
 počnem)
behind za (+ I), iza (+ G);
 otraga

to believe v(j)erovati (imp.,
 v(j)erujem) + D
big veliki
bill račun
birthday rođendan
black crn
boat brod
bonnet of car hauba
book knjiga
bread kruh (E hleb)
breakfast doručak (doručkovati,
 doručkujem: to have b.)
to bring donositi (imp.), donijeti
 dovoditi (imp.), dovesti
bus autobus
busy zauzet, u poslu

café kavana (E kafana)
to be called zvati se (imp.,
 zovem se)
car automobil, kola (n. pl.)
to be careful paziti (imp.)
to carry nositi (imp.)
to celebrate slaviti (imp.)
certain siguran (sigurna)
chair stolica
cheap jeftin
cheese sir
chemist apoteka
child d(ij)ete (G. d(j)eteta; pl.,
 d(j)eca, f. sg. takes pl. verb)
choice izbor
cinema kino (E bioskop)

clean čist
clear jasan (jasna)
clinic ambulanta
clothes od(j)eća, rublje
   (underwear, washing); both
   collective nouns
coast obala
coffee kava (E kafa)
cold hladan (hladna); I am cold:
   hladno mi je
to come dolaziti (imp), doći
   (dođem)
comfortable udoban (udobna)
completely potpuno
Croatia Hrvatska
crossroads raskrsnica

dangerous opasan (opasna)
date datum
daughter kćer, kći (see App. 1),
   (E ćerka)
day dan
dear drag, mio (mila)
to decide odlučiti (se) (pf.)
   odlučivati (se)
I'm delighted drago mi je
to depart odlaziti (imp.), otići
   (odem)
departure odlazak
dictionary r(j)ečnik
difficult težak (teška)
dinner večera
direction pravac (G pravca)
dirty prljav
divorced razveden
doctor liječnik (E lekar)
dog pas (G. psa)
door vrata (n. pl.)
double room dvokrevetna soba
dress haljina

drink piće
to drink piti (imp., pijem),
   popiti
dry suh
to dry sušiti (imp.)

early rani
East istok, istočni (adj.)
easy lak
to eat jesti (imp., jedem), pojesti
end kraj
engine motor
England Engleska
English engleski; English
   person: Englez, Engleskinja
enough dosta
entrance hall predsoblje
envelope omotnica
evening večer (f.) (E veče, n.)
excellent izvrstan (izvrsna)
excuse me oprostite
expensive skup
to explain objašnjavati (imp.),
   objasniti

family obitelj (f.) (E porodica)
far dalek
father otac (G. oca; pl. očevi)
fast brz
to find nalaziti (imp.) naći
to finish završiti (pf.)
first prvi
floor (*storey*) kat (E sprat)
food hrana, jelo
foreigner stranac, strankinja
to forget zaboravljati (imp.),
   zaboraviti
friend prijatelj
in front of pred (+ I), ispred
   (+ G)

fruit voće (n., collective)

garden vrt (E bašta)
to get on well slagati se (imp.;
slažem se)
girl d(j)evojka
to give davati (imp., dajem),
dati (dam)
to go ići (imp. and pf., idem)
gladly rado
good dobar (dobra)
good looking zgodan, zgodna
grammar book gramatika
grapes grožđe (n., collective)
to greet pozdravljati (imp.),
pozdraviti
guest gost

hair kosa
happy srećan (srećna)
to have imati (imp.)
to have to morati (imp.)
he on
head glava
to hear čuti (čujem, imp.)
help pomoć (f.)
to help pomagati (imp.,
pomažem), pomoći
(pomognem) +D
her njen, njezin
here ovdje
to hide kriti (imp., krijem),
sakriti (se)
hill brdo
to hire iznajmljivati (imp.)
iznajmiti (pf.)
his njegov
holiday odmor
to hope nadati se (imp.)
hospital bolnica

hot vruć
house kuća
how much koliko
hungry gladan (gladna)
to hurt boljeti (imp., bolim;
usually used in the third
person: boli me glava)
husband muž

I ja
ice cream sladoled
if ako
immediately odmah
impossible nemoguć
in u (+P)
injured pozl(ij)eđen
inside unutra
to interest zanimati (imp.)
international međunarodni
to invite pozivati (imp.), pozvati

jewellery nakit
journey put, putovanje
jumper džemper

key ključ
kind ljubazan
kitchen kuhinja
to know znati (imp.)

language jezik (tongue)
last prošli
late kasni (to be late: kasniti,
imp., zakasniti)
to laugh smijati se (smijem,
imp.) (E smejati se)
lavatory WC, toalet
to leave (abandon): ostaviti
(pf.), ostavljati; (depart):
odlaziti, otići

left (*hand*) lijevi
letter pismo
life život
to like voljeti (imp., volim);
   sviđati se nekome
to live živjeti (imp. živim)
living room dnevna soba
little malen, mali
local domaći
to look gledati (imp.); (for);
   tražiti (imp.) potražiti (imp.);
   (after): čuvati (imp.) sačuvati.
to lose gubiti (imp.), izgubiti
to love voljeti (imp., volim)
   to be in love biti zaljubljen
lucky you! blago vama/tebi!
luggage prtljaga (E prtljag)

to marry ženiti se (imp.), oženiti
   se (of man); udavati se
   (imp.), udati se (woman)
meat meso
to meet sresti se (pf., sretnem);
   naći se (pf.)
menu jelovnik
moment čas, časak
month m(j)esec
more više
morning jutro
mother majka
much mnogo (+G)
my moj

near blizu
nephew nećak
never nikad
new nov
newspaper novine (pl.)
next sl(ij)edeći
night noć (f.)

no ne
north s(j)ever, s(j)everni (adj.)
to notice prim(ij)ećivati (imp.),
   prim(ij)etiti
now sad

of course dakako, naravno
often često
old star
on na
our naš
outside vani

parent roditelj
to park parkirati se (imp.)
to pay plaćati (imp.), platiti
peach breskva
perhaps možda
piece komad (also play, drama)
pillow jastuk
place m(j)esto
to play igrati se (imp.)
pleasant ugodan (ugodna)
please molim (lit.: I pray)
to prefer više vol(j)eti
possible moguć
postcard dopisnica; (picture)
   razglednica
post-office pošta
probably vjerojatno (E
   verovatno)
to put stavljati (imp.) staviti

quiet tih

rain kiša; to rain: padati kiša
to read čitati (imp.) pročitati
ready gotov, spreman (spremna)
relation rođak, rođakinja
to remain ostajati (imp.), ostati
   (ostanem)

to remember s(j)ećati se (imp.,
+ G of thing remembered),
s(j)etiti se
rest odmor
to rest odmarati se (imp.),
odmoriti se
to return vraćati (se) (imp.),
vratiti (se)
righthand desni
river r(ij)eka
road put, cesta
room soba
round (a corner) iza (ugla)

sandwich sendvič
to say reći (pf., past participle:
rekao, rekla), kazati (imp.,
kažem)
school škola
sea more
second drugi
to see vid(j)eti (imp. and pf.,
vidim)
to sell prodavati (imp.,
prodajem), prodati
to send slati (imp., šaljem),
poslati
to set off polaziti (imp.), poći
(pođem)
shade hlad
she ona
shirt košulja
shop dućan
shop window izlog
to sing p(j)evati (imp.),
otp(j)evati
sister sestra
to sit (down) s(j)esti (pf.,
s(j)ednem) (to be sitting)
sjediti (imp.) (E sedeti)

slacks hlače (f.pl.) (E pantalone)
to sleep spavati (imp.)
small malen
to smoke pušiti (imp.) popušiti
some neki
someone ne(t)ko
something nešto
somewhere negd(j)e
son sin
song p(j)esma (also poem)
soon uskoro; *as soon as* čim
to speak govoriti (imp.)
spring prol(j)eće
stamp marka
to stand stajati (imp., stajem),
stati (stanem)
station kolodvor, stanica
to stay (sojourn) boraviti (imp.)
storm oluja
straight prav, ravan
soup juha
south jug, južni (adj.)
suitcase kovčeg
summer l(j)eto
sun sunce

table stol (E sto)
to take uzimati (imp.), uzeti
(uzmem)
to talk govoriti, razgovarati
(imp.) razgovoriti
tea čaj
teacher nastavnik, profesor
thank you hvala
theatre kazalište (E pozorište)
their njihov
there tamo
they oni (m.), one (f.), ona (n.)
thing stvar (f.)
to think misliti (imp.), pomisliti

through kroz (+A)
tin (*of food*) konzerva
today danas
tomorrow sutra
town grad
train vlak (E voz)
travel putovanje
to try probati (imp. and pf.);
  pokušavati (imp.), pokušati

to understand
  razum(ij)evati (imp.),
  razum(j)eti (razum(ij)em, W
  oni razumiju, E oni
  razumeju)
unfortunately na žalost
usually obično

vegetables povrće (coll.)
very jako, vrlo
view pogled
visit posjet (E poseta)

to walk hodati (imp.); šetati (to
  go for a walk) (imp.)
  prošetati
to want žel(j)eti (imp., želim),
  požel(j)eti
to wash prati (imp., perem),
  oprati
washbasin lavabo
way način, (*direction*) put
we mi
weather vr(ij)eme (G vremena)
week tjedan (E nedelja)

welcome dobro došao (došla,
  došli, etc.)
west zapad, zapadni (adj.)
wet mokar (mokra)
when kad, kada
where gd(j)e; kuda, kamo (with
  movement)
white b(ij)eli
who tko (E ko)
why zašto
wife žena
wind v(j)etar (G v(j)etra)
window prozor
wine vino
winter zima
with s, sa (+I)
without bez (+G)
woman žena
work posao (G posla)
to work raditi (imp.)
world sv(ij)et
to write pisati (imp., pišem),
  napisati

year godina
yes da
yesterday jučer (E juče)
you ti (familiar), vi (formal,
  pl.)
young mlad
your tvoj (sg., familiar), vaš
Yugoslav jugoslavenski; *a*
  Yugoslav: Jugoslaven (m.),
  Jugoslavenka (f.) (E
  jugoslovenski; Jugosloven)